集人文社科之思　刊专业学术之声

刊　　名：亚非研究
主办单位：北京外国语大学亚非学院
主　　编：孙晓萌

Journal of Asian and African Studies

2018年第2辑

刊名题词：李 波
投稿邮箱：yfyj@bfsu.edu.cn
中国集刊网：http://www.jikan.com.cn/
集刊投约稿平台：http://iedol.ssap.com.cn/

亚非研究

Journal of ASIAN AND AFRICAN STUDIES

孙晓萌 主编

社会科学文献出版社
SOCIAL SCIENCES ACADEMIC PRESS (CHINA)

目录

CONTENTS

域外视点

语言文学

历史文化

跨学科研究

社会政治

研究动态

目录

CONTENTS

域外视点

印尼西加里曼丹省山口洋华人对达雅族神祇的崇拜*

〔马来西亚〕蔡静芬**

摘　要： 本文介绍了西加里曼丹省山口洋地区的华人对达雅族神祇的崇拜现象。拿督公是马来人的神明，广受西马与东马地区的华人崇敬。砂拉越（东马）的许多土地公寺庙里都有一个或多个附属的拿督公庙。在砂拉越中部地区，也有以拿督公为主神的庙宇。然而，敬拜达雅族神祇的啦督公在砂拉越则是闻所未闻，只局限于西加里曼丹邻近地区的华人社区。仪式、信仰和符号不断得到调整和转化，以稳定和迎合社会的情感需求，其中土地公、拿督公、啦督公一直被认为是庇佑和看顾民众的守护神。本文旨在进一步理解华人民间信仰对其社会环境的反思性和适应性。

关键词： 啦督公　拿督公　海外华人　西加里曼丹　宗教

一　研究背景

2016年2月22日，共232位灵媒参与在印尼山口洋举行的崇拜游行，

* 本文得到“中央高校基本科研业务费专项资金”（2015JT001）资助。

** 蔡静芬，马来西亚砂拉越大学社会科学院人类学与社会学系高级讲师，Email：gelena@unimas.my。

其中包括多位广受民众崇拜的神祇：*Datok Batu Hitam, Datok Bujang Pelanduk, Datok Gelang Putih, Datok Gunung Besi, Datok Habal, Datok Hitam, Datok Iban, Datok Kuning, Datok Tanjung Kemuning, Datok Tujuh Pulau, Datok Ular Putih, Nek Sukgi, Nek Datuk Iban, Datuk Nek Macan, Datuk Nek Riup*。这些灵媒佩戴着饰有犀鸟纹的头饰，衣服上缀有豪猪刺、猴子和麝香猫的头骨，以及几颗野猪牙，其中女性灵媒大多身穿及膝长裙，佩戴传统图案和用珠子制成的头饰；也有灵媒穿着中国明朝士兵的服装，而女士则穿着类似中国唐代或明代的服饰。基本上可以通过灵媒所穿的衣服轻易辨认出他们各自的民族，例如穿着传统达雅族服装的就是达雅族的灵媒，身穿唐代或明代服装的就是华人灵媒。

除此之外，还有穿着打扮比较夸张的灵媒，有些甚至用长铜针贯穿脸颊，加上装满利刀和钉满铆钉的座椅，活动总是吸引世界各地很多游客慕名而来。这项活动在国际上常被称为十五暝[①]游行，但在印尼当地则被称为“乩童游行”。“乩童”[②]是指能够被神灵等超自然力量附身的人。十五暝游行于2009年正式成为印尼主要的旅游盛事，自此“乩童”一词变得越来越普及，当地华人称之为“邦童”或“坐基”。[③]

不少记者和学者曾经报道或写及此项一年一度的特色活动，并以此作为西加里曼丹地区民族共融的典范，表扬其宗旨贯彻政府提倡的“合一于多元”理念。陈美恩（Margaret Chan）曾写道：“西加里曼丹地区三大民族号召一众啦督公，华人向世人展示与达雅族和马来人亲如手足，情同兄弟，而且深深根植于西加里曼丹的文化之中。”[④]此外，把华人塑造成马来人神明“拿督公”和达雅族神祇“啦督公”，也表现出他们在后苏哈托时

① 当地华人称为“正月半”。

② 在当地的客家话中，“乩童”一词并不常用。当地客家人通常称他们为“邦童”，但其确切含义不明，一般认为是指被神明选中附身的人，另有一个广泛使用的名字叫“坐基”。几个上了年纪的当地客家人认为“乩童”一词比较粗俗，他们称之为“土话”或“粗话”。相反，“邦童”和“坐基”是比较礼貌的用语。在砂拉越地区，客家人称具有相同能力的人为“童身”，而被神明附身的行为则叫“落童”。

③ 本文出现的客家话发音都是根据山口洋当地人所用的客家话拼写而成。在写短信、Facebook消息的时候，他们通常会把方言用英文字母拼写出来，但不会影响理解。

④ Chan, Margaret, “The Spirit-mediums of Singkawang：Performing Peoplehood of West Kalimantan,” in *Chinese Indonesians Reassessed：History, Religion and Belonging*，eds.by Sai Siew-Min，Hoon Chang-Yau，New York：Routledge，2013，p.2.

代对其他民族的接受、尊重，不仅将他们呈现为这片土地上的人民，而且寄托着一种对其存在的公开承认，还将其刻画在新政府提倡的社会文化景观之中。虽然活动取得如此成功，但由于其中涉及将穆斯林塑造成灵媒，以及灵媒现场给小狗和活鸡割颈放血等血腥场景，活动还是引起伊斯兰教区和动物权益团体的强烈不满。

本文尝试进一步说明山口洋地区华人对达雅族神祇的崇拜。现时只有陈美恩曾简要介绍过十五暝游行活动期间的达雅族神祇和灵媒①。虽然砂拉越的人口分布与西加里曼丹地区非常相似，两者均以达雅族为主，但在砂拉越却未曾发现对土著神祇有任何崇拜活动。此外，砂拉越华人数量也较多，仅次于达雅族，其中山口洋更是华人比例最高的印尼城镇，其 20 万人口中有 50% 是华人（客家人）。

迄今未有任何关于砂拉越华人敬拜达雅族神祇的记载或文献，笔者自 2008 年以来一直对砂拉越华人信仰进行观察和研究。对所有土地公庙宇②及祭坛、木材采伐营地的寺庙、砂拉越油棕种植园进行实地考察后，发现当地唯一受人敬拜的非华人神灵就是马来人的拿督公。在 76 座土地公庙宇中，有 35 座内设附属的拿督公庙，其余的都是华人普遍供奉的其他神明。拿督公的祭坛通常设于主殿外（侧面或前方），永不会置于主殿内，除非那是以拿督公为主神的寺庙，如实包勿③的庙宇。

这些数据由笔者在 2016 年 7 月至 11 月期间收集，当时用于与北京外国语大学进行的一项研究合作项目。④笔者后于 2017 年出版了一本关于寺庙和乩童文化传统的书，⑤旨在发布在西加里曼丹进行实地考察所得的结果。笔者又在 2017 年 2 月至 4 月期间多次亲自到访，以进一步了解十五暝游行活动和其他华人祭祀仪式。

---

① 详见 Margaret Chan 书中对 2007 年和 2008 年山口洋民众庆祝中国农历新年盛况的描述。Chan, Margaret., *Chinese New Year in West Kalimantan: Ritual Theatre and Political Circus in Chinese Southern Diaspora Studies*, Volume 3, 2009, pp.106-142.

② Chai, E. 2014. 砂拉越大伯公庙平面图汇集（Sibu En An Teng Association）。

③ 实包勿距离砂拉越北部沿海城镇民都鲁约 120 公里。

④ 北京外国语大学青年学术创新团队项目支持计划，项目名称为“在文明的交汇处——婆罗洲的社会文化变迁”。

⑤ Chai, E.,*Of Temple and Tatung Tradition in Singkawang*，Sarawak：Unimas Publisher,2017.

二 拿督公与啦督公

拿督公的两个翻译“Datok”和“Datuk”可以互换使用，在马来语都是指“祖父”的意思。印尼在20世纪80年代初推出国家语言标准化系统，旨在对马来语的语法、拼写、发音、结构和句子使用进行规范，本来一直沿用的“Datok”被改成“Datuk”，即把元音“o”改成“u”，自此祖父的正式拼写为“Datuk”。1993年9月，政府向所有公立学校发布一份官方通告①，强制要求所有公立学校使用正统发音，而口语考试也要以语言标准化系统为依归。然而，目前很多人在日常生活中仍然使用“Datok”这个拼法。

在印尼语中，“祖父”是“Kakek”，而“Datuk”则指“曾祖父”。由于印尼国内不同族群所使用的都是同一语系的南岛语言，因此印尼语中有很多来自爪哇语、武吉士语、米南加保语和马来语的字词。在西加里曼丹，仅次于达雅人的第二大族群是马来人②。也就是说，在省内“Datuk”一词可以指“祖父”，也可能是指“曾祖父”。另外，华人是西加里曼丹省的第三大族群，他们对“Datuk”一字的应用也绝不陌生。与马来西亚的情况一样，人们在日常对话中常说“Datok”。即使在2016年十五暝游行活动委员会的正式登记册上，对达雅族神祇的称谓也是“Datok”，而非“Datuk”。在山口洋地区的祭坛上，达雅族神祇的名字也通常写成“Datok xxx”，但仍有一些使用官方版本的“Datuk”，如山口洋中部的“Datuk Panglima Hitam”。

此外，当地华人在称呼达雅族神祇时也常以“Latok”与“Datok”互换使用。“La”源于客家方言，客家人称原住民为”La ci”（拉子）。在砂拉越，人们同样以此称呼达雅族，只是不同方言之间略有不同：客家人使

① Surat Pekeliling Ikhtisas Bil. 2/1993 Tarikh Penyempurnaan Pelaksanaan Bahasa Melayu Sebutan Baku.

② 西加里曼丹统计机构2016年的数据显示，西加里曼丹省的总人口为4716093人。最大族群是达雅人（32.75%），其次是马来人（29.75%）、华人（29.21%）、爪哇人（5.25%）、武吉士人（0.3%）和其他族群（9.85%）。

用“La zi”或“La'a”，而潮州人和福建人则用“La kia”。虽然山口洋和砂拉越所用的客家方言属于同一群组，但字尾所用的音节却略有不同，山口洋的人说“La ci”，而砂拉越的人则说“La zi”。然而，“La zi”或“La kia”在砂拉越的政治舞台上引来不少争议，达雅人的领导称这个词具有贬义，带有不文明或低级的负面含义。因此，每当砂拉越华人在日常对话中谈及达雅人的时候，都会表现得相当谨慎。笔者到山口洋地区进行实地考察时，也留意到这个现象。当华人彼此谈话时，通常会随便使用“拉子”这个词，但在正式场合，即使大家都在说客家方言，他们也会改用“达雅族”。华人不会在公开或正式场合的对话中使用“拉子”这个词，以免触及敏感的种族问题，引起不安。

“Datok”一词已获宗教事务部下辖的佛教社区指导办公室（BIMAS Buddha）正式确认。与山口洋地区的寺庙或祭坛有联系的乩童可以在此办公室进行注册，以便有资格在十五暝庆祝活动期间参加游行。注册有效期为三年，必须在活动前一年完成注册。在 BIMAS Buddha 注册名单中乃至西加里曼丹整个地区，敬拜达雅族神祇的寺庙都被列为“Datok”。举例来说，位于山口洋北部的一座寺庙（Sungai Garam Hilir 附近）就被注册为 Cetiya Datok Bujang Hitam。按照山口洋佛教发展委员会的分类，“cetiya”是指面积小于 24（4×6）平方米的寺庙或祭坛，而大于 24（4×6）平方米的就归类为“vihara”。虽然也有专门供奉马来人神明的祭坛，但此事已经引起穆斯林委员会的强烈不满和反对。对于有马来人参加乩童游行，社会上也出现许多争议。有关山口洋地区应否供奉马来人的神明或马来人应否参与十五暝庆祝活动等问题，均不在本文讨论的范围内。

三　守护灵

很多当地人（包括华人）都相信世上每个地方都住着一个“守护灵”，特别是在岩石、山丘、河流和树木等自然景观中，以及与世隔绝的偏远地区。除非有人擅闯边界或恶意干扰，守护灵通常都不会伤害人。与幽灵或鬼魂不同，守护灵被认为已在某个地方住了很长一段时间，是那个地方的“居民”或“主人”。民间流传着很多关于守护灵出没于房子后院、道路中间或建筑工地的灵异故事。除非被激怒，否则这些守护灵通常不会带有任何攻击性。可是，被惹怒的守护灵却可能会对人构成威胁，引起疾病、精神错乱甚至死亡。相传守护灵具有老虎、水牛、毒蛇、猴子等动物的形态，也有些看起来像半兽人。

我们时常听到守护灵显身的故事，几乎每个人都有过或听过类似经历，例如在丛林里不小心踏进守护灵的领地，或者一时情急在路边小便，从而激怒守护灵。据说如果小孩在晚上哭个不停，可能就是他们在院子里玩耍的时候碰上了守护灵，或者在玩球期间不小心踩到了守护灵的尾巴。

有关守护灵的故事比比皆是，却似乎未有引起太大的恐惧或担忧，皆因人们有办法安抚被激怒的守护灵。常见的方法莫过于寻求乩童协助。被神灵附身的乩童会与守护灵平心静气地沟通，了解其生气的背后原因，通常再加以供奉就能平安了事。如果守护灵不愿接受这个提议或本身过于凶猛，那就要进行驱魔仪式，但大多数乩童都不喜欢走到这一步。

以下故事的主人公是住在山口洋西部 Jalan Diponegoro 的一个家庭，他们家旁边的土地正被夷平用来兴建饭店，以下经历是由受害人的弟弟在 2016 年 7 月 3 日向笔者亲述。

> 有天晚上，我们一家坐在客厅里看电视，突然间听到一声巨响。姐姐冲了出来，抓住自己其中一只手臂，说在洗澡的时候感到有尖锐的东西在划她的手臂。我们一看，发现她的手臂上有一道长指甲留下的抓痕，看起来像是动物的抓痕。我环顾了后院，但什么都没有看到。姐姐说浴室的门一直锁着。妈妈在姐姐的伤口上涂了乳霜。虽没有流血，但伤口是红色的，而且会痛。那天晚上，妈妈做了一个噩梦，梦见被一头长着人类手脚的动物追赶，醒来后因为害怕也一直没睡，直到天亮。

早上我们决定到pekong[①]走一趟。那个被必德将军附身的乩童说那是守护灵所为，目的是报家园被毁之仇。那个噩梦则是守护灵给我们家传达的信息。神明又说那个守护灵想将我们赶出去，而且誓不罢休。听到这个消息我们都很害怕，可是要夷平土地的又不是我们，而是那些地产商。神灵让我们在祷告[②]后再回来一趟，并带上五种花、槟榔叶和棕榈花苞。

那天晚上，我们按照指示回去，那个乩童这次被*Datok Bujang Hitam*附身。他先对我的姐姐进行了洁净仪式，又要她喝一杯符水，再用那五种花泡水冲身。之后*Datok Bujang Hitam*让我带他去见那守护灵，于是我就带着他跟他的助手一起去。姐姐、妈妈和妹妹就在庙里等着。

抵达我家后，助手点了乳香，然后*Datok Bujang Hitam*手拿着曼道刀[③]冲进我家里。助理要我留在外面，所以我没有跟上去。他在屋内不停地晃动着他的刀子，又到处撒黄米[④]。过了一会儿，他从房子里出来，去到隔壁的空地，说我们必须宰鸡祭祀让守护灵息怒，再用其他东西好好供奉，比如说油炸香蕉馅饼、炒山药和糕饼等，还要烧香和烧纸钱。我们按要求用食物供奉，每周四晚上烧香和烧纸钱，共十二次，最后总算把事情平息了。

想让守护灵息怒，通常要用食物供奉，还要烧香、纸钱和蜡烛等。动用驱魔仪式是非常罕见的情况。正如山口洋一位非常有名的乩童所说："我们不应该强迫守护灵离开，但如果真的别无他法，唯有邀请守护灵离开，但绝不能使用武力。人类要学会与超自然力量维持友好的关系，这样才能彼此和平共处。"

找到问题症结所在后，富有经验的乩童便可邀请不同的神明附身。

① 西加里曼丹当地华人进行祭祀的地方。

② 穆斯林在日落之后所诵的祷文称为"Maghrib"。

③ 加里曼丹达雅族的传统武器，看起来像砍刀，但刀片较大。手柄通常用鹿角制成（鸟头形状），再用动物毛或人的头发作为装饰。

④ 大米与磨碎的姜黄的混合物。

以这个家庭的情况为例，在确定问题的确与守护灵有关之后，乩童就请来其中一位达雅族神祇 *Datok Bujang Hitam* 帮忙。至于他们邀请哪位神灵来解决问题，则取决于乩童本身的偏好和求助者的实际需要。如果求助者感到头痛或身体疼痛，通常会求助于华人神明；但如果他们认为疼痛是巫术所为，则会选择找达雅族神祇帮忙。然而，若乩童认为某位华人神明可以化解巫术，也会邀请他前来医治饱受折磨的受害人。此外，如果乩童比较信奉达雅族神祇，则会邀请啦督公附身。同理，若客人认为某位神明更能有效帮他们消灾解难，也可选择邀请指定的神灵。在山口洋地区，华人神明和达雅神祇可谓双帆并举，即使是华人也经常向达雅族神祇寻求庇佑。

四　华人的诸神殿

在进一步了解啦督公之前，我们必须对山口洋华人崇拜的各种神明有一个基本认识。与许多华人社区一样，当地华人信奉各式各样的诸天神佛，如有名的齐天大圣、哪吒、济公和关公等，还有一系列冠以“元帅”头衔的军神。中国的诸天神佛从极乐之地下凡救渡众生，种类繁多，且范围广泛，其中“伯公”是最普遍的供奉对象。相传他是土地的守护神，类似现实世界中的地主。在夷平土地、进行耕作、开山采矿甚至渔船靠岸或进行水上活动之前，人们都会向伯公祈求庇佑，以保一切平安顺利。这个“千庙之城”内有各式各样专门供奉不同神佛的寺庙，包括官田伯公、林山伯公、青山伯公、大伯公、泰山伯公、白石伯公、太王伯公、林伯公公、裕山伯公、黄伯公、青叶伯公、水口伯公、五方伯公等。据山口洋中部一位庙祝说，相传每位伯公只负责守护某个区域，除非受到特别邀请，否则不会入侵由另一位伯公负责的区域。他又解释说：“每座庙通常只负责守护某个区域，例如一个村庄、一条小巷、一座山的山脚、一个河口，甚至是城镇内的某个角落。比方说，守护山脚的伯公法力不能远及河口，反之亦然。”从以上描述可见，伯公是负责看顾和保护某个区域的守护神。

另一个常受人供奉的神明是土地公，角色与伯公类似，通常在每家寺庙的主祭坛下方，有时神主牌上会写着“土地龙神”。相传伯公会向土地公托付某片土地，让土地公负责看顾和保护。根据某些受访者的说法，若伯公是老板，那土地公就是其助手。其中一位乩童更是说道：“伯公是日理万机的神明，从早到晚在帮助别人，所以也会累也需要休息。有时当伯公稍做休息或去跟朋友聚一聚的时候，便需要土地公帮忙接管一段时间。”由此可见，这两位都是在各自区域内负责看顾和庇护人们的神明。

除此之外，山口洋地区华人供奉神明的习俗还有一个有趣之处，就是许多寺庙都供奉着伯公的妻子伯婆，其神位通常与伯公并列安放，而且一定是在伯公的右面。根据当地习俗，民众会在每年农历六月初六于同时供奉伯公、伯婆的寺庙举行“神明生①”庆典活动；而没有供奉伯婆的寺庙，则会在不同的月份庆祝，包括称为鬼月②的农历七月。

五　达雅人的诸神殿

与华人满天神佛的文化相类似，达雅人供奉一系列不同的神明，并相信它们可以庇佑苍生，使民众免受邪灵、魔咒、不幸和疾病缠身。虽然部分达雅人是基督徒或天主教徒，但仍有很多人追随传统信仰。在进行实地考察期间，笔者就经常看到信奉基督教的达雅人求乩童指点迷津。其中，一位信奉基督教的乩童更是指出：“在宗教出现之前，传统早已存在。”由此可见，对达雅族神祇的崇拜已被视为传统习俗的一部分，并不等同于基督教或天主教等其他宗教。

在西加里曼丹的达雅族社区（尤其是在山口洋地区为数最多的

---

① 神祇的寿辰称为“神明生”。

② 在砂拉越和西马许多华人社区，每年农历七月被认为是鬼门关大开的月份，往生者的灵魂这个时候会回到凡间。为表尊敬，此时除了盂兰盆节之外，所有寺庙一律禁止进行其他庆祝活动，但山口洋地区的情况并非如此，该地的寺庙全年都会举办庆祝活动。

Dayak Kanayatn），Pantak 在他们的精神世界中占据着至高无上的地位，类似于砂拉越伊班族的神明 Petara，也跟华人神明中的太上老君相似。Dayak Kanayatn 认为，Pantak 盛载着无数为人民战死沙场的英雄勇士的灵魂。其神像通常以红木制成。每当有备受世人敬仰的英雄不幸过世时，民众都会举行仪式来感谢并表扬他曾做出的牺牲和努力。这位神明的地位得到整个社区的认同，他们更为此特意建造 Pantak 神像。Pantak 通常成双成对出现（见图 1），但也有单个 Pantak 神像（见图 2）出现的例子。相传已故英雄或领袖的灵魂会通过仪式转移到 Pantak 神像上并得到永生。然而，并非每个拿督公庙都有 Pantak 神位。家里有 Pantak 神像的信众每天都会像供奉拿督公那样举行崇拜仪式，但也有人只在特别时节或场合（如拿督公寿辰或特殊仪式开始之前）才到寺庙祈求神明庇佑。民众通常祈求 Pantak 看顾和庇佑，以保阖家平安，特别是医治由恶灵或巫术引致的疑难杂症。在十五暝游行活动当天清晨，他们会为 Pantak 举行“血祭”仪式，找来一对家禽或黑色雄犬割颈放血（见图 3），再将血洒在 Pantak 的祭坛上，并将斩下的鸡头或狗头献给 Pantak（见图 4）。整个仪式旨在祈求接下来的游行活动平安顺利，并得到神灵看顾和庇佑。

图 1　位于山口洋萨利山的一对 Pantak 神像

图片来源：蔡静芬提供。

图 2　位于山口洋 Jalan Diponegoro 的单个 Pantak 神像

图片来源：蔡静芬提供。

图 3　Pantak 血祭仪式

图片来源：蔡静芬提供。

图 4　向 Pantak 献上鸡头

图片来源：蔡静芬提供。

民众普遍认为 Pantak 是至高无上的神，因此不会附身于凡人。换句话说，Pantak 无需以凡人的身体作为媒介，也可往来于灵界和凡间。Pantak 会托梦告知其守护者自己的一切需求。守护者通常是一位有血缘关系的亲属，不一定是乩童。以位于山口洋萨利山的 Pantak 为例，其守护者在 2016 年 11 月梦见 Pantak，并受其嘱咐要建造一座祭坛，但由于这位守护者住在城镇外的郊区，于是通过电话将信息传达给萨利山的乩童，那位乩童之后中了彩票获得巨款，并在一个月内修成了新的 Pantak 祭坛。

六　啦督公及祭坛

许多寺庙旁边都有一座小小的建筑，乍看之下像拿督公的祭坛（见图 5），但祭坛内供奉的其实是被称为“啦督公”的达雅族神祇。像华人供奉的祭坛一样，啦督公祭坛上放有一个香炉（有时是两个），一个用来烧线香，另一个用来烧乳香。不同之处在于，啦督公祭坛通常不设神像，只放画像（见图 7），有时甚至只在香炉后方放一个罐子（见图 6）或一把曼道刀，罐子上饰有吉祥鸟（如青鸾或犀鸟）的羽毛。某些祭坛上也有用木头或黏土制成、上面刻有啦督公名字的神主牌。

图 5　寺庙旁边的啦督公祭坛

图片来源：蔡静芬提供。

图 6　放着瓶子的啦督公祭坛

图片来源：蔡静芬提供。

画像中的啦督公通常留着胡须、肤色偏黑而且体型粗壮，盘腿坐在石头或地上，头戴青鸾羽毛头饰，面部表情通常相当凶悍。画像背景一般都是丛林、河流、山脉或海洋等自然景观，有时啦督公身旁会有一只猛虎（或者每边一只）。

图 7　放着画像的啦督公祭坛

图片来源：蔡静芬提供。

民众普遍认为啦督公是曾经服务人民的战士和领袖过身后的灵魂，通常被形容为愿意自我牺牲的英勇战士，虽然总叫敌人望而生畏，却受万人敬仰。像 *Panglima Hitam* 这类啦督公就被认为是史前时代的英勇战士，非常凶悍而且脾气暴躁，一般隐身于山岭之中；至于 *Latok Bujang Putih*，其性情则比较温和，而且平易近人，通常居于丛林里。除此之外，还有相传是南海群岛守护者的 *Latok Tujuh Pulau*，他能够控制大海巨浪，很多渔民都会向他祈求庇佑，以保万事平安和渔获丰富。某些啦督公更被认为具有狩猎、种植、捕鱼和驯服野生动物的特殊能力。信众通常以另一位神明（华人神明或啦督公）的话语对啦督公进行供奉敬拜。有时啦督公也会托梦于人，表达自己期望受人供奉的意愿。常见情况如下：一位受神秘疾病折磨的信徒向神明求助，神明通过乩童诊断问题所在，确认是某位啦督公已经复活重生，并且希望受人供奉。要治愈自己的病，就须同意帮助为那位啦督公建造祭坛，或者成为其灵媒。在大多数情况下，信徒需要双管齐下，一方面建造祭坛，另一方面成为所供奉的啦督公的灵媒。除此之外，也可能会出现其他情况，例如某位乩童在被附身期间与另一位啦督公“相遇”，并将信息传递给寺庙助理或信众；或者由啦督公直接托梦嘱咐。

啦督公天生无所畏惧，而且富有牺牲精神，因此广受世人敬仰和信任。信众经常祈求啦督公帮他们解决各种问题，例如遇上守护灵、被神秘疾病缠身，以及其他无法解释的灵异事件。据说，所有神秘或突发性的疾病或行为改变，都是由某几个原因引起。举例来说，如果你在外面或骑摩托车的时候刚好碰上爱作弄人的孤魂野鬼，就有可能被它附身，继而改变你的行事作风，例如突然发狂尖叫，无缘无故地大笑大哭，也可能会大发雷霆，开始打人或扔东西。在正常情况下，只要家人把你带去找啦督公帮忙（见图 8），凶悍的啦督公可替你成功驱除恶灵。

除此之外，相传遇上“鬼火”之类的妖术，也会使人无故生病。人们相信习魔之人会向火球施咒，如火球在人的头上飞过，那这个人就会生病，若被火球直接碰到，更会引起严重疾病，因此很多人都不会把洗干净的衣物晾在室外，以免被鬼火接触到，继而令穿衣的人生病。啦督公一般会以诵经的方式化解咒语，帮助受害人洁净身体。

很多人都相信嫉妒之心会招惹不幸，驱使心肠不好的人不择手段地施咒害人。如女士突然无故掉发，或者浑身瘙痒，可能就是被心存嫉妒的人下咒。此时只要向啦督公求助，神明便会给你写一张符，只需把符烧掉放进一杯水里，再把符水喝下就行。此外，啦督公还会给你另外写一张符，你要把它带回家烧掉，再把灰烬丢进加了五种花的水里，最后用水冲身就可以解除“咒语”。

图 8　啦督公的乩童替一位被附身的女士作法

图片来源：蔡静芬提供。

七　祈福和祭品

与华人崇拜神明的方法相类似，信众通常会点燃蜡烛和香火向啦督公祈福，其中多使用白色蜡烛，而红色蜡烛则用于供奉华人神明。此外，也有很多人烧“黑香”来进行供奉，全属个人喜好，某些啦督公的信徒甚至没有区分该用什么类型的香烛。向其中一位女信徒查问此事时，她表示：“只要我们诚心来祈福，神灵就会高兴，用什么颜色的香烛都没关系。只要在点香的时候清楚地禀告，诚心祈求，就算没有祭品，啦督公也会心领神会。”

在一般情况下，信众在祈福时需为神灵准备食物，如油炸香蕉、炒山药、油炸甘薯和其他当地美食。如果是为了治病，则需以活鸡作为祭品。若信徒是因遇上或激怒了守护灵而求助于啦督公（如上文提及和 Jalan Diponegoro 那个家庭的情况），就必须以鸡血进行血祭以求神恩。如遇上更严重的情况（如被施巫术），则需用上黑色公狗的血。方法是将狗割颈放血，将血倒入罐中，再用黑布密封。但在此之前，啦督公的乩童会先诵经写符、撒黄米以及用曼道刀来对抗邪术、驱除恶灵。此时乩童的助手也会从旁协助，洒具有净化作用的圣水。华人神明的“圣水”是指用抹草浸泡的水（见图 9）；而啦督公的“圣水”，则是以铁树叶（见图 10）制成，有时也会加入抹草一起浸泡。此外，在啦督公祭坛上经常会用到槟榔叶和棕榈花苞，乩童偶尔也会奉上米酒给啦督公解渴。在供奉啦督公时很少会用到纸钱，但由于大多数啦督公祭坛都置于华人神明的寺庙内，因此信徒通常都会顺道给啦督公烧一些纸钱。

图 9　用抹草浸泡的圣水（华人神明）

图片来源：蔡静芬提供。

图 10　用抹草和铁树叶浸泡的圣水（达雅族神祇）

图片来源：蔡静芬提供。

八　啦督公的灵媒

灵媒（或乩童）是啦督公和信众之间沟通的媒介，但有一点值得留意，有时虽然祭坛前方可能只显示某位啦督公的名字或画像，但实际上里面可能供奉着好几位啦督公。要清楚了解某个祭坛上所供奉的啦督公，最好先向乩童查询。如上文所述，乩童能够让不同的神灵附身，因此经常被Latok Bujang Putih附身的乩童也有可能偶尔被不同的啦督公附身，这取决于乩童和神灵本身，以及求助信众的实际需求。像很多华人神明一样，达雅族神祇对所有种族一视同仁，也曾附身于很多华人乩童，而且不会出现语言障碍，因为他们都是说神明的语言。

很多大型寺庙里都有一位经验丰富的乩童大师，负责指导和训练初级乩童或刚开始被神灵附身的新手。初级乩童一般称为“anak buah”（即弟子的意思）。当地人普遍相信两类乩童，一类是家族里有其他乩童的，通常这类乩童都是由家族长辈曾经侍奉的神明亲自挑选；另一类是跟随大师学习灵媒之术的乩童，大师会教他们如何通过膳食或在某段时间内进行祷告来净化身体，也会邀请神明附身于弟子，测试他们是否适合为神明服务。这两种乩童都需要大师从旁指导，经验不足的乩童将无法成功让神灵附身或离开。最坏的情况是神灵在附身期间突然离开乩童身体，导致乩童受到严重伤害。笔者曾目睹一名初级乩童在摇动装满刀子的座椅时脚部被锋利的刀片刺穿，据说就是因为神灵突然从乩童身体里飞走，那位乩童脚部严重受伤，伤口缝了超过30针。

到啦督公祭坛祈福无需特别挑日子，这有别于华人每逢农历初一、十五向神明祈福的习俗。信众可以在方便的日子和时间前往祈福，但通常都是在晚上，这时是通过乩童与啦督公进行沟通的最佳良机。设有啦督公祭坛的寺庙每逢周四晚上香火特别旺盛，因为乩童会在此时向啦督公祈福，并对各种武器用品（如曼道刀）进行作福仪式。如信众有任何饰物或香油需要作福，也可将它们置于乳香的香火之上，以接受神明的祝福，在整个祝福仪式进行期间，乩童会被神灵附身。

九　女性啦督公

除上文所述的啦督公祭坛之外，还有一些神龛专门供奉女性形象的拿督公，这些神明叫作“啦督婆”，有时称为“Nek[①]”，与上文提及的伯公、伯婆情况不同，笔者从未遇到把啦督公、啦督婆一起供奉的神龛。供奉啦督婆的习俗与啦督公大同小异，都是在主坛上放两个香炉，一个烧线香，另一个烧乳香。某些神龛放有啦督婆的画像（见图 11），也可以放写上名字的神主牌。前来向啦督婆祈福的信众，一般都是祈求好运和婚姻顺遂，特别是与怀孕分娩相关的事情。信众普遍认为啦督婆能够保佑准妈妈顺利分娩。盐町附近地区就有一位以这种能力闻名的啦督婆乩童。很多孕妇都会在家人陪同下前来祈福，并带上鲜花、椰子、油炸香蕉和当地甜点以表敬意，希望在分娩前祈求啦督婆庇佑。成功诞下婴孩后，家人也会回来酬谢神恩，并祈求啦督婆在坐月子期内继续看顾。啦督婆通常会附身于乩童，写下护身符以保母子平安，并让邪灵速速远离。此外，当地流传有称为“长手指甲鬼”的女鬼，专找产后母亲吮吸她们的血液，令她们流血致死。人们普遍认为啦督婆能够保佑这些准妈妈，使她们免受伤害，同时驱魔镇煞。

对位于山口洋市中心的加里曼丹路，信众称这种女性形象的神明为“啦督妹”（见图 12）而非“啦督婆”，他们与寺庙庙祝异口同声地解释说，这种神明应是年轻貌美的女子，因此不应称为“婆”，反而该叫“妹”。客家人称年轻女性为“阿妹”，因此当他们向这位神明祈福时，也会称其为“啦督妹”。很多人认为这位神明能保佑单身男女尽快找到好姻缘。如果情侣一时迷失方向、感觉疏离，啦督妹也可以“召唤”爱人回到身边。祈福仪式需要用到五种不同的花、五种不同颜色的衣服、家禽和其他常见食品。若爱人回来身边，则必须以啦督妹最喜欢的美食（如用椰子制成的甜点）作为酬谢。

---

① “Nenek”的缩写，印尼语中是“祖母”的意思。

图 11　啦督婆的祭坛

图片来源：蔡静芬提供。

图 12　啦督妹的神龛

图片来源：蔡静芬提供。

十 结语

对达雅族神祇的崇拜和供奉，是印尼山口洋乃至整个西加里曼丹地区的华人文化习俗，其中包括 Sekura、Sambas、Pemangkat、Sungai Pinyuh、Sungai Raya、Mempawah 和坤甸等多个城镇。本文简述了山口洋地区民众崇拜啦督公的现象，但达雅族神祇在西加里曼丹地区整个宗教信仰结构中所占的位置始终不变。华人社会的“众神论”充分体现了多元守护神的概念，这些神灵一直在看顾着人民的福祉。达雅人相信存在一位至高无上的神，而受人敬仰的身故的勇士、战场上的英雄也可转化为慈悲为怀的神明，华人社会对这种概念也绝不陌生。啦督公的祭坛布置、祭祀用具及祈福仪式都易于遵循。对啦督公的崇拜，算是为民众提供了又一个选择，帮助解决常理无法解释的事情，如守护灵的故事、被人施咒毒害和其他世人无法解释的怪病，这些都容易使人们产生焦虑和紧张的情绪。来自达雅族神祇的庇佑能够安抚他们的心灵，帮助他们面对各种不确定性。达雅族神祇被视为不同地方的守护神，就像大伯公一样。

由各种超自然力量（如守护灵）引起的不安和恐惧，无疑会影响人们的日常生活。西加里曼丹省在地理上与世隔绝，而且农村和城市差异极大，被认为是印尼一个比较贫困的省。大部分人口依靠土地资源维生，如耕作、采矿、捕鱼、采集林产品等，可惜产量微薄，通常只够勉强糊口或拿到当地市场上售卖。此外，这部分印尼地区仍相当落后，而且缺乏基础设施，即使如山口洋、Mempawah、Sambas 和 Bengkayang 等城镇也没有安全的饮用水和卫生设施，医疗设施更是非常有限，只有坤甸和山口洋等大城镇设有医院。由于大部分父母根本无法满足某些上学基本需求（例如购买文具、校服或支付学费等），当地的识字率水平非常低。由于缺乏这些基本物质，当地人民感到相当不满，而且产生焦虑不安的情绪。

身处俗世，面对各种各样无法解释的经历，民众往往会向另一个世界寻求答案，因此向神灵求助在这里是再正常不过的事情。以灵媒作为两个世界之间沟通的桥梁，这些神明扮演着医生的角色，为民众诊断疾病、安排治疗和调制草药，也针对信众所面对的奇怪事情提供答案和化解方法，帮助减轻心理压力，同时舒缓紧张情绪。除此之外，通过举行祈福和祭祀仪式，信众也会感到自己手握控制权，继而更有力量面对日常生活中的各种挑战。如上文所述，对达雅族神祇的崇拜，是帮助民众面对人生起伏的一种方法。

在西加里曼丹省，乩童在当地社会中扮演着举足轻重的角色，对人民生活产生深远的影响。他们是灵界和凡间两地之间的沟通媒介，以其特殊力量帮助世人和侍奉神灵，向民众传达神灵的旨意和化解方法。人们甚至举办十五暝游行这类活动，可见他们深受当地社区和政府的尊重和敬仰，而不只是陈美恩所说的那种“临时的民族性”。此外，我们也应深入探讨人们参与活动的根本原因。西加里曼丹省的乩童必须在佛教社区指导办公室注册，才有资格参与十五暝游行活动，并获得半天活动的经济补贴。尽管 BIMAS Buddha 没有明言，但许多乩童都是为避免注册资格被剥夺而被迫参与活动。如丧失注册资格，他们便不能合法地经营寺庙或侍奉神灵和人民。每年都有许多居于其他地方的乩童特意回来参加游行，就是为了保住资格。除此之外，他们参与活动背后还有其他目的，例如让自己感到满足、寻求民众和政府认同，以及与其他乩童建立兄弟情谊等。

最后重申一点，华人神明和达雅族神祇的崇拜活动和象征意义已深入社区生活众多方面，而且为民众提供各种途径解决当今存在的社会问题。本文仅简述了印尼西加里曼丹省一部分华人的信仰情况，期望未来能开展更多有关这方面的研究工作，让人们进一步了解这个丰富多样、团结共融的社区。

责任编辑：康敏

The Veneration of Dayak Latok among the Chinese in Singkawang, West Kalimantan

Chai Chin Fern

Abstract: This paper describes the worship of Dayak deity among the Chinese in Singkawang, West Kalimantan. The belief of Datuk Kong（拿督公）, a Malay deity is a common phenomenon among the Chinese in East and West Malaysia. Many Tua Pek Kong temples in Sarawak (East Malaysia) house one or a few subsidiary Datuk Kong deities. There are also temples devoted to Datuk Kong as its main deity in the Central region of Sarawak. However, the veneration of Latok Kong（啦督公）, the Dayak deity is unheard of in Sarawak and is totally confined to the neighbouring Chinese in West Kalimantan. Rituals, beliefs and symbols are constantly adapted, transformed to stabilise and cater to the emotional needs of the community. Tua Pek Kong, Datuk Kong, Latok Kong are local tutelary deities believed to protect and help its people. Thus, it is the humble aim of this ethnographic paper to provide further understanding into the reflexivity and adaptivity of Chinese folk beliefs towards its social surrounding.

Keywords: Latok Kong;Datok Kong;Oversea Chinese;West Kalimantan;Religion

巴比伦天文学在希腊化地区的传播[*]

〔美〕弗朗西斯卡・罗切博格 著[**]

关瑜桢　张　瑞 译[***]

在美索不达米亚文明被重新认识后，我们对精密科学史乃至西方天文学特别是希腊天文学的认识发生了巨大的变化。在希腊化时期，希腊人认为埃及居于天文学的领先位置，就像狄奥多罗斯（Diodorus Siculus）在他的通史中所说的那样。直至文艺复兴时期，欧洲古典主义者仍然延续此观点，例如斯卡利杰尔（Joseph Justus Scaliger）在编辑马尼吕斯（Manilius）于公元 1 世纪写成的《天文学》时，A 就提到“欧多克斯（Eudoxus of Cnidus）是第一个

* 本文英文题目为“The Hellenistic Transmission of Babylonian Astral Sciences”，刊载于 Mélanges de l’Université Saint-Joseph 61 (2008), pp. 13-32。本文为国家社科基金重大项目“汉唐时期沿丝路传播的天文学研究”（编号：17ZDA182）、国家自然科学基金面上项目“早期中国与巴比伦天文学日月食理论比较研究”（编号：11673022）、中国科学院率先行动“百人计划”的阶段性成果。（译者）

感谢牛津大学马格达伦学院和普林斯顿高等研究院的支持，使我得以在学术休假期间完成研究和本文的写作。（作者）

** 弗朗西斯卡・罗博格（Francesca Rochberg），美国加州大学伯克利分校近东研究系

*** 关瑜桢，中国科学技术大学科技史与科技考古系研究员，中国科学院率先行动“百人计划”候选人，主要研究方向为中西方天文学史；张瑞，中国科学技术大学科技史与科技考古系博士研究生。

① 斯卡利杰尔将马尼吕斯确定黄道十二宫上升时间的方法中的错误归因于这些方法是从埃及人那里得到的，“而没有采用希帕恰斯更有价值的方法”。参见 A.Grafton , *Joseph Scaliger: A Study in the History of Classical Scholarship*, vol.1(Oxford:Oxford University Press,1983), pp. 202-203. 书中第 203 页写道：“这是一个惊人的巧合，斯卡利杰尔对马尼吕斯写作来源的猜测与真相很接近。《天文学》中计算上升时间的公式来自近东地区，从巴比伦，通过我们尚不了解的中介传播而来。但斯卡利杰尔并不了解包含巴比伦算法的泥板文献。”对（转下页注）

将天文学从埃及带回给他的希腊同胞的人”。A 虽然自公元前 2 世纪起希腊就开始采用巴比伦定量测算方法，巴比伦天文学的诸多要素——将圆划分为 360 度，在时间计量和圆弧的单位转换中采用六十进制、黄道十二宫、一些天文参数如平朔望月长度（29；31，50，8，20 天）等——都已被应用到希腊天文学中，但直到 19 世纪末 20 世纪初，在希腊化时期巴比伦城和乌鲁克城的一些晚期巴比伦天文楔形文字泥板被释读后，这一事实才渐为人所知。

巴比伦天文科学（天文学和星占学）的希腊化传播历史由两部分组成。一个部分是希腊化时期希腊人和罗马人的著作里有关如何看待来自东方的天文学传承的记述，另一部分是现代人基于楔形文字泥板文书的重新解读。而后者本身还分为相继出现的两个不同的方面。首先，楔形文字的复原和释读使现代学者得以基于原始资料对古希腊和罗马关于天文学史的认识进行评估。其次，通过对美索不达米亚天文科学（天文学和星占学）乃至星占神学（仍缺乏更准确的术语）以及希腊语和拉丁语的相关知识所构成的广阔知识背景的重建，发现在整个地中海和近东地区的丰富媒介中，天文学知识和方法都有重要意义和用处。正如埃文斯（James Evans）和伯格伦（J. Lennart Berggren）在他们翻译的希腊天文学著作——杰米诺斯（Geminus of Rhodes）的《天文现象简介》——的序言（Isagoge）中所说的那样，天文学“与几乎所有方面的文化都有重要的联系”，它“关乎古代宗教，因为当时普遍认为行星是神圣的，而且天象吸引了诗人们的关注，自赫西俄德的时代起，诗人们就开始歌颂天象和不停轮转的年”。B

不过，要解释传播为什么会发生，以及如何发生的问题还是很困难的，而这并不仅仅因为材料并不能直接指明真相。以赛亚 · 伯林（Isaiah Berlin）有一句相当冷峻的名句：“历史并不揭示原因，它只呈现了一连串

（接上页注 ①）相关泥板文献的讨论详见 F.Rochberg，“A Babylonian Rising Times Scheme in Non-tabular Astronomical Texts,” in Burnett，Ch., Hogendijk J. P., Plofker K. and Yano M.eds., *Studies in the History of the Exact Sciences in Honour of David Pingree* (Brill, Leiden/Boston,2004)，pp. 56-94。

① Grafton, Scaliger, p. 207.

② Evans, J., and Berggren, J. L., *Geminos's Introduction to the Phenomena: A Translation and Study of a Hellenistic Survey of Astronomy* (Princeton:Princeton University Press, 2006), p. xv.

单调的未解释的事件。”A 确实如此。发现结果比找出原因容易，发现背景比找出方式容易，理由很简单，原因和方式远比我们所能够发现的还要繁杂且微小。因此，希腊人了解巴比伦天文学的具体途径和他们为什么对巴比伦天文学感兴趣的准确原因，将永远难以捉摸。然而，对传播的文化背景的描述并不需要同样的精确度，所以还是可以触及的，下面的讨论将勾画出该背景的轮廓。接下来我先列举一些古老文献，它们记载了写作者眼中的巴比伦人、迦勒底人以及天文科学对古希腊和罗马的影响，然后我将迅速转向讨论亚述学研究对我们理解这一重要历史时期古代科学史的影响。

迦勒底人、巴比伦人和埃及人等东方人都从事过天文观测活动，这一看法在希腊知识分子群体中早已是一种共识。亚里士多德认为埃及人和巴比伦人在“过去的许多年”里进行了天文观测，他们提供了“特定恒星的证据”②。公元前1世纪，狄奥多罗斯（Diodorus of Sicily）对“过去的许多年”③ 给出了一个数值，他说：“关于年代，迦勒底人对他们研究宇宙中天体的历史的说法是令人难以置信的。根据他们的说法，从迦勒底人早期开始观测天体到亚历山大横渡亚洲已经473000年了。”④ 大约一个世纪后，普林尼（Pliny the Elder）在他的《博物志》一书中，援引了作为巴比伦天文

① Berlin,I., *The Hedgehog and the Fox: An Essay on Tolstoy's View of History* (London:Weidenfeld & Nicholson Limited, 1953;reed. Phoenix, 1999), p. 15.

② Aristotle, *On the Heavens*, II 12, 292a 9, in Barnes, J. (ed.) (1984), *The Complete Works of Aristotle:* the revised Oxford translation, 2 vol (Bollingen Series, 71) Princeton University Press, Princeton, vol. I, p. 481. Cf. Guthrie W. K. C. (1939), *Aristotle VI: On the Heavens*, (Loeb Classical Library) Harvard University Press and W. Heinemann, Cambridge, MA/ London, p. 205. “埃及人与巴比伦人都在遥远的过去就开始观察星空，并且记录了相似的行星观测结果，我们有大量毫无争议的知识都是从他们那里得来的。”

③ Diodorus Siculus (1933), *Bibliotheca Historica*, II 31, 9, ed. oldfatheR c. h., 12 vol., (Loeb Classical Library) Harvard University Press and W. Heinemann (repr. 1998), Cambridge, MA/ London, vol. II, pp. 454-457.

④ Cf. his reference to “ an incredible number of years ” in *Bibliotheca Historica*, I 81, 4-5, “恒星的位置、顺序和运动一直是埃及人仔细观察的对象，他们在很多年里一直保存着这些恒星记录，这在世界上任何一个地方都是少见的。他们从古时起就精心保存这些内容。他们还以最浓厚的兴趣关注着行星的前进、逆行和留，以及每颗恒星对世间万物所产生的或好或坏的影响，也就是说，行星是产生这些影响的原因。”（英文译者 Oldfather, vol. I, p. 279）.

观测史权威的伊壁琴尼（Epigenes）的说法，认为应追溯到720000年前。①他（普林尼）还声称克里托德莫斯（Critodemus）（公元1世纪到2世纪左右的希腊占星学家）能够直接接触巴比伦原始文献。但在《博物志》的第七卷中，他错误地认为克里托德莫斯是公元前3世纪时人，并假设他是写作了《巴比伦尼亚志》的希腊作家贝罗索斯（Berossus）的学生，贝罗索斯可能在科斯岛上的一所学校从事占星术研究。②普林尼提到，克里托德莫斯和贝罗索斯均认为巴比伦的天文观测可以追溯至490000年前。③

16世纪的历史学家和古典主义者斯卡利杰尔的研究范围延伸到了希腊和罗马之外的近东地区，希腊人和罗马人将古代科学知识成就过度归功于巴比伦人的现象引起了他的注意。在6世纪辛普里丘（Simplicius of Cilicia）对亚里士多德《论天》的注中，他发现了希腊获得巴比伦科学知识的证据。斯卡利杰尔从中构建出一个故事，故事中亚里士多德从女婿凯利斯尼兹（Callisthenes）处获得了天文观测记录，据说凯利斯尼兹曾随亚历山大东征，并到过高加米拉。④辛普里丘的故事中还包括波菲利（Porphyry）声称的巴比伦人的天文观测记录保存了31000年的报告。然而，斯卡利杰尔在处理这一段文字时，它已经被误读，因为辛普里丘的故事来自新柏拉图主义者波菲利，而后者在从穆尔贝克（Moerbeke）的一个13世纪的拉丁语版本翻译成希腊语的过程中已经出了差错。在安东尼·格

① Pliny the Elder (1938-1962), *Natural History*, VII 193, ed. Rackham H., 10 vol. (Loeb Classical Library) Harvard University Press and W. Heinemann, Cambridge, MA/ London.

② 菲利克斯·雅各比（Felix Jacoby）曾引发学界对贝罗索斯有关的天文和星占内容的真实性的讨论，他认为这些内容是后来被附会给贝罗索斯的。公元前1世纪，亚历山大·波里希斯托（Alexander Polyhistor）对贝罗索斯的著作做了摘录，才使其流传下来。在其他亚述学家中，Lambert［W. G. Lambert, “Berossus and Babylonian Eschatology,” *Iraq*, Vol. 38,1976, pp. 171-173］同意雅各比提出的贝罗索斯是伪作的观点，而 Drews（Drews, R. , “The Babylonian Chronicles and Berossus,” *Iraq* 37,1975, pp. 50-54）和 Burstein［Burstein, S. M., *The Babyloniaca of Berossus* (Sources from the Ancient Near East, 1. 5) (Malibu:Undena Press,1978)］不认可这一观点。参见 Kuhrt, A. , “Berossus’ Babyloniaka and Seleucid Rule in Babylonia,” in Kuhrt, A.,and Sherwin-White, S. (eds.), *Hellenism in the East: The Interaction of Greek and non-Greeek Civilization from Syria to Central Asia after Alexander* (Berkeley/ Los Angeles:University of California Press, 1987), pp.36-44, 他也认为公元前1世纪时希腊人伪造了贝罗索斯的星占内容。

③ Pliny the Elder, *Nat. Hist*., VII 193.

④ 参见 Burstein, S. M., “Callisthenes and Babylonian Astronomy: A Note on FgrHIST 124 T3, ” *Echos du monde classique: Classical Views* ,Vol.28, 1984,pp. 71-74.

拉夫顿（Anthony Grafton）编纂的斯卡利杰尔版本中，他认为："根据波菲利清楚的描述，凯利斯尼兹是在寻找和发现天文信息。合理的解释是这样的，辛普里丘最终在讨论希腊天文学的历史和特点时引用了这一片段。然而，斯卡利杰尔却不注意结合语境与上下文，这样就从原本没有提到巴比伦历史记录的文献中无中生有了。"① 这种二手、三手信息的传播及其间接重构历经长达几个世纪的时间，人们由此就能充分理解为什么现代发现的楔形文字天文文献对于天文学史来说如此至关重要。

希腊地理学家斯特拉波（Strabo）活跃在公元前 1 世纪中期至公元 1 世纪左右。他提到过几个巴比伦"数学研究者"的名字：苏狄涅斯（Sudines）、基德纳（Kidenas）和纳布里亚努斯（Naburianus）。没有任何现存的楔形文字材料能够证明苏狄涅斯真实存在过。② 普林尼在《博物志》中指出苏狄涅斯是在石材上进行书写的，他还认为苏狄涅斯知道玛瑙（*Nat. Hist.*, XXXVI 59）、岩石水晶 ③ 和琥珀 ④ 的出处，并评价了"珍珠"⑤ 和"星彩石"或"星石"⑥ 的颜色。《博物志》另一次提到苏狄涅斯时称之为"迦勒底占星家"⑦。与之一致的说法也出现在写于公元 3 世纪的一份纸草书残本中，据称其总结了公元前一二世纪斯多葛派哲学家波希多尼（Posidonius）对《蒂迈欧篇》的评论。⑧ 该文本将日月五星的影响通过亚

① Grafton, Scaliger, p. 265. 同时参见 BigWood, J. M. , "Aristotle and the Elephant Again, " *American Journal of Philology* ,Vol.114,1993, pp. 537-555, especially p. 547 and n. 55。这里他认为波菲利曾说过巴比伦天象记录只保存了 31000 年。

② 巴比伦人对这一名称的叫法也是一个谜，尽管在阿卡德语中是有可能在语末用带 -iddin 的后缀表示"他已经给出"的含义。Polyaenus 曾把苏狄涅斯称为占卜者 (b ā rû)。(*Strategemata* 4, 20, ed. Melber I., Teubner, Leipzig, 1887, p. 219). 占卜者在举行脏卜时解读征兆，根据推测，公元前 235 年左右苏狄涅斯在和高卢开战前为帕加蒙王国国王阿特拉斯一世做过卜测。阿特拉斯最终获胜。尽管巴比伦天文学家大多精通天文占测和巫术，但天文与脏卜的配合使用并不多见。

③ Pliny the Elder, *Nat. Hist*, XXXVII 25.

④ Ibid., XXXVII 34.

⑤ Ibid., IX 115.

⑥ Ibid., XXXVII 133.

⑦ Ibid., IX 115; XXXVII 59; XXXVII 25, 34, 90, 114, 153.

⑧ Hübner, W. , "Zum Planetenfragment des Sudines (Pap. Gen inv. 203), " *Zeitschrift für Papyrologie und Epigraphik* 73,1988, pp. 33-42; Hübner, W. , "Nachtrag zum Planetenfragment des Sudines. P. Gen. Inv. 203," *Zeitschrift für Papyrologie und Epigraphik* 73,1988, pp. 109-110.

里士多德四元素说的特性（温暖、潮湿、干燥）罗列出来，同时指出了土星、木星、火星和金星作为男女老少的“破坏者”时的征兆。“据苏狄涅斯说”，金星是女性的破坏者。大约在公元160年，占星学家维提乌斯·瓦伦斯（Vettius Valens）根据希腊和巴比伦天文学列出了一年长度的数据。[①]在此处苏狄涅斯和一年的长度365+ 1/4 + 1/3 + 1/5 天联系在一起，这一数值在天文学上并不准确。瓦伦斯补充说，他用苏狄涅斯的方法（以及基德纳和阿波罗尼乌斯）来计算月食，并将二分点和二至点定为它们所在宫的八度。[②]白羊宫八度实际上就是巴比伦规定的黄道中的春分点。黄道上的度数并非从春分点起算，而是从白羊座［巴比伦黄道十二宫中的“受雇佣者”（The Hired Man）］开始按照黄道十二宫的固定顺序起算。将白羊宫八度作为春分点是许多希腊星占文献的基础，直到中世纪时期都一直在使用。

西丹努斯 Kidin(nu) 这个名字曾出现在两份楔形文字星历表的款识中，它们被称作“*tersētu* of Kidin(nu)”。[③]术语 *tersētu* 指的是通过具有晚期巴比伦天文学特征的线性数学算法计算的月亮和行星的日期和位置的表。每一份提到西丹努斯的计算表都涉及年份的新月与满月，例如在公元前104~前102年的表中，瓦伦斯说他算“太阳的用希帕恰斯，算月亮的用苏狄涅斯、西丹努斯和阿波罗尼乌斯”，[④]不过他并没有对这些名字代表的方法做任何说明。普林尼在给出内行星大距的值时也提到了基德纳[⑤]，他说所采用的金星的值（46°）来自《蒂迈欧篇》，水星的值（22°）来自基德纳和索西琴尼（Sosigenes），但是我们还是无法确定这些引用真正的含义。

斯特拉波提到的第三个巴比伦人名纳布里亚努斯应解为巴比伦名那彼里曼诺（Nabû-rimannu）的希腊语名称，它出现在一块巴比伦城出土的天文泥板残片的款识中。[⑥]在款识中该残片也被称为 *tersētu* 或者“计算表”，

---

① CCAG 5, 2, p. 127, 17-19 = Vettius Valens, *Anthology* 9, 11, in Kroll ,W., ed., *Vettii Valentis Anthologiarum Libri*(Teubner, Berlin,1908), pp. 353, 10-13.

② Vettius Valens, *Anthol.*, 9, 12, 10, ed. By Kroll, p. 354, 4.

③ Neugebauer O. (1955), *Astronomical Cuneiform Texts*, 3 vol., Lund Humphries, London, Texts 122 and 123a.

④ CCAG 5, 2, p. 128, 14-16.

⑤ Pliny the Elder, *Nat. Hist.*, II 38-39.

⑥ Neugebauer, *Astronomical Cuneiform Texts*, Text 18, lower edge of reverse 1.

与西丹努斯表一样，这块泥板也记录了新月和满月的日期和位置，只是年代要晚于西丹努斯表，约在公元前 49 ~ 前 48 年。它是现存楔形文字月历表中时代最晚的。

罗马统治下埃及俄克喜林库斯出土的希腊纸草书能够证明，这些残片上的内容确实早在公元前 1 世纪就已为希腊天文学家所知，并且至少在公元 1 世纪时就已经得到应用。一份公元 2 世纪的俄克喜林库斯纸草书（no.4139）也向我们展示了希腊人对所获得的巴比伦知识的来源是有了解的。这不仅是现存希腊文献中最早的一例引用巴比伦 A 体系月球理论（以 6695 个近点月作为月球运动不均匀性的周期）相关参数的，而且提到了 Orchenoi（no.4139 第 8 行，同样残缺不全）或者说“乌鲁克人”，斯特拉波认为后者也可以被称为“天文迦勒底人”（Geog.，XVI 1，6）[①]。乌鲁克确实是发现数理楔形文字泥板文献最多的两座美索不达米亚城市之一。

还有一份更可信的参考了巴比伦天文学的文献——杰米诺斯写作的《天文现象简介》（*Introduction to the Phenomena*）。在该书第 18 章中，他讨论了朔望周期。学界对这本书的写作年代有多种观点，但据埃文斯和伯格伦详考，应在公元前 90 年到公元前 35 年之间，与迪奥多罗斯所处时代相近。杰米诺斯在书中第 18 章第九小节写道：“迦勒底人发现月亮的 [日] 平均运动为 13；10，35°。”尽管他并没有写明，但该章中提到的其他月球运动参数，即月亮每天运动速度的参数（在诺伊格鲍尔的术语中为 B 体系月离理论中的 F 列），也属于典型的巴比伦月离理论折线函数[②]。杰米诺斯在第 18 章讨论了用于预测月食的月亮运行周期，称为 *Exeligmos* 或“轮回”，[③] 这一周期用一个特定时间长度表示日月食发生的周期。杰米诺斯的周期值（669 个朔望月 =717 个近点月 =19756 天）与巴比伦的周期关系是一致的，他关于 *exeligmos* 的所有讨论均与巴比伦月离理论一致。

公元前 1 世纪至公元 3 世纪，其他提到迦勒底人的希腊罗马作者还有与

---

① Jones A. (1999), *Astronomical Papyri from Oxyrhynchus*, (P. Oxy. 4133-4300a), 2 vol., (Memoirs of the American Philosophical Society, 233) American Philosophical Society, Philadelphia, vol. I, pp. 97-99 and vol. II, pp. 22-23. Orchenoi 是乌鲁克人或乌鲁克之子的意思。——译者注

② 函数的参数为：m = 11;06,35, M = 15;14,35, 平均日运动 = 13;10,35, 常差 = 0;18 度

③ Evans and Berggren, *Geminos's Introduction*, pp. 92-100 , 227-230.

贝罗索斯有关的维特鲁威（Vitruvius）（公元前1世纪），与“拯救现象”有关的西昂（Theon of Smyrna）（公元1世纪至2世纪），与历法有关的托勒密（公元2世纪），与占星有关的塞克斯都·恩披里柯（Sextus Empiricus）（公元2世纪或3世纪）。如果没有借助重要的楔形文字泥板文献，我们就无法判断这些联系，也无从了解巴比伦天文学在其自身或任何其他人类文化中的位置。如前所述，只有广泛考虑到东西方对天空认识的知识背景，我们才能理解为什么巴比伦数理天文学知识变得对希腊科学至关重要。

19世纪下半叶，约瑟夫·埃平（Joseph Epping）、施特拉斯迈尔（Strassmaier）和库格勒（Kugler）等学者分别对巴比伦天文楔形文字文献做了重新发现与解读的工作。之后天文学史家和亚述学家通过合作，对其中的数学方法也进行了深入的技术分析，由此将西方传统下精密科学史的年代和文化界限推前。巴比伦天文学对希腊、印度、阿拉伯和中世纪欧洲天文学的持续影响使其成为美索不达米亚文明中具有长远影响的因素之一。正如在西方发展的那样，天象征兆和算命天宫图之类的泥板星占文献在科学史上书写了同等重要的篇章。并且和巴比伦的天文知识一样，超越了古代近东的文化边界，影响力辐射到爱琴海和更广阔的地中海地区，最终直至文艺复兴时期的欧洲。①

各类泥板天文文献的年代跨度十分广泛，涵盖了从古巴比伦时期（公元前1800~前1600年）到公元前7世纪的新亚述时期，从公元前500年的波斯和塞琉古时期到公元一二世纪。我们可以通过被定年为公元75年的天文泥板直接了解到，公元前250年帕提亚人夺回巴比伦后，楔形文字书吏一直在那座城市开展天文活动，直至公元1世纪末。老普林尼（公元23~79年）也提供了当时存在巴比伦天文学家的证据，他声称在巴比伦的“朱庇特-贝尔（Jupiter-Bēl）神庙”看到了这些天文学家，以及神庙周围的城市是如何坍塌成废墟的。② 多年以后，公元2世纪的帕萨尼亚斯

---

① See Flint, V. I. J. , *The Rise of Magic in Early Medieval Europe* (Princeton:Princeton University Press,1991) ; Tester, S. J., *A History of Western Astrology* (Woodbridge, Suffolk: Boydell Press,1987) ; Smoller, Ackerman L. , *History, Prophecy, and the Stars: The Christian Astrology of Pierre d'Ailly 1350-1420*(Princeton : Princeton University Press,1994).

② Pliny the Elder, *Nat. Hist*., VI 123; VII 193.

（Pausanias）也提及了矗立在废弃城市中央的这座神庙。[①]天文学和晚期巴比伦神庙之间的联系是由多种因素的相互作用联结而成，例如在亚述陷落后该地区的君主中断了占星术和天文学的使用，导致精通这方面知识的书吏的工作场所逐渐转移至巴比伦的马尔杜克神庙与乌鲁克的安努神庙，那里也成了专门研究和保存美索不达米亚知识与文化的场所。

根据杰米诺斯的《天文现象简介》和俄克喜林库斯纸草书中的证据，至少在公元前 1 世纪，大量详细的天文知识，如单位、参数和方法等就已从巴比伦传至希腊。在巴比伦六十进制计数法的框架内发展形成的天文单位和计算方法奠定了后来西方天文学的基础。该计数法在计算中是较为便利的，一方面是因为 60 能够被很多整数除尽，另一方面在于位值计数法本身的优点。巴比伦的时间和角度计量单位被我们称为度。除了计数法以外，度也作为基本计量单位一直沿用至今。巴比伦的一天被分为 12 个丹纳（DANNA），每个丹纳又可分为 30 乌什（UŠ）：12×30=360 乌什。从一次日落到第二次日落，太阳在天空中运行了一圈，这一圈被定义为 360 乌什或“度”。[②]也就是说，在地面上走过 1 丹纳（即 30 南丹或“杆”），太阳在天空中也运行了 1 丹纳（即 30 乌什或“度”）的距离，即天空的六分之一。天体运动，即天空中的距离，也指示着时间。马文·鲍威尔（Marvin Powell）进一步指出，时间 - 长度体系最初是基于时长 12 丹纳的 1 个理想的恒星日（UD），而 1 天即 360 乌什和 12 个月，每个月 30 天，共 360 天之间数字的对应，正如他所说，“就不可能被忽视了”[③]。公元前 2 世纪中叶，希腊天文学开始采用圆一圈为 360°和六十进制，这样的转变与

---

① Pausanias (1918), *Description of Greece*, ed.by Jones, W. H. S. and Ormerod, H. A., 5 vol., (Loeb Classical Library) Harvard University Press and W. Heinemann, Cambridge, MA/ London. 第 33 章第 3 节提到：“贝洛斯这个庇护所仍然保留着，但偌大的巴比伦，除了城墙外，什么也没有留下。”第 16 章：“其次，当他 [Seleucus] 在底格里斯河建立塞琉西亚时，扩张至昔日巴比伦殖民的范围，他避开了巴比伦的城墙和贝尔神庙，允许迦勒底人住在神庙中。”

② See Neugebauer, O. , *Astronomy and History: Selected Essays* (New York/ Berlin/ Heidelberg/ Tokyo:Springer-Verlag,1983) , pp. 16-17.

③ Powell, M., “Masse und Gewichte,” *Reallexikon der Assyriologie* 7, 1987-1990,p. 467.

希帕恰斯（Hipparchus）[①] 和许普西克勒斯（Hypsicles，约公元前 200 年）[②] 有关，这可以认为是希腊天文学采取定量方法的起点。

“腕尺”（KÙŠ=ammatu）与更小的单位“指”或“位”(ŠU.SI=*ubānu*)，也是美索不达米亚常见的长度单位，而且它们同样也在天文学上有应用。天空中的距离测量，如恒星和子午圈之间的距离，或行星和黄道附近的恒星之间的距离，就是以腕尺为单位进行测量的，日月食的食分则以“指”为测量单位。《至大论》中两次最早的观测记录也用了腕尺作为单位，这两次观测发生在公元前 244~ 前 236 年。[③] 托勒密引用了巴比伦人的日月食记录，并按照泥板文书日月食观测报告的形式给出了初亏、食甚的时间、食既的状况、阴影的方向与食分的大小。[④] 托勒密还引用了其他历史观测资料，如用腕尺计量的黎明时水星到黄道附近恒星的距离，以及用指计量的土星到黄道附近恒星的距离等。[⑤] 这些重要的数据不仅证实了巴比伦计量体系对后来希腊罗马时期的影响，还证明希腊人对巴比伦天文观测文献是有所了解的，这些文献包括现在所称的“天文日志”以及其他一些相关的含有观测与预测内容的文献。[⑥] 而在希腊天文学领域之外，斯特拉波在《地理学》中也使用了腕尺这样的巴比伦单位。[⑦]

黄道十二宫是希腊天文学和占星术的基本工具之一。公元前 5 世纪下半叶，它就已经出现在用楔形文字写成的算命天宫图中。那时，巴比伦天

① Toomer, G. J., “Hipparchus and Babylonian Astronomy,” in Leichty, E., Ellis ,M. de J. and Gerardi, P., eds., *A Scientific Humanist: Studies in Memory of Abraham Sachs*, (Occasional publications of the Samuel Noah Kramer Fund, 9) The Samuel Noah Kramer Fund, The University Museum, Philadelphia,1988 p. 357.

② De Falco, M.,Krause, O.and Neugebauer, O., *Hypsikles. Die Aufgangszeiten der Gestirne, Abhandlungen der Akademie der Wissenschaften in Göttingen*, Philologisch-Historische Klasse 3, Folge, 1996,n. 62.

③ Ptolemy , *Almagest*, IX 7, ed.by Toomer, G. J., (New York/ Berlin/ Heidelberg/ Tokyo:Springer Verlag, 1984).

④ Pinches, T. G., and Sachs, A. J.,Schaumberger, J. , *Late Babylonian Astronomical and Related Texts* (Providence, R.I.:Brown University Press, 1955).

⑤ Ptolemy, *Almagest*, IV 6, 11; V 14; VI 9; IX 7, and XI 7.

⑥ Sachs, A. J. and Hunger, H. , *Astronomical Diaries and Related Texts from Babylonia*, 5 vol(Vienna:Verlag der Österreichischen Akademie der Wissenshchafter,1988-2001).

⑦ Strabo (1917-1932), *Geography*, II 1, 18, ed.by Jones, H. L., 8 vol., (Classical Library) Harvard University Press and William Heinemann (reed. 1966), Cambridge, MA/ London.

文学家们已经把太阳和行星运行时经过的路径确定了下来，并根据相临近的恒星分成了12份，或者说“12宫”，每一宫30度。巴比伦黄道十二宫是根据恒星而非春分点来划分，说明它是对应恒星年而非回归年的。也就是说，春分点在黄道上的位置是固定的，不会随着时间的推移而进动。可以肯定的是，在希腊化时期的某个时间点，希腊采用了巴比伦黄道十二宫体系。奥托吕科斯（Autolycus）和欧几里得（Euclid，约公元前300年）的著作已经使用了黄道和黄道十二宫，老普林尼在《博物志》中提出，黄道和黄道十二宫的概念是一位叫“克莱奥斯特拉图”（Cleostratus）的人在公元前500年左右引入希腊的。① 然而，希腊产生对应360°的黄道十二宫的确凿证据要到公元前2世纪时的许普西克勒斯和希帕恰斯那里去寻找。

除了黄道带和圆一圈为360°等天文学要素，用数值形式表示的周期关系也从巴比伦尼亚传到了希腊天文学家那里，就像我们从杰米诺斯的书中看到的那样。最早被传播到希腊的周期是置闰周期，有时被称为“默冬章”，一个周期里的19年和235个朔望月是等价的。公元前500年左右，巴比伦历法中开始采用该周期，这比默冬的时代稍早（公元前432年）。因此，发现这一周期的优先权属于巴比伦历法。②

另一个更为著名的周期是“沙罗周期”，在一定时间后，相似性质的日月食现象会重复发生。阿契美尼德时期的一份“沙罗周期文献”就以表格的形式列出了以223个月或者说大约18年为周期的可能发生日月食的月份。托勒密曾提到，在此之前，18年日月食周期就已经存在，这一周期的长度为6585又1/3天，而巴比伦人的表述中并没有给出以天为单位的周期长度。③ 如前所述，杰米诺斯也提到过沙罗周期以及三倍于沙罗周期长度的转轮周期（*Exeligmos*）。

据托勒密称，希帕恰斯使用的日月食周期为126007天。库格勒

---

① Pliny the Elder, *Nat. Hist.*, II 31.

② Bowen, A. C. and Goldstein, B. R. , “Meton of Athens and Astronomy in the Late Fifth Century B.C.,” in leichty, Ellis and Gerardi,eds., *A Scientific Humanist*,1988, pp. 39-82.

③ Aaboe ,A., Britton J. P., Henderson, J., Neugebauer, O., and Sachs, A. J., *Saros Cycle Dates and Related Babylonian Astronomical Texts*,(Transactions of the American Philosophical Society, 81/6) (Philadelphia:American Philosophical Society,1991).

（Kugler）首先发现这一周期中隐藏着来自巴比伦的数据，即体系 B 中的平均朔望月长度（29；31，50，8，20 天）。[①] 他还发现，将希帕恰斯所提出的 251 个朔望月 =269 个近点月这一周期减小后，同时也是 B 体系月历表中各列处理月亮运动不均匀性和朔望月长度变化值的基础，月历表中 F 列给出的就是月亮运动不均匀性的度数，G 列给出的是在假定太阳每月均匀运动 30°的情况下对朔望月长度的大致估计。希帕恰斯对这些月亮运动参数以及月亮黄纬运动周期（5458 个朔望月 =5923 个交点月）的应用进一步说明，希腊人当时已经知道巴比伦人 1 年 =12；22，8 个朔望月的周期。

托勒密所指的希帕恰斯使用的巴比伦数据精确而合理，因此杰拉尔德・图默（Gerald Toomer）认为将巴比伦数据引入希腊天文学的成就应归功于希帕恰斯。[②] 希帕恰斯将（巴比伦的）经验数据与（希腊的）天文理论统一起来，构建了月球和行星运动学模型的定量基础。而之前的模型并不预测天体的运行，只是做定性的描述。这里的运动学指的是一种天文理论，一种当观测者处于中心时，通过几何方式构建圆周运动以及行星的运动来描述行星位置变化的天文理论。正因为此，圆周运动才令人感兴趣，其中的运行速度，也就是角速度，以及到底采用匀速圆周运动还是变速圆周运动都是可以讨论的问题。从图 1 中可以看出，如果不知道绕 O 旋转的 P 的运动周期，那么该图完全是定性的，并不能就行星相对于 O 运动到的方向做出预测。

从运动特点的角度上讲，希腊“本土”天文学传统的基础建立在宇宙是完美的球形、永恒的、符合美学的哲学倾向上。因此，它与天体具有神性（自柏拉图起，星体都被赋予了灵魂）的星占神学思想紧密联系在一起，甚至与斯多葛派的哲学观点一样，认为宇宙本身是神圣的。对巴比伦定量方法的应用改变了希腊运动学的性质，赋予了希腊天文学预测功能。

---

① Kugler, F. X. , *Die Babylonischce Mondrechnung. Zwei Systeme der Chaldäer über den Lauf des Mondes und der Sonne* (Herder, Feiburg im Brisgau,1900) pp. 23-24;Aaboe, A., “On the Babylonian Origins of Some Hipparchan Parameters,” *Centaurus* 4, 1955,pp. 122-125.

② Toomer, “Hipparchus,” pp. 353-362.

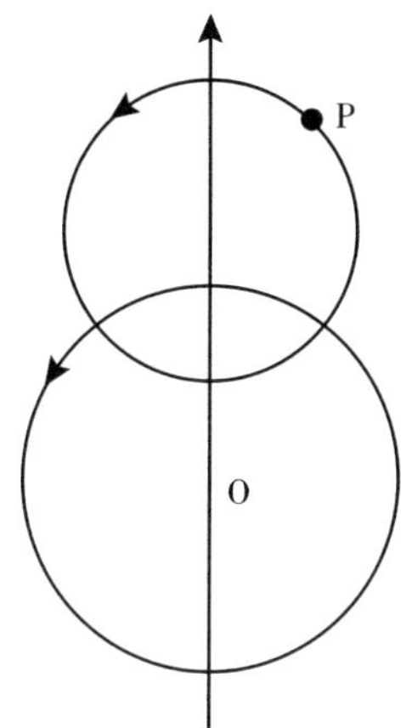

图 1　P 在本轮上，本轮围绕 O 进行圆周运动

正如琼斯（Jones）对古典时代晚期俄克喜林库斯天文纸草书的研究所揭示的那样，经历了希腊化传播后的希腊天文学不仅包含了运动学，而且包含了非几何传统的天文学，其实质内容是通过来自巴比伦的数字周期进行预测的。

前文已经提到星占学和黄道十二宫对巴比伦以及之后天文学的重要性。但事实上，天文方法、单位和参数等都在星占学知识中占有一席之地。与后来的希腊罗马时期一样，在美索不达米亚，从作为知识体系和一种方法的角度来看，天文学的使用与占星术的预言一样重要。巴比伦星占学，也就是算命天宫图及其构建方法，起源于对天象的占测。在公元前 7 世纪的新亚述时期，天象占测就是高度发达的学术活动，书吏通过解读征兆阐述其对国王和整个国家的意义。新亚述时期的宫廷书吏参考的是一本名为《恩努马·阿努·恩利尔》（*Enūma Anu Enlil*）的天文征兆集。这些文人与国王埃萨尔哈东（Esarhaddon）以及亚述巴尼拔（Assurbanipal）保持着密切交流，主要讨论的是与“国家安全”问题相关的天象的象征意义。到了公元前 5 世纪，天象占测把注意力转移到了个人身上，一种新的天象占测形式以星命学的形式发展起来。在大约公元前 600 年至公元前 300 年，星命学变得更依赖于天文学的计算，因为它需要确定一个人出生时的天象。[①]这就需要对七颗运动的星（太阳、月亮、水星、金星、火星、木星、土星）的位置进行计算。巴比伦天文文献的基础与重要内容之一就在于准确掌握行星周期，而这也是制备算命天宫图的关键。

对于巴比伦星占学的现代研究远远晚于天文学。在解读了众多泥板文书天象征兆和算命天宫图之后，西方占星学的许多源头开始逐渐显现。从对天文现象预测的想法开始，还包括一些更具体的概念融合，如行星相位（特别是涉及黄道十二宫中三颗行星各自相隔120°时的三角形行星相位关系）、12分盘、天体在黄道上运行的最高点以及行星和身体各部位之间的联系。正如我们在一个预兆的注释中看到的，“如果一个人的肾脏不好，那么这个疾病就是内尔伽勒神（Nergal）降下的，如他们所说的那样，肾对应的行星是火星”。[②]

然而，与巴比伦天文占测相比，希腊星占学不仅体系不同，而且其中的宇宙论也大相径庭。希腊占星术中我们熟知的上升点（*horoscopus*），即在出生时刻黄道上升点的位置，至今还没有出现在泥板文书的“算命天宫图”中，这是由巴比伦和希腊星占学中宇宙论框架的差异造成的。为了确定出生时黄道十二宫上升点的度数，希腊参考系是以天球和黄道上不断运动的轮为基础的，但这在巴比伦的世界观里都是不存在的。托勒密在他的物理理论中是这样解释恒星的影响的，以太的力量“贯穿并渗透到整个地球”，而这同样没有在美索不达米亚出现过。[③]赖纳（Reiner）在研究巴比伦神学文献时发现了星体产生的物理影响，[④]但巴比伦天文占测并不通过从

① Rochberg, F. , *Babylonian Horoscopes*, (Transactions of the American Philosophical Society, 88/1) (Philadelphia:American Philosophical Society, 1998).

② Rochberg, F. , “Elements of the Babylonian Contribution to Hellenistic Astrology,” *Journal of the American Oriental Society*,Vol. 108,1987, pp. 51-62 ;for the melothesia, see Reiner, E., “Two Babylonian Precursors of Astrology,” Nouvelles Assyriologiques Brèves et Utilitaires (N.A.B.U.) 26,1993, pp. 21-22.

③ Ptolemy (1940), *Tetrabiblos* I 2, ed.by Robbins, F. E., (Loeb Classical Library) Harvard University Press and William Heinemann (repr. 1971), Cambridge MA/ London.

④ Reiner, E., *Astral Magic in Babylonia*, (Transactions of the America Philosophical Society, 85/4)(Philadelphia: American Philosophical Society,1995).

星体物质产生辐射的角度来解释，同样，在巴比伦物理学中也没有像希腊那样包含星占影响内容的物理学理论，巴比伦物理学中不存在以太这样的物质。事实上，美索不达米亚的天文占测似乎并没有受物理理论的影响，它的因果关系建立在神性意志的代理和表现上，而不在天上物质对世俗事物的直接作用上。

巴比伦星占学研究落后于天文学研究，而更落后的是对巴比伦天文科学宗教维度的研究。当然，很难定义“宗教维度”的具体含义，因为它的分类标准是与巴比伦讨论范畴无关的。尽管如此，在这里我们所说的天文占测和星占学（甚至天文学）的“宗教”内容与这些学科的从业者所持的观念中神所起的作用有关。这就要溯源于美索不达米亚知识的书写观念了，这是一种将占卜、出生星盘和天文学结合在一起的楔形文字学术传统。这种识别知识要素的方法，即系统化甚至在某种程度上法典化的知识，与神灵有关。根据这些说法，学术知识在大洪水之前就已产生。①

在天文科学泥板文献的研究开始之初，实际上就已认识到古代近东地区科学知识是具有宗教特征的。但是进入 20 世纪后，美索不达米亚的天文宗教研究却被部分东方主义者和亚述学家的思想败坏，他们人数少但是影响广泛，被称为“泛巴比伦主义者”。这一群体包括温克勒（Winckler）、热雷米亚斯（Jeremias）、延森（Jensen）和魏德纳（Weidner）等人，他们都支持同一个观点。第一个提出该观点的是比较神话学家施图肯（Stucken），他声称在美索不达米亚存在一种将天体运动拟人化和寓言化的倾向，并将其解释为对神的活动的虚拟反映，随后这种解释蔓延至整个古代世界，并发展为天文神话学和天文宗教学。在 20 世纪初的一段时间内，西方宗教思想起源研究由《圣经》转向更古老的近东背景，这种新观点在其中起了连接作用，在这一时期星占神话致力于将美索不达米亚定位为文明的源泉。热雷米亚斯就以巴比伦为原型解释这些《圣经》文本中的细节，从他的星空勾连和表达神话的角度来看，这些都来源于施图肯的

① Lambert, W. G. , “A Catalogue of Texts and Authors,” *Journal of Cuneiform Studies*, Vol.16,1962, pp. 59-77,;Rochberg, *Heavenly Writing*, p. 215.

《天文迷思》（*Astralmythen*）。[①] 泛巴比伦主义者误认为天文学服务于解释神秘现象，从而误解了与天的神性相关的整个主题，特别是他们强调了公元前三千纪时黄道十二宫与岁差的重要性，但那时这些概念都还不存在。

虽然泛巴比伦主义者对星占神学的研究有颇多可诟病之处，但这并不意味着美索不达米亚以及周围其他文化的天文学、星占学与宗教之间没有任何联系。事实上，这种联系是非常紧密的，但是迄今为止，学界尚未出现在全面考察巴比伦和希腊或希腊罗马文化背景的情况下对此问题的全面研究。显然，整个希腊化时期，在古代近东和地中海地区的文化舞台上，天与占卜之间存在着广泛的联系。柏拉图在《法律篇》第十章中已经表达了他相信天体是由灵魂推动的，它的天性是睿智的、真实的、善良的，这是自然界的神性，它影响着包括人类在内的万事万物。[②] 亚里士多德也说："我们远古的列祖把他们世代传承的认识以神话的形式递遗于后裔，说这些实体'星辰'是诸神，神将全自然的秘密封存于列宿之中。"[③] 人们并不知道他指的是什么神话，但天空中的星都是神明这种观念已经在泥板文献中得到了充分的证明，尽管神圣包含"自然"这种表达很难在美索不达米亚找到，因为在那里"自然"并没有独立的地位。当然，《埃努玛·阿奴·恩利尔》（*Enūma Anu Enlil*）中列出的许多预兆证明神灵或神灵的影响是可见于天象的。

公元前1世纪的西塞罗（Cicero）说："当理智沉思这些现象时，它同时也获得了关于诸神的知识。"而这样的知识"伴随着宗教而来的还有仁慈以及构成善之生活的所有美德，善的生活就是神的生活的反映。除了在道德方面稍逊一筹外，我们没有任何地方比诸神低劣，道德的缺乏也绝不会阻碍我们生活得更好"。[④] 这种想法源于柏拉图。至于为什么当理智沉

① Jeremias, A., *The Old Testament in the Light of the Ancient East*. Manual of Biblical Archæology(London/ New York:Williams & Norgate and G. P. Putnam's Sons,1911) .

② Plato, *Laws*, X 899a-d, in Hamilton, E., Cairins, H., and Taylor ,A. E. (eds. & tr.) *The Collected Dialogues of Plato* (Bollingen Series, 71) (Princeton:Princeton University Press,1961) .

③ Aristotle (1961-62), *Metaphysics* XII 8, 19, ed. by Tredennick, H., (Loeb Classical Library) Harvard University Press and William Heinemann, Cambridge MA/ London.

④ Cicero (1933), *De Natura Deorum* II 61, 153, ed. by Rackham, H. (Loeb Classical Library) Harvard University Press and William Heinemann (repr. 2000), Cambridge MA/ London.

思这些现象时，它同时也获得了关于诸神的知识，很长时间之后，托勒密在《至大论》的序言部分有所解释。他将天体视为神圣的永恒不变的宇宙的一部分，并声称："恒常、秩序、对称和平静都是与神圣相联系的，它使追随者们爱上了这种神圣的美，使他们适应，让他们的本性改变，也就是说，达到与之相似的精神状态。"①

同样要认真对待的是伊壁鸠鲁学派对宇宙神性的反对，至少从西塞罗或圣保罗（Paul of Tarsus）来看是这样的，有证据表明神圣宇宙以及将恒星和行星看作神的观念在公元前1世纪晚期才受到认同。斐洛（Philo）在《论亚伯拉罕的移居》（*Migration of Abraham*）中提到这一概念是由"迦勒底人"提出的。他在书中说道："这些人（迦勒底人）认为这个可见的宇宙是唯一的存在，要么它就是神本身，要么就将神作为世界的灵魂包含其中。"②而斐洛将这一概念的提出归功于"迦勒底人"，反映的更可能是他所在的时代而非美索不达米亚的占星思想。这一观点也说明，我们在考察希腊化时期的天文学传播与吸纳的历史背景时，应与所处时代的历史大背景结合起来。当然，斐洛自己可能无法区分哪些是真正来自巴比伦的思想，哪些是巴比伦思想在与希腊星占学融合过程中发生了变化的。在这种情况下"迦勒底人"这个称呼是含糊不清的，斐洛提到的"神圣天空"的想法可能既不来自巴比伦也不是融合后的产物，或许它来源于后来的希腊思想（也许是柏拉图式的或斯多葛派式的）。事实上，起源于希腊的可能性要更大，因为尽管存在很多星与神之间联系的证据，但从泥板文献中我们无法证实天本身是一个无所不在的神圣实体。

在基督教背景下，宇宙论和神学之间的关系常常会引起人们的思考，这些论题是为了解决上帝存在的问题，宇宙本身被认为是上帝作为创造者存在的证明，但基督教传统明确谴责神圣宇宙的概念。在《加拉太书》中，圣保罗谴责了星体崇拜。他说："但从前你们不认识神的时候，是给那

① Ptolemy, *Almagest*, I 1.

② Philo, *De Migratione Abrahami*, XXXII 179, in Colson F. H. and Whitaker G. H. (eds.) (1932), *Philo of Alexandria*, Works, with an English Translation in Ten Volumes, vol. IV, (Loeb Classical Library) Harvard University Press and William Heinemann (repr. 1996), Cambridge MA/ London.

些本来不是神的做奴仆。现在你们既然认识神，更可说是被神认识的，怎么还要回归那懦弱无用的小学，情愿再给它作奴仆呢？”[①] 同样的谴责也见于公元7世纪的希伯来《圣经》中，摩西在给以色列人的话中写道：“当你举目向天，仰望日月星辰与九霄万象时，当心别受了诱惑，向他们跪拜。这些不过是耶和华——你的上帝赐天下万族分享的东西。”[②] 犹太教与基督教的宇宙是神创的，但它本身不具备神性。圣保罗在一篇文章中有力地否认了天与天体的人格化，他在这篇文章中指出，我们对宇宙来说是不可知的，只能为上帝所知。基督教教义以这种方式回应了自古以来的巴比伦传统，即人格化的天体具有思想、情感、判断和认知能力。

另一种思路是斐洛所认为的神“可以包含，但不能被包含”，[③] 是在对他所说的“迦勒底观点”——“世界本身就是神，从而渎神地将受造物当作造物主”[④]——进行有意识的反对。斐洛命令人类“那就抛弃天空的漫游者”，[⑤] 因为神圣的知识是不存在于“日月、其他行星和恒星环行的数字的秩序”中的，而是在我们自己的头脑中（这就是理性 *nous*）[⑥]。斐洛的宇宙认知建立在他的柏拉图式认知之上，他认为宇宙是球形的。而他把一切，无论是神还是神性宇宙，都看作“可以包含，但不能被包含”。这一观点在美索不达米亚文化中并不适用，在后者的文化中地球和天空都不是球形的。

这并不意味着斐洛、圣保罗或任何其他的中期柏拉图主义者了解巴比伦数理天文学。希腊化时代的不同知识和宗教文化背景下有关宇宙特别是天空和天体以及其与神学的关系等多种思想，为美索不达米亚的数理天文科学打破希腊的语言和文化界限创造了良好的环境。来自巴比伦的定量方法和天文参数的传播对西方天文学和星占学来说举足轻重且影响深远，而

---

① Galatians IV 8-11. 译文参考马丁·路德《〈加拉太书〉注释》，李漫波译，生活·读书·新知三联书店，2011，第147页。

② Deut. IV 19. 译文参考《摩西五经》，冯象译，生活·读书·新知三联书店，2013，第336页。

③ Philo, *Migr.*, XXXII 182.

④ Philo, *Migr.*, XXXII 179.

⑤ Ibid., XXXII 185.

⑥ Ibid., XXXII 186.

现代对这一史料的重新发现对于研究古代天文科学的历史来说，即使不具有革命性的意义也是至关重要的。我们可能无法厘清这种传播过程中的每一个细节，然而，从更广泛的角度来看，定量天文学的传播是一系列复杂思想的一部分，包括天体的神圣本质以及天象是天与地之间对应关系的表现等思想。从文化上讲，星占和神学思想的角度有助于在理解巴比伦数理天文学时重建一个历史背景，在这一历史背景下巴比伦天文学和星占学的希腊化传播和吸纳愈发融合为一个整体。

责任编辑：周利群

语言文学

《艾克沙修的圣母》中对历史叙事的反思*

张丽芳**

摘　要：《艾克沙修的圣母》是南非作家扎克斯·姆达第一部直接处理种族隔离时期黑白人关系的作品，其故事取材于南非自由邦省艾克沙修小镇白人男性与黑人女性因违反《背德法》发生性关系而被起诉的历史事件。本文从小说中对该事件的不同叙事话语切入，结合文本中的语象叙事策略，通过文本细读，分析不同话语在文本中的交织与对话，指出叙事层面的复杂性及张力。本文认为，《艾克沙修的圣母》通过呈现多个视角的叙事话语及其自我反思与质询，以更深层次的自觉体现出对不同历史叙事话语的谨慎态度，使文本在更具开放性的叙事中反映出作者对历史真实、历史与当下关系的思考，并在展开历史褶皱的同时体现其一贯对边缘人物的关怀和对现实的批判。

关键词：《艾克沙修的圣母》　扎克斯·姆达　历史叙事　南非文学

---

*　本文为 2017 年度国家社科基金重大项目“新世纪东方区域文学年谱整理与研究（2000-2020）”（项目批准号：17ZDA280）阶段性成果。

**　张丽芳，北京大学亚非系非洲文学方向 2017 届硕士毕业生，现为南非罗德斯大学（Rhodes University）“非洲与南南艺术（Arts of Africa and Global Souths）”项目成员。

引 言

扎克斯·姆达（Zakes Mda）[①] 是南非当代最重要的作家之一，至今已创作戏剧二十多部、小说十二部，并出版一本自传及多部诗集，囊括南非国内及国际多种文学奖项。[②] 研究南非当代文学的学者大卫·贝尔（David Bell）和雅各布斯（J.U.Jacobs）这样描述姆达："正如阿契贝（Chinua Achebe），姆达的创作历经了南非殖民、后殖民以及新殖民的历史；正如索因卡（Wole Soyinka），姆达的作品包含戏剧和小说，并且都从西方和本土传统中汲取营养；正如恩古吉（Ngugiwa Thiong'o），姆达的事业沿着两条轨迹前进，他既是一个作家，也是一个文化理论家和活动家。此外，正如许多其他非洲作家，姆达既从流散的境遇写作，也从国家内部写作。" [③]

南非政治转型之后，姆达创作的重心从戏剧转移到小说，他的作品不仅在题材上十分广泛，而且在形式上的探索也使他受到国内外学者的关注。姆达注重在文本中处理南非社会的复杂现实和多重声音，思考历史与现实的关系，从"职业哭丧人"（Professional Mourner）到古代王国的雕塑家，从殖民时期科萨族的屠牛事件到后隔离时期黑人中产阶级的故事，历史与当

① 全名为 Zanemvula Kizito Gatyeni Mda，1948 年出生于东开普省，母亲是一位护士，父亲是非国大青年联盟（African National Congress Youth League）的创始人之一，在 20 世纪 60 年代中期姆达随家人流亡莱索托，并积极参加当地的政治活动，曾在乡村学校和银行任职，但姆达始终保持着对绘画和写作的热情。1973~1976 年，姆达获得剑桥海外学院证书和瑞士国际艺术学院的艺术学士学位，1982 年获得戏剧硕士学位，1983 年获得通信与电视（Communication and Television）硕士学位，2012 年被开普敦大学授予荣誉博士学位。1985年后姆达在莱索托大学（National University of Lesotho）任教，并同时在电视、电影方面发展，担任编剧、顾问、制片人，1992 年，姆达作为访问研究员在耶鲁大学就职，现任教于俄亥俄州立大学，同时也是作家、画家和电影制作人。

② 姆达曾获得阿姆斯特年度戏剧家奖（Amstel Playwright of the Year Award）、电子媒体文学奖（M-net Literary Awards）、星期日时报小说奖（Sunday Times Fiction Prize）、联邦作家奖（Commonwealth Writers' Prize: Best Book）、赫斯顿 - 赖特遗产奖（Hurston-Wright Legacy Award）等奖项。

③ Bell ,D., Jacobs, J.U., *Ways of Writing: Critical Essays on Zakes Mda* (Scottsville: University of Kwazulu-Natal Press, 2009)，p.1.

下交织在姆达的作品中。2002 年出版的《艾克沙修的圣母》(*The Madonna of Excelsior*)是姆达的第四部长篇小说，这部作品的故事取材于南非自由邦省小镇艾克沙修(Excelsior)真实历史事件。20 世纪 70 年代初，艾克沙修小镇上多位白人男性与黑人女性因违背种族隔离政府颁布的《背德法》(*Immorality Act*)[①]，违法发生性关系被告上法庭，由于该案件中的白人男性都是当地政府部门、宗教、社会中的重要人物，这一案件使艾克沙修备受关注。姆达曾亲自到当地探访并了解当事人现在的生活[②]，他在《艾克沙修的圣母》中以该案件中的部分当事人为原型，讲述了事件发生前直至种族隔离制度结束后相关人物三十多年的生活。这是姆达在南非政治转型之后第一部直接处理种族隔离时期黑白人关系的作品，并且摒弃压迫与反抗的宏大叙事，呈现历史进程中黑白人之间以及黑白人群体内部的多重声音。

这部作品最鲜明的特征是在每一章的首段对画家弗兰斯·克莱尔奥特(Frans Claerhout)[③]的艺术作品进行文字再现，这构成了整本小说的基本结构，笔者的另一篇文章[④]即从语象叙事[⑤]这一策略与情节内容的相互关系

---

① 最初版于 1927 年颁布并实施，禁止白人与黑人之间的性行为，到 50 年代发展为禁止南非白人与非白人之间的性行为；1957 年颁布第二版，增加一些其他相关规定。1985 年，取消了对不同种族间性行为的禁令。

② Mda，Zakes ,*The Story behind The Madonna of Excelsior*, 2003 [EB/OL]. [2017a-04-03]. Accessible at https://www.youtube.com/watch?v=H_VqHgx7P28.

③ 弗兰斯·克莱尔奥特，1919 年出生于比利时佛兰德斯(Flanders)，1946 年作为天主教传教士来到南非，最初两年在德兰士瓦传教,1948 年到自由邦省的布隆方丹(Bloemfontein)工作，此后一直在黑人村庄传教，最后定居于自由邦省西部的塔巴恩丘(ThabaNchu)。克莱尔奥特在南非生活了 60 年，1957 年正式开始艺术创作，1961 年底首次在约翰内斯堡举行个人作品展。克莱尔奥特遵循弗拉芒画派的传统，在南非传教时以教区周围的人物风景、民俗生活为绘画主题，他创作的原型就包括该地区的黑人妇女和有色人孩子。

④ 张丽芳:《〈艾克沙修的圣母〉中的语象叙事与新南非语境下的历史建构》,《中国非洲研究评论(2016)》，社会科学文献出版社，2017，第 203~217 页。

⑤ “语象叙事”(Ekphrasis)一词的含义从古希腊开始至今不断演变，最初意为演讲中的修辞技巧，20 世纪 60 年代，克里格(Murray Krieger)将其定义为“文学中对造型艺术的模仿”，但至今学界对其边界、内涵、标准的界定仍然存在争议，不同的学者提出了多种不同的表述方式的定义。在对姆达小说《艾克沙修的圣母》已有的研究中，学者雅各布斯以及盖尔使用的是相同的定义，即“对一件艺术作品的文字描述”，本文所使用的语象叙事定义来源于米切尔(W.J.T. Mitchell)，即“对视觉的文字再现”，指姆达在小说中对克莱尔奥特的艺术作品的文字再现，详见米切尔的《图像理论》(*Picture Theory: Essays on Verbal and Visual Representation*)。

切入，通过对《艾克沙修的圣母》文本的细读与分析，指出文本中内在地包含了对“新南非”身份的建构，这种建构在关于黑白人关系的叙事中完成。然而，需要注意的是，这部作品并不能被简化为庆祝转型的“民族寓言”而忽略其复杂性，这种复杂性既表现在文本与创作语境的联系中，也表现在文本的叙事话语中，就前者而言，《艾克沙修的圣母》创作于南非转型十年后的新世纪，文本中的现实语境延续到了后隔离时期，关于转型后的叙事传递出对现实的失望情绪，这亦符合姆达在创作中对现实的关注与批判的特征；就后者而言，姆达叙述艾克沙修小镇的历史事件时，在文本中呈现多种不同的话语，除了全知全能的叙述者聚焦于不同人物的叙事外，还包括白人报刊的报道、黑人群体的记忆，甚至克莱尔奥特的视觉艺术作品亦通过语言再现被纳入对这一事件的叙事之中。需要指出的是，本文中的历史叙事一词特指姆达小说内容及文本层面对艾克沙修历史事件的叙述，并不参与对“历史叙事”这一术语本身的讨论与界定①，本文从关于该事件的多种叙事话语切入，结合小说中的语象叙事这一策略，通过文本细读，分析不同话语在文本中的交织与对话，指出叙事层面的张力及其呈现出的自我反思与质询。

一　“报纸是不会撒谎的”：白人的历史档案

根据学者雅各布斯的研究，南非自由邦省布隆方丹的报纸《友谊报》（*The Friend*）曾对艾克沙修小镇的案件进行了大量报道，姆达在《艾克沙修的圣母》中主要通过三种方式利用这些报道。首先，这些报道为姆达的小说提供了广义的背景，如承载叙事的地点与历史语境；其次，姆达对这些报道中的故事进行再创作以建立他的叙事，如对黑白人的不同处置、当事人的自杀、歧视性的刑罚等报道的改编；最后，关于艾克沙

① 本文对小说中历史叙事的分析受到海登·怀特等学者的启发，详细讨论参见海登·怀特《话语的转义》，董立河译，大象出版社、北京出版社，2011；林庆新：《历史叙事与修辞——论海登·怀特的话语转义学》，《国外文学》2003年第4期，第3～10页；琳达·哈琴：《后现代主义诗学》，李杨、李峰译，南京大学出版社，2009；张京媛主编《新历史主义与文学批评》，北京大学出版社，1993；等等。

修事件的相关报道为姆达的小说提供了最主要的素材，雅各布斯详细地阐释了姆达如何对报道中的包括姓名、故事在内的人物信息进行嫁接与改编，并指出姆达的小说忠实地再现了这个案件的完整过程：逮捕、立案与销案。[①] 本文尤其关注的是，姆达的小说不仅以这些档案为背景与素材，而且直接在文本中引用了大量的报道，第十六章中，艾克沙修的案件被撤销后，作者引用了一则发布在 1971 年 2 月 10 号《友谊报》上的报道：

> 在自由邦省的艾克沙修，有色人口在过去的十年里增长了两倍。
>
> 由于一系列违反《背德法》的案件，以及上个月法庭在最后时刻撤销对十九位当事人的控告，艾克沙修引起世界的关注。[②]

在小说《艾克沙修的圣母》中，牧师、农场主约翰内斯（Johannes）[③] 等五位白人男性以及包括女主人公妮姬（Niki）在内的十四位黑人女性被逮捕，以违反《背德法》的罪名被起诉，他们的有色人孩子被带上法庭做证，然而在罪犯被保释之后，故事迅速转折，由于没有目击证人（包括黑人女性）提供证据，案子被撤销。在 20 世纪 70 年代的南非，除了艾克沙修，各地都发生了此类案件，来自南非国内外的许多媒体对此进行了跟踪报道，小说中直接引用这些历史档案，并非简单地呈现历史语境，而是通过与小说情节互动，“展开一场有反讽意味的对话”[④]。

在小说第十二章中，姆达引用了一则标题为《非洲女人向警察告知私通内情》的报道，报道的一部分内容如下：

① Jacobs, J.U., “Towards a South African Expressionism: The Madonna of Excelsior”, in Bell, D., Jacobs, J .U.,eds., *Ways of Writing: Critical Essays on Zakes Mda* (Scottsville: University of Kwazulu-Natal Press, 2009),p.283.

② Mda，Zakes, *The Madonna of Excelsior* (Cape Town: Oxford University Press, 2015), p.101.

③ 白人农场主，强奸了女主人公妮姬。

④ 琳达·哈琴:《后现代主义诗学》，李杨、李峰译，南京大学出版社，2009，第 5 页。

> 8月21日，班图族女人姆玛姆蓓被传讯，在接受警察的审问之后，她承认了与一位白人男性的特殊关系，同时说明自己不是唯一与白人发生性行为的女性，并向警察供出了其他人，根据她提供的消息，七位白人和十四位非白人已经被警方逮捕。[①]

小说引用这则报道的上下文语境是：妮姬被捕入狱之后，狱中的其他女人告诉波比是她的朋友姆玛姆蓓（Mmampe）出卖了她们，这是其中一位在农场学校教书的黑人女性苏珊娜（Susanna）从报纸上读来的消息。文本中通过人物义正辞严地说出“报纸是不会撒谎的”[②]，但在下文的情节中，却通过姆玛姆蓓的辩白和行为质疑了这句话，姆玛姆蓓声称警察逮捕她时已经知道了所有事实，而并非她主动提供信息。在艾克沙修的案件中，受害的黑人女性既没有权利拒绝白人男性的要求，也没有权利在被控告时为自己辩护。主人公妮姬在狱中感到不解并陷入沉默，这是因为“她并不知道整个体制都因为她的身体部位而岌岌可危，她不知道全国都在讨论她的身体，她不读《友谊报》”[③]。姆达有效地利用了这些历史档案，既肯定了文本叙事与这一历史事实的联系，又通过情节内容“消遣”了这些报道所提供的叙事话语，与此同时，语象叙事以一种不同的视角与之展开一场开放的对话，试图为黑人女性发声，表现了对沉默者的关怀。小说第十四章的标题为《被晒伤的基督》，这一章主要的情节是被关押的女性被保释，保释金由与她们有特殊关系的白人男性提供，主要目的是为之后的销案做准备，而妮姬却因为克龙涅（Cronje）[④]饮弹自杀而只能独自被关押在狱中。叙述者在开篇对一副基督受难像进行语言再现，学者盖尔·芬切姆指出，克莱尔奥特的画以及姆达故事中的世界都与传统的基督教艺术联系甚微，姆达和克莱尔奥特的视角再一次超越了种族和性别的边界。[⑤]姆达再现这

---

① Mda, Zakes, *The Madonna of Excelsior* (Cape Town: Oxford University Press, 2015), p. 68.

② Mda, Zakes, *The Madonna of Excelsior* (Cape Town: Oxford University Press, 2015), p. 68.

③ Mda, Zakes, *The Madonna of Excelsior* (Cape Town: Oxford University Press, 2015), p. 103.

④ 与妮姬长期保持性关系的白人男性，并与其生下女儿波比。

⑤ Fincham, G., *Dance of Life: The Novels of Zakes Mda in Post-Apartheid South Africa* (Claremont: UCT Press, 2012), p.79.

幅画时，观察到“向日葵总是面向太阳，在它的光照下茁壮成长，而这两朵巨大的向日葵却在无声的反抗中背对着太阳”，并以“被晒伤的基督，正如妮姬的脸，虽然她的脸并不是被太阳晒伤”[①] 过渡到下文。小说中一位白人牧师坚决认为反种族混合是上帝的律法，他宣称这些黑人女性是恶魔派来引诱阿非利卡人的，因而这是一场与欲望之间的战争。而叙述者通过语象叙事和情节的互动将妮姬所受的痛苦与克莱尔奥特作品中的基督受难相对照，以一种同情和幽默的目光解构了种族隔离制度下将妮姬等黑人女性命名为“罪犯”“恶魔派来的引诱者”的话语。

姆达在后隔离时代的南非重新叙述艾克沙修的历史事件时，直接引用《友谊报》上的相关报道，在小说情节中赋予沉默者声音，将《友谊报》、克莱尔奥特的画以及虚构情节并置于文本之中，拒绝了封闭性和单一性，并且在语象叙事与引用的历史档案的对话中呈现了差异与挑战，从而动摇“报纸是不会说谎的”。但这并不意味着对历史档案的彻底否定或对历史文本的完全颠覆，而是通过其所提供的历史语境肯定了与过去的联系，却在重新审视的过程中嵌入复杂多元的视角，通过不同话语和过去形成对话，从而展开历史的褶皱，并呈现出被折叠其中的声音。

二 “天空中的眼睛”：黑人的集体叙事

《艾克沙修的圣母》中存在一个集体声音，以第一人称复数“我们”讲述故事，呈现集体的记忆与叙事，如第二章中的“波比（Popi）[②] 知道这一切，并和那些愿意倾听的人分享。我们怀疑，她一定还知道一些其他的事，只不过将秘密留在心底”[③]，这里的“我们”在文本语境中指的是听波比讲解弗兰斯神父[④] 艺术创作的人。“我们”作为一个叙述者，在姆达的小说中并非第一次出现，在 1995 年出版的《死亡之路》中，“我们”对自己

① Mda, Zakes, *The Madonna of Excelsior* (Cape Town: Oxford University Press, 2015), p.80.

② 小说中的有色人女主人公，妮姬与克龙涅的女儿。

③ Mda, Zakes, *The Madonna of Excelsior* (Cape Town: Oxford University Press, 2015), p.5.

④ 小说中以画家克莱尔奥特为原型的人物，在小说中被称为弗兰斯神父或“三位一体”，“三位一体”指其不同身份，即男人、牧师和画家。

进行了如下解释：

> 我们生活在一起，像是一个人，我们知道所有人的事情，甚至别人家里半夜发生的事我们也知道，虽然我们不在那里，但我们是乡间流言传播者的那双千里眼。我们的传统里说故事的人常常这样开头："他们说，曾经有……"，我们就是这个"他们"。个人是不会有故事的，集体才有故事，集体才能按故事的样子把它讲好。我们不需要为讲述这个故事的集体声音正名，如果你不好奇我们为何无所不知的话……①

针对《艾克沙修的圣母》中的"我们"叙事，学者祖鲁（N.S.Zulu）进行了详尽的分析，他指出在小说中这个集体声音并不只是乡间流言的传播者，而将其定义为一个特殊群体的声音，这个群体代表那些受到包括《背德法》在内的与种族隔离制度相关法案影响的所有人，②他同时指出这个"我们"并非简单地与白人二元对立的黑人群体的声音，而是全知全能且更加复杂多元、能够自我批评与嘲弄、充满讽刺挖苦的声音，并随社会转型呈现出一种本质的转变，即选择的自由和更多元的可能性。③在祖鲁的分析中，有两点需要注意，首先，在界定"我们"所代表的群体时，对其并不稳定的边界需要谨慎，将其界定为受隔离法案影响的群体，则要考虑到"我们"并未始终包括这个群体的所有人，如艾克沙修的案件发生时，"我们"在文本中多为旁观者，妮姬、波比以及案件中的其他被告并未被包括在内，"我们"所代表的群体具体指向的边界在不断游移；其次，《艾克沙修的圣母》中的集体叙述者并非小说的唯一叙述者，"我们"曾在多处承认自己的局限性（如上文所提到的对波比的猜测），并在自我反思的过程中体现出身份认同的未完成状态，与此同

---

① Mda, Zakes, *Ways of Dying*(Cape Town: Oxford University Press, 2015),p.12.

② Zulu,N.S., "The Collective Voice in the Madonna of Excelsior: Narrating Transformative Possibilities", *Literator*, Vol.27,No.1,2006,p.108.

③ Zulu, N. S., "The Collective Voice in the Madonna of Excelsior: Narrating Transformative Possibilities", *Literator*, Vol.27,No.1,2006, pp.17-126.

时，文本中存在全知全能并可以聚焦于各个人物视角的叙述者。本文认为，小说中这个全知全能的叙述者和“我们”这个集体叙述者并不是等同的，而是在二者之间滑动且边界十分模糊，前者以聚焦人物视角和内心活动为标志，后者以“我们”这个词语的直接出现为标志。在第十九章中，波比在举行成长仪式时感伤韦里基（Viliki）[①]不能参与，她在脑海中想象韦里基在莱索托的游击运动，这是韦里基曾经告诉她的；而在第二十章中，韦里基被阿非利卡警察逮捕，“我们拥挤在警车周围”并猜测韦里基被逮捕的原因，“他经常去莱索托，去莱索托的人多数是毒贩子”，“他一定是被一起贩毒的同伙出卖了”，[②]第十九章是全知全能的叙述者在讲述故事，第二十章则是作为旁观者的黑人群体并以“我们”出现在语境中为标志，后者对事件的了解程度是有局限的，由此看出，二者并不能等同。

本文提出这一点，一方面是厘清所讨论的集体声音，即以“我们”这一代词在文本语境中的直接出现为标志，参与或见证事件而发出的声音，另一方面是为了指出在全知全能的叙述者与集体叙述者之间的距离，亦体现对“我们”叙述的反思与审视。小说中对克龙涅夫人发现克龙涅自杀这一场景在文本中有两次描述，分别在第十三章和第十四章，前者是“我们”在法庭上见到克龙涅夫人，感到十分意外，“她才刚刚经历了不幸”，随后是“我们”对克龙涅夫人发现丈夫自杀的讲述，在第十四章则是从全知全能的视角以第三人称描述克龙涅夫人发现丈夫自杀细节，两次描述中有许多重叠的信息，后者补充并纠正了前者的更多细节，如在“我们”的叙事中，“她回到家，有种隐隐的不祥预感”；[③]在后者的描述中，“她发现丈夫的钱包在她的床头桌上，这很不寻常，于是她去敲丈夫卧室的门”，[④]对前者不确定性的确认动摇了集体叙事在事实层面的可靠性。

---

① 妮姬与黑人丈夫普勒（Pule）的儿子，波比同母异父的兄长。

② Mda, Zakes, *The Madonna of Excelsior* (Cape Town: Oxford University Press, 2015), p.136.

③ Mda, Zakes, *The Madonna of Excelsior* (Cape Town: Oxford University Press, 2015), p.73.

④ Mda, Zakes, *The Madonna of Excelsior* (Cape Town: Oxford University Press, 2015), p.87.

文本中相关的语象叙事亦呈现出对这种集体声音的反思，“天空中的眼睛”这一章描述了波比出生时的场景，叙述者在第一段文字再现了克莱尔奥特的一幅艺术作品，天空中睁着大眼睛的头颅占去画面的一大半，他们的表情与目光惊愕、无知、天真却有力，与画面底部小房子中的人物不成比例，相较空中的眼睛，房子中的人物显得十分渺小，面部表情沉重、痛苦。整体画面使空中的目光十分突出并具有压迫性，这亦呈现了小说中“我们”叙事与主人公之间的关系。在波比的成长过程中，“我们”与波比的自我憎恶息息相关，正是由于我们不断以“布须曼人”嘲弄波比，她才变得孤僻和困惑，而到南非转型后，“我们”呈现出一种新的态度，开始赞美波比的美丽。学者古德曼（Ralph Goodman）指出黑人集体对“布须曼人”这一殖民话语的使用，体现了被压迫者被殖民话语建构，其影响一直延续到隔离制度结束后，我们只是对波比等有色人孩子习以为常而不再嘲弄他们，而并非出于对此话语的自觉性，由此集体的参与性转为无能的见证。[①] 这一点在“我们”与妮姬的关系上更加明显，在妮姬生下波比后，“我们”对她嗤之以鼻，指责她对丈夫普勒的背叛；当妮姬远离社会群体后，“我们”冷眼旁观，而妮姬在花田中养蜜蜂后，“我们”时时装作路过，向她无偿索取蜂蜜，称她为“养蜂的女人”，并相信妮姬不仅可以和蜜蜂对话，还能够控制蜜蜂蜇死她憎恶的人。相比于对波比的叙述，“我们”对妮姬的叙述在事实层面和思想层面都体现了更强烈的不可靠性，是更具压迫性且不公正的目光，是“天空中的眼睛”直观反映出的对其叙事的质询。姆达通过一个全知全能的叙述者对人物的聚焦，使事件中的个体得以发出自己的声音，从而与自身以外包括“我们”的叙事进行对话，但在《艾克沙修的圣母》中，“我们”与全知全能的叙述者也并非界限清晰，正因为如此，学者古德曼指出，姆达通过将自己包括在他不断质问的“我们”之中，并以反话语进行认知上的滑动，在挑战集体声音的同时也挑战了他自己叙事的有效性。[②]

---

① Goodman,R., “De-Scribing the Centre: Satiric and Postcolonial Strategies in The Madonna of Excelsior,” *Journal of Literary Studies*, Vol.20,No.1-2,2004, p.68.

② Goodman,R., “De-Scribing the Centre: Satiric and Postcolonial Strategies in The Madonna of Excelsior,” *Journal of Literary Studies*, Vol.20,No.1-2,2004, p.67.

三 “没有果实的树”：历史重构的问题化

“真正的新世纪已经降临。四个胸部高耸的女人列队向前，她们的脖子修长，色彩斑斓的头部优雅地高昂着，头发斑白，但脸上却洋溢着青春的气息。即使她们闭着眼睛向前走，也绝不会迷失方向。”① 小说最后一章的语象叙事呼应了一个新的时代，象征着波比对自己“有色”的接受与欣赏。② 对于上文提到的“他自己的叙事”，学者古德曼并未对其具体所指做出解释，但他认为在这个文本中姆达的焦点是南非社会的复杂性，以及反思和挑战过去与现在的话语。③ 由此，我们可以将“他自己的叙事”与新南非语境下的历史叙事互相观照并加以解读。学者格林指出，民族主义（nationalism）是南非文学中史实书写背后的主要动力，阿非利卡人、南非黑人文学中最早关于历史的小说都是与相应群体内部正在萌生的民族主义相关，作为“新南非”，其建构过程的本质实则是叙事。④ 上文已经提到笔者在另一篇文章中分析小说以“新南非”作为内在动力的历史建构，这一特征是社会转型在后隔离时期南非文学中留下的深刻印记。⑤ 需要注意的是，《艾克沙修的圣母》在以波比为象征完成“新南非”身份建构的同时，又通过隔离后的现实和妮姬的沉默打开裂隙，避免了叙事的封闭性，并以克莱尔奥特的作品具象地呈现出对建构的反思。

《艾克沙修的圣母》关于后隔离时代的叙事中交织着许多重要的社会事件，如曼德拉出狱、地方选举等。20 世纪 90 年代的“和解”话语不仅

① Mda, Zakes, *The Madonna of Excelsior* (Cape Town: Oxford University Press, 2015), p.265.

② Jacobs, J.U., “Towards a South African Expressionism: The Madonna of Excelsior,” in Bell, D., Jacobs, J. U., eds., *Ways of Writing: Critical Essays on Zakes Mda* (Scottsville: University of Kwazulu-Natal Press, 2009),p.295.

③ Goodman,R., “De-Scribing the Centre: Satiric and Postcolonial Strategies in The Madonna of Excelsior,” *Journal of Literary Studies*, Vol.20,No.1-2,2004, p.67.

④ Green,M., “Social History, Literary History, and Historical Fiction in South Africa,” *Journal of African Cultural Studies*, Vol.12,No.2,1999, p.123.

⑤ Attwell, D., Attridge,D., *The Cambridge History of South African Literature* (Cambridge: Cambridge University Press, 2012),p. 653.

充斥南非种族隔离制度瓦解后的社会空间，而且充斥文本中对南非转型后的现实刻画，波比以“你的和解精神呢？”质问同母异父的兄长韦里基，要求他接受隔离时期出卖他的黑人。然而，艾克沙修小镇在和解话语下建立黑白人合作新空间的同时，关于主人公和解经验的叙事却以其不彻底性质询和解话语。特亚尔特[①]临终之时请波比见面，两人第一次讨论他们共同的父亲，但他们并未真正地接受彼此，特亚尔特送给波比一瓶“剃毛膏”作为礼物，希望她像白人女性一样剃除腿部毛发，波比拒绝使用，特亚尔特也因为无法接受新的社会郁郁而终；白人农场主约翰内斯见到妮姬时，送给她一句“我们应该宣布停战了”，妮姬的回应是拒绝，因为“我不记得我们之间有任何战争，是你，约翰内斯·史密斯，你强奸了我，你夺走我的少女时光，现在你却要求停战”。这两次对话都质疑了个体层面实现真正和解的可能性，也暗示着对整体和解话语及其本质的反思。另外，关于韦里基与特亚尔特参与社会运动的叙事与“新南非”的诞生相连，但同时却伴着妮姬以“它们”命名有关政治斗争的一切，韦里基与特亚尔特入伍、波比参政的过程，伴随着妮姬对“它们”将带走自己的孩子的焦虑，而文本中并没有对“它们”做出任何具体的解释，只是“沉默与言词的共存”，[②]从而体现出对革命的宏大叙事的谨慎态度。

学者巴纳德（Rita Barnard）在文章中指出，当关于“彩虹国度”和“新南非”的乐观话语充斥90年代的公共话语时，许多审慎的文学批评倾向于为其加上引号，之后更是有学者提出“后转型”这个术语来描述新世纪南非文学中一种幻想破灭的写作。[③]《艾克沙修的圣母》关于隔离制度结束后社会现实的叙事亦体现了对乐观话语的审慎，文本中既呈现出更多和解、发展、共处的空间与可能性，也充分暴露了南非现实的问题，如曾经参与运动的黑人领导人在执政中利用职权谋取私利，包括韦里基在内的多

① 白人，克龙涅的儿子，波比同父异母的兄长，在转型时期成为极端保守的阿非利卡党人。

② Brink,A., “Interrogating Silence: New Possibilities Faced by South African Literature,” in Attridge,D., Rosemary,J., eds., *Writing South Africa: Literature, Apartheid and Democracy:1970-1995* (Cambridge: Cambridge University Press, 1998),p.14.

③ Attwell,D., Attridge, D., *The Cambridge History of South African Literature* (Cambridge: Cambridge University Press, 2012),p.652.

位议员在“建设与发展计划（Reconstruction and Development Programme）”的推进过程中饱私囊。在第二十八章，语象叙事以抬棺材的画作过渡到波比出席的多次葬礼，包括艾滋病患者等新的社会问题，也包括破产自杀的白人以及革命暴力在新时期的延伸等，文本通过后隔离现实中的历史遗留问题反思了历史与当下的关系，历史并未在新的身份建构过程中断裂，它仍然向不断前进的现实投射出阴影，这一点主要体现在小说人物妮姬身上。

南非作家布林克（Andre Brink）在20世纪90年代写的一篇文章中指出，种族隔离的经验使历史中存在不同类型和不同程度的沉默，当权者与强势话语造成了这些历史的无声处，而在后隔离时期，南非文学充满活力不仅仅是因为摆脱了制度的限制，也是因为这些历史上曾经无法接近的沉默为南非文学提供了一种新的建构与解构的可能性。[①] 小说中艾克沙修的案件被撤销后，妮姬从自怜的情绪陷入“无声的愤怒”中，她愤怒于丈夫普勒对她的抛弃、克龙涅夫人对她的侮辱、约翰内斯的奸污、克龙涅的自杀、人们的指责，而最使她感到愤怒的是这个案件被撤销的真相，即白人对她的威胁和利诱，但这个事实只通过妮姬的心理活动呈现，最后深埋在历史的宏大叙事中，妮姬后半生的时光几乎都在荒野中与蜜蜂相对，她被黑人与白人均称为“养蜂的女人”，这个称呼封闭了她的过去，也同样封闭了她从未得到疏解的愤怒。妮姬陷入沉默，但历史的创伤和阴影并没有远离她的生活，当她的房子通电后第一次使用电灯时，她却想起在监狱中的日子。在小说的最后一章，波比已经学会接受并欣赏自己，妮姬仍然几十年如一日地在花田中捡拾牛粪，当她远远地看见约翰内斯农场中曾经熟悉的谷仓（她与白人发生性关系的地点），“虽然现在已经荒废”，它的轮廓却骄傲地挺立着，像“令人窒息的过去遗留下的纪念碑”时，她几乎听到过去传来的尖叫声响彻自由邦省的天空，“然而‘三位一体’（指画家克莱尔奥特）并不知道这一切，他的工作是在画布上画出对象，但他从不干

① Brink, A., “Interrogating Silence: New Possibilities Faced by South African Literature,” in Attridge, D., Rosemary,J.,eds., *Writing South Africa: Literature, Apartheid and Democracy: 1970-1995* (Cambridge: Cambridge University Press, 1998),pp.14-28.

涉画布以外的生活”。[①] 这句话在上下文语境中可以解读为弗兰斯神父并不了解波比现在的宁静生活，在文本层面也可以对应这一章四个女人的画像，阐释为对建构话语的反思与质疑。妮姬在对历史事件的叙述中是沉默的，在新的建构话语中是无声的，叙述者在文本中展开历史的褶皱，并以多元的话语相互对话，语象叙事既隐喻着新的现实困境，也将历史叙事的自觉性具象化：

> 她是一个梦想家。黄赭色的母亲身上点染着深红色，她赤身裸体躺在两棵桃树中间的红土地上，桃树长着蓝色的枝干。她种下这些树以便遮阴，但桃树并没有投下荫凉，树上一片叶子也没有，只有粉红色的花，年复一年不断开放，并未结果。[②]

结　语

伴随着南非转型历史进程的是南非文学的转型，这一方面的含义是转型时期的文学书写，另一方面则是在文学主题与形式上都呈现了区别于隔离时期被政治斗争需要捆绑的文学形态，姆达的文学创作自觉地与这个过程契合，成功地完成了从以戏剧创作为主到以小说创作为主的转型，后者较之于前者，主题更加多元，形式上的探索更加丰富，但这种转型并不是断裂的，姆达的创作贯承着对边缘人物的关怀和对现实的批判，而历史作为他的小说中最核心的主题之一，同样承载着姆达对当下现实的思考。《艾克沙修的圣母》创作于 21 世纪之初，其多层次、多视角的特点正体现了文本与书写语境的密切联系，既呈现出新南非和解话语下书写历史的特征，又暗合了将这种建构问题化的倾向。

本文指出，《艾克沙修的圣母》以话语的多元性呈现出自觉与开放的历史叙事，并结合语象叙事的策略直观地呈现出文本的复杂性，既内含

① Mda, Zakes, *The Madonna of Excelsior* (Cape Town: Oxford University Press, 2015), p.265.

② Mda, Zakes, *The Madonna of Excelsior* (Cape Town: Oxford University Press, 2015),p.175.

了建构新南非身份的过程，又通过多种话语之间的对话与张力打破了叙事的单一性与封闭性，这本质上反映了文本对历史与当下关系的思考。任何一种叙事话语都与叙述者所处的语境息息相关，因而历史真实并不能存在于某种单一的叙事话语中。历史在当下投射的阴影首先打开了那条裂隙，使叙事过程更加自觉，小说的叙事话语呈现出这种自我反思与内在审视，而语象叙事则使之具象化，在反映现实的同时得以超越现实，并在充满张力的相互关系中拓展了文本空间。本文认为，既不能乐观地以“多元文化”封闭对其叙事自觉的阐释，也不能单纯地从后殖民的角度解释为对帝国中心的逆写。希望本文对《艾克沙修的圣母》不同层次的分析能引起更多学者关注姆达叙事的复杂性及其背后的思考，这种多层次、多视角自觉的叙事，体现出文本对历史、对新南非及叙事本身的谨慎态度，与此同时，这种自觉也体现出不断接近历史真实的愿望，小说对边缘化声音的呈现，在质询的同时展开历史的褶皱，呈现出作者一贯对现实的关怀。

责任编辑：曾琼

An Analysis of the Historical Narrative in *The Madonna of Excelsior*

Zhang Lifang

Abstract: *The Madonna of Excelsior* (2002) is Zakes Mda's first work exploring the relationship of the black and Afrikaners under apartheid, utilizing the miscegenation affairs in Excelsior town which transgressed the Immorality Acts. This article approaches the novel from the use of different discourses on the affair and Ekphrasis as its essential narrative strategy, in order to provide an in-depth analysis of the multi-layered and multi-perspective historical narrative discourses of the novel and show the tension and complexity of the narrative. Therefore, this article argues that: presenting multi-perspective historical narratives while investigating and interrogating them, *The Madonna of Excelsior* indicates cautiousness towards different historical narrative discourses with strong self-consciousness. Through this kind of narrative openness, this novel shows the author's reflection on history and its relationship with the present, as well as his consistent concern for the marginalized voices by unfolding the wrinkles of history in the text.

Keywords: *The Madonna of Excelsior*; Zakes Mda; Historical Narrative; South African Literature

伊朗冬至文学奖综述与评析*

姜 楠**

摘　要：冬至文学奖是伊朗21世纪现当代文坛的重要奖项之一，2001年由伊朗卡尔旺出版社设立，至今举办过五届，共有七位作家的七部作品获奖。本文在对历届冬至文学奖获奖作家作品基本情况进行梳理介绍的基础上，对其中体现出的伊朗当代文学审美趋势予以分析总结。冬至文学奖在与伊朗其他重要文学奖项基本一致的基础上，更多倾向于女性主题的文学作品。这说明了伊朗当代文坛对女性问题高度关注。同时，冬至文学奖还关注现代派文学作品，多部获奖作品体现了作者在后现代主义思潮影响下，对人类、历史、现实、传统、社会等问题的哲理性思考，代表了伊朗文学家的思想深度。

关键词：冬至文学奖　伊朗当代文学　女性文学　现代派文学

* 本文为2017年度国家社科基金重大项目"新世纪东方区域文学年谱整理与研究（2000-2020）"（项目批准号：17ZDA280）阶段性成果。

** 姜楠，博士，对外经济贸易大学外语学院波斯语系讲师。

冬至节是伊朗琐罗亚斯德教最重要的传统节日之一，这一传统在伊朗进入伊斯兰时期后仍旧被人们保留了下来。借此传统，伊朗卡尔旺出版社（انتشارات کاروان）[①] 于2001年设立冬至文学奖，每年选取当年出版的最佳小说予以嘉奖。该奖项是21世纪伊朗文坛的重要文学奖项之一，至今已举办五届，后停办，原因不详。伊朗已故著名作家、翻译家、诗人穆迪亚·凯希贾尔（مدیا کاشیگر，1956~2017）曾担任该奖评委会主席。

对于研究伊朗当代文学特别是21世纪小说艺术发展近况来说，冬至文学奖是较为重要的一个环节。它评选出的代表作家及作品，不仅代表伊朗文学的发展方向，而且表现出其独特的审美品位。本文在对历届冬至文学奖获奖作家作品进行介绍评述的基础上，对其评奖特点及其体现出的伊朗现代小说艺术的主题、技法及思想倾向进行归纳总结。

一 2001年获奖作品

2001年获奖作品为左雅·皮尔扎德（زویا پیرزاد，1952~ ）的《灯，我来熄灭》（چراغها را من خاموش می کنم，2001）。左雅·皮尔扎德是伊朗亚美尼亚裔当代著名女性作家，1952年出生于伊朗阿巴丹市，后迁居德黑兰，现旅居德国。皮尔扎德的创作始于20世纪90年代，早期代表作是三部小说：《像所有的时代一样》（مثل همه عصرها，1991）、《涩涩的柿子》（طعم گس خرمالو，1997）及《复活节的前一天》（یک روز مانده به عید پاک，1998）。她凭借《涩涩的柿子》获得了伊朗小说二十年庆典优秀作家殊荣。

皮尔扎德不仅是一位作家，也翻译出版过一些作品。她翻译了《爱丽丝梦游仙境》《日本俳句选集》等。她本人的大部分作品已被译为法语，部分作品被译为德语、意大利语、土耳其语、西班牙语、希腊语等。值得

① 卡尔旺出版社1997年由伊朗作家、翻译家阿拉什·希贾兹（آرش حجازی）在德黑兰创立，是一家私人出版社。该出版社出版的图书覆盖文学、诗歌、女性、神话故事、神秘主义等题材。值得一提的是，该出版社是巴西著名作家保罗·科埃略（Paulo Coelho）作品在伊朗的独家代理。该出版社从2004年（伊朗历1383年）开始出版季刊《书的庆典》（جشن کتاب），共出版25期，主要对小说及其他文学信息进行介绍、研究。

一提的是,《灯，我来熄灭》于 2012 年被翻译成中文，开启了中国对皮尔扎德的关注和研究。2015 年，皮尔扎德凭借她的文学成就获得了法国荣誉军团骑士勋章。

《灯，我来熄灭》是皮尔扎德的处女作长篇小说，2001 年由伊朗中央出版社（نشر مرکز）出版。该书一经问世就受到广大读者的热烈追捧，并横扫伊朗当年各大文学奖项，如胡尚格・古勒希里奖（جایزه ادبی هوشنگ گلشیری）最佳长篇小说奖、冬至文学奖（جایزه ادبی یلدا），以及由伊朗伊斯兰文化指导部颁发的年度图书奖。其中，胡尚格・古勒希里奖对该书的获奖评价是：精湛的人物塑造，巧妙地呈现出女性矛盾的情感，通过将日常生活陌生化制造悬念，小说语言与主题、人物完美和谐。

该小说以 20 世纪 60 年代伊朗阿巴丹市石油公司几名员工的家庭故事为背景，以女主人公克拉丽斯的情感矛盾为主线，表现出被生活淹没了自我的中年女性的意识觉醒。克拉丽斯是一位已婚 17 年的家庭妇女，被丈夫、孩子等所有生活琐事困扰，失去了自我，逐渐对生活感到漠然冷淡，她和丈夫的交集仅限于睡觉前问一句“灯，是你关还是我关?”温文尔雅又不失关怀的新邻居艾米勒的出现唤醒了已经沉睡的克拉丽斯，让她在自己的幻想中似乎再次得到爱情的滋润。而她对自我存在的重新认识也在这种感情变化中逐渐萌芽。就在克拉丽斯陷于爱情幻想的时候，艾米勒却告诉她自己钟情的是薇莉特小姐，并希望克拉丽斯帮他说服自己的母亲接受薇莉特。突如其来的打击促使克拉丽斯开始反省自己，除了家务和琐事，她已经丧失了对周遭事情爱的能力。于是，她开始在丈夫和儿女身上重新寻找生活的热情和爱，最终她决定从自己的围城中走出去，通过参与国家事务、参与女性事务、维护女性权利来重拾鲜活的自我。

《灯，我来熄灭》虽然看起来是一位中年女性对日常生活和内心情感的琐碎记录，却通过对女性内心细腻情感的描写和把控，充分表现出众多已婚中年女性共同的生活困境和情感诉求，把女性内心深处那欲说还休的细腻情愫袒露出来，从而引起女性群体的共鸣和大众对这一群体心理变化的关注，使她们不再被忽视和淹没在日常生活之中。尽管克拉丽斯最终得到的是艾米勒否定的答案，但她面对内心情感需求的小心翼翼和大胆袒露让我们看到了皮尔扎德在小说中暗暗涌动的女性主义思想。这部小说的英文名为 *Things We Left Unsaid*（意为“我们未说的话”），或许就是这种感情的蠢蠢欲动和意犹未尽成为这部小说的成功所在。继《灯，我来熄灭》之后，皮尔扎德另一部以女性为中心的小说《我们会习惯的》（عادت می کنیم，2004）也获得了较大成功。可以说，皮尔扎德是伊朗现当代最具代表性的女性小说家之一。

二　2002 年获奖作品

2002 年冬至文学奖获奖作品为穆罕默德·穆罕默德阿里（محمد محمد علی，1948~　）的《赤裸风中》（برهنه در باد，2002）和侯赛因·塞纳普尔（حسین سناپور，1960~）的《隐匿的另一半》（نیمه غایب，2002）。

穆罕默德·穆罕默德阿里是伊朗现代著名作家，1948 年生于德黑兰市。他的写作天赋在青少年时期便崭露出来。16 岁时获得伊朗美国协会举办的小说写作比赛一等奖。1974 年进入社会与政治学院学习。1975 年就职于国家退休局。1977 年加入伊朗作家协会（کانون نویسندگان ایران）。1980 年成为季刊《塔》（برج）总编。1981 年与胡尚格·古勒希里等人创立了星期四小说沙龙（جلسه داستان نویسی پنج شنبه）。1985 年与贾瓦德·穆贾比（جواد مجابی）、穆罕默德·穆赫塔里（محمد مختاری）和哈米德礼萨·拉希米（حمیدرضا رحیمی）创立了星期二诗人沙龙（جلسه شاعران سه شنبه）。1990 年从国家退休局调至科学与高等教育部。1997 年成为《星期五》（آدینه）杂志的文学专栏编辑。2001 年，作为柏林文学节面向全世界邀请的五十位作家之一翻译了多部短篇小说。2002 年凭借小说《赤裸风中》（برهنه در باد）获得当年的冬至文学奖；同年退休后，他先后在加拿大、土耳其等国演讲，宣传反权力主义思想。

穆罕默德阿里擅长以象征主义手法来表现现实主义题材，尤其善于表现社会底层人民的疾苦。其文学作品成果丰硕，著有小说集《信德阿巴德狼谷》（دره هندآباد گرگ داره，1975）、《精灵[①]》（از ما بهتران，1978）、《退休和其

① 波斯语中“比我们好的人”（از ما بهتران）特指“精灵”。“精灵”一词是对阿拉伯语“镇尼”（الجن）的意译。

他几个故事》(بازنشستگی وداستان های دیگر，1987)、《第二只眼睛》(چشم دوم，1994)、《面对面的惋惜》(دریغ از رو به رو，1999)。另有长篇小说作品多部，如1991年的《无雨的电闪雷鸣》(رعد وبرق بی باران)、《隐藏的角色》(نقش پنهان)，1997年的《一个死者潮湿的信仰》(یک مرده باورهای خیس)，2000年首版的《赤裸风中》(برهنه در باد)，2003年的《提赫米内的故事》(قصه تهمینه)、《亚当和夏娃》(آدم وحوا)，2004年的《贾姆希德和贾马克》(جمشید وجمک)。同时，他还撰写了一些知名的文章，如《铜战》(جنگ مس，1987)、《与艾哈迈德·夏姆鲁、穆罕默德·杜拉特阿巴迪和伊赫旺·塞利斯的三次对话》(سه گفت وگو با احمد شاملو، محمد دولت آبادی واخوان ثالث，1993)等。

小说《赤裸风中》从一份政府档案开始，主人公梅赫尔阿里是一名政府职员，却一心想当作家，并醉心于将他参军时的故事写成一本小说，他尤其想塑造的人物是他当时的上司曼苏尔·穆尔艾希中尉。在他的眼中，这是一位清廉、热情、勇敢、正直的人。而此时，梅赫尔阿里手上的一份关于穆尔艾希的档案却显示他是一个赌徒、目无法纪的人。正在此时，穆尔艾希来找他，两人一同做了短暂的旅行，聊起了很多往事。当梅赫尔阿里回到家中时，他发现继母也在写一本小说，有趣的是，穆尔艾希也是她小说的主人公，但在她的笔下，穆尔艾希却是一个冷血的刽子手。于是，小说的所有情节因对同一人物的不同记忆勾连在一起，将读者置于各种矛盾冲突之中，崇拜、憎恨、颂扬、诋毁，孰真孰假，作者悄然间将读者带进小说设置的迷局之中，让读者跟着情节的推进一步步地产生探究历史真实的渴望。整部小说语言优美，作者用诗意的语言展现出激发读者想象力的情节，尤其善于将读者置于一环扣一环的情节之中，让整个故事充满悬念和吸引力。

《赤裸风中》这部小说要表现的主题是个人记忆与历史真实之间的差异和矛盾，如何在片段的历史中寻求真实成为情节背后的深层含义。伊朗报刊《东方报》(شرق)曾这样评价这部小说:《赤裸风中》是对某一历史片段真实性的探寻，所有已知的事情在小说中都经历了置换、快速改变和荒诞离奇。在这种离奇中，自然而然地得到的结局与追寻者开始的预期有所不同，因为真实(واقعیت)总是处于变化之中，并不停地改变着模样，有时追寻者只是被真实戏耍了一番。[①] 对于这个问题，穆罕默德阿里自己曾说过：“作家和小说家的任务不是像专业的历史学家和纪录片导演那样把历史一点点地复写下来。他们的工作是从纪录片导演完成的工作之后开始的，而且无疑要介入其中。这种介入不是去混淆历史，而是去揭开遮盖在这所谓的历史之上的隐藏的帷幕，并在那记录之中深入挖掘出一些别的东西。历史学家和纪录片导演把发生的事情（当然是按照他们自己的想法）照样记录下来，而作家则是从数十数百的篇章中选取一些，对其进行深入挖掘，重新释读。”[②]

据悉，几年前，穆罕默德阿里的作品在伊朗因拿不到出版许可而无法面世，他也因为一些原因移居加拿大温哥华，但这并不影响伊朗文学界对他本人及其作品进行深入研究，并已取得一些成果，如视野出版社（انتشارات افق）出版的阿里礼萨·皮鲁赞撰写的《现实与梦想——对话穆罕默德·穆罕默德阿里》（واقعیت ورؤیا，2004），法拉马尔兹·普尔诺鲁兹的《从谷底到爱的首日——对话穆罕默德·穆罕默德阿里》（از قعر دره تا روز اول عشق），霍尔木兹德出版社（انتشارات هورمزد）2009 年出版的法兰克·贾汉巴赫什（فرانک جهانبخش）撰写的《穆罕默德·穆罕默德阿里小说中的女性形象研究》（بررسی سیمای زن در رمان های محمد محمدعلی）等。

另一部获奖作品《隐匿的另一半》的作者侯赛因·塞纳普尔是当代知名作家，1960 年生于伊朗卡拉奇市。他先后在伊朗《同城报》（روزنامه همشهری）、《妇女》（زن）、《正义的声音》（صدای عدالت）等报社做过记者。其文学创作曾受益于胡尚格·古勒希里的写作课程。初期的创作主要面向儿童和青少年，发表了《村里的男孩们》（پسران دهکده，1990）、《神话和漫长的夜晚》（افسانه وشب طولانی，1994）等作品。2000 年以后，他一边从事写作教育工作，一边持续创作。后期创作成果丰硕，体裁包括短篇小说、长篇小说和诗歌等。如第一部长篇小说《隐匿的另一半》为他赢得了多项殊荣，一年之内就

---

① برهنه در باد نوشته محمد محمدعلی منتشر شد《〈赤裸风中〉穆罕默德·穆罕默德阿里的作品》，https://www.radiozamaneh.com/132197，最后访问日期：2018 年 8 月 9 日。

② برهنه در باد نوشته محمد محمدعلی منتشر شد《〈赤裸风中〉穆罕默德·穆罕默德阿里的作品》，https://www.radiozamaneh.com/132197，最后访问日期：2018 年 8 月 9 日。

再版六次，并获得了梅赫尔甘文学奖（جایزه مهرگان ادب）；2003 年创作《荒芜将至》（ویران می آیی）；2004年创作《无防守》（با گارد باز）；2005年创作的《单词的黑暗面》（سمت تاریک کلمات）获得了胡尚格·古勒希里奖最佳短篇小说集奖；2009 年创作《山洞里黑暗的画像》（شمایل تاریک کاخها）；2011 年创作《刀刃上的嘴唇》（لب بر تیغ）；2014 年创作《烟》（دود）；2015 年创作《比骨头还白》（سپیدتر از استخوان）；2017 年创作《灰烬》（خاکستر）。除此之外，他还创作诗歌，出版了众多写作技巧类教学书著作。

小说《隐匿的另一半》的女主人公叫辛杜赫特，两岁时父母离异，母亲苏拉亚移居美国。他们的一位朋友伊拉希在伊朗时与这个家庭过往甚密，也随即到美国求学，伊拉希与苏拉亚在美国交往并互相爱慕。苏拉亚提出条件，只有伊拉希将自己的女儿带到美国才会嫁给他。于是伊拉希返回伊朗，想尽办法将辛杜赫特带回美国。但是他的计划一直都无法成功，只能等到辛杜赫特念完大学再移民。与此同时，辛杜赫特在大学期间与同学法尔哈德相识，法尔哈德向她求婚。但她始终坚持只有找到自己的母亲才会结婚。她的这个想法无法被法尔哈德接受，经过一番争吵后，两人分道扬镳。后来，苏拉亚回到伊朗，找到了女儿，并把她带回了美国。正在这时，法尔哈德因参与学生抗议活动被学校停学一年半，其间父亲病重，敦促他完成学业并成家立业。于是法尔哈德回到学校，寻找辛杜赫特。至此，他才从女友的朋友法拉赫那里得知辛杜赫特已经离开伊朗去了美国，并将在不久之后与一名美国人结婚。两人的感情就此无疾而终。另外，法拉赫自己也深陷于一段感情之中。她疯狂地爱上了同学比让，但风流成性的比让对她的感情置之不理。法拉赫的父亲给她安排了婚事，但是很显然，大学生活已经彻底改变了这个乡村女孩的思想，她追求自己的爱情，拒绝传统婚姻安排，因此她无法返回她的原生家庭，在城市中独自面对自己的感情困境。

值得注意的是，小说中的女性都是追求变化的、有主见的现代女性。苏拉亚因为与丈夫不和选择离婚，去美国追求自己的新生活。辛杜赫特坚持找到母亲再结婚，并不惜与男友分手，直至最后远赴他乡开始一段新的感情。法拉赫拒绝传统家庭的婚姻安排，勇敢地追求爱情，尽管没能得到任何结果，但勇气可嘉。对待生活、感情，这些女主人公都有自己的想法，坚持想法，并勇于改变已有的生活，开辟新的人生轨迹。女性主义思想在此小说中得到较为充分的体现。同时，作者通过刻画青年人和中年人对待生活与爱情的不同态度，表现出各个时代人们的心理变化，也借此反映出一些社会问题。该书一经问世便迅速获得读者的欢迎，十年内再版 15 次，但自 2009 年起被政府禁止再版。

三　2003 年获奖作品

2003 年的冬至文学奖由法丽芭·瓦法（فریبا وفی，1963~　）的《我的鸟儿》（پرنده من，2003）和希瓦·阿拉斯图伊（شیوا ارسطویی，1961~　）的《月光下的太阳》（آفتاب مهتاب，2003）共同获得。

法丽芭·瓦法是伊朗当代知名小说家，1963 年出生于大不里士。瓦法 25 岁时开始较为正式的文学创作，首部小说《爸爸，你安心了》（راحت شدی پدر）于 1988 年刊登在《星期五》（آدینه）杂志上。她的第一部短篇小说集是 1996 年出版的《在舞台深处》（در عمق صحنه）。随后相继出版了四部短篇小说集:《甚至在我们笑的时候》（حتی وقتی می خندیم，1999）、《去别墅的路上（در راه ویلا，2008）、《所有的视野》（همه افق，2010）和《无风也无桨》（بی باد بی پارو，2016）。

瓦法的首部长篇小说《我的鸟儿》（پرنده من）在 2003 年获得了第三届冬至文学奖、第三届胡尚格·古勒希里奖最佳长篇小说奖，并受到梅赫尔甘文学奖及伊斯法罕文学奖的高度评价。该书至今已再版二十余次，并被翻译成英语、意大利语、德语等多种语言。2003 年出版的《塔尔兰》（ترلان，一种鹰的名称）使瓦法获得了 2017 年法兰克福国际图书展颁发的最受读者欢迎的非德裔作家称号；2005 年出版的《西藏之梦》（رؤیا تبت）也为她夺得了多项殊荣，获得 2006 年第六届胡尚格·古勒希里奖最佳长篇小说奖及梅赫尔甘文学奖，业已再版十余次。之后，她还创作出版了《小巷中的一个秘密》（رازی در کوچه ها，2007）、《月末》（ماه کامل می شود，2010）和《结束之后》（بعد از پایان，2013），均获得较多好评。

小说《我的鸟儿》以一位家庭妇女的自述展开，讲述了被现实生活的压力和无奈磨灭了激情的一对普通伊朗夫妻的故事。作者仔细描写了女性每天要做的事情——做饭、洗衣、收拾碗筷、给丈夫按摩、照顾孩子等，在这些琐事中她们渐渐失去了自我。丈夫阿米尔逃避现实生活裹挟的办法就是将自己置于对加拿大生活的无限畅想之中，他不属于过去，也不属于现在，他只属于自己虚构出来的美好未来、不切实际的未来。从另一个角度看，这正体现出主人公对现实生活的无奈和无力感，除了心理上的逃避和不切实际的幻想，他毫无办法。故事中的每个人似乎都厌倦了自己的生活，女人们受困于各自的日常琐事和烦恼，男人们幻想着单身生活的自由不羁，无暇顾及身边的女人。冷淡和漠然让妻子对那只会空想的丈夫的厌恶与日俱增，却又要终日服侍他，两个人变成最熟悉的陌生人。正如作者在文中写道："我躺在阿米尔身旁。现在我既不是妻子，也不是母亲，更不是女儿，我们之间什么关系都没有。电视冰冷的白光就像敌我分割线一样落在我们的脸上，毯子上的我们就像是两个陌生人。"值得注意的是，小说的女主人公没有名字，可以说她既代表了这样生活着的所有女性，又是女性被生活淹没了自我的象征。

瓦法不仅要通过这一对伊朗夫妻的故事刻画中年人的情感和婚姻危机，更要借此呈现出整个社会的经济矛盾在人们生活中的投射。有学者认为，瓦法在文中多次提到的"地狱"（جهنم），实则是指人们深陷其中的资本主义社会。小说中的主人公从租房到买房，被资本裹挟，背负贷款，等于将自己的劳动力卖给放贷的银行，人们在资本和金钱裹挟下生活，这就是资本主义地狱。因此，不仅仅是丈夫的冷漠磨灭了女性的生活激情，更是资本社会下的金钱压力异化了人们的心理。瓦法在文中说，每个人都有一只鸟，如果它飞走了，落在某个地方，它的主人就会来找它。这只鸟也许就是小说主人公心里那想去实现又无法逃离现实牢笼的梦想，他们受困于生活，能够放飞的只有自己心中的那只鸟，让它飞到梦想中的地方。

在创作技法上，瓦法非常善于在故事中营造出自然的日常环境，让读者仿佛置身其中，忘记自己是在读一本小说，从而牵动读者与主人公一起经历故事每一个情节的进展。这也是她的作品能够多次获奖的成功所在。

另一部获奖作品《月光下的太阳》的作者希瓦·阿拉斯图伊是伊朗

当代知名小说家、诗人、翻译家。她曾以志愿者身份参加两伊战争，奔赴前线。具有较高的英语翻译水平，先后在多所大学中教授写作技法课程。创作了短篇小说集《我原本来和女儿喝茶》（آمده بودم با دخترم چای بخورم, 1994）、《月光下的太阳》（آفتاب مهتاب, 2003），长篇小说《见过他后我变美了》（او را که دیدم زیبا شدم, 1991）、《沙赫尔扎德太太》（بی بی شهرزاد, 2004）、《天空不是空的》（آسمان خالی نیست, 2003）、《恐惧》（خوف, 2013）和《潮湿的芦苇》（نی نا, 2015）。另外，她还出版了两部诗集《迷失》（گم）和《我们分手吧》（بیا تمامش کنیم）。

《月光下的太阳》于2003年由伊朗中央出版社（نشر مرکز）出版，同时还获得了2003年第三届胡尚格·古勒希里奖最佳小说集奖。《月光下的太阳》共包括10部短篇小说:《考试前的一晚》（یک شب قبل از امتحانات）、《前括号、笑、后括号》（پرانتز باز، خنده، پرانتز بسته）、《为了我家的老妇人们》（برای پیرزن های خودم）、《分组》（تقسیم）、《图尔吉》（تورگی）、《中餐》（غذای چینی）、《公主》（شازده خانم）、《英国乞丐》（گدای انگلیسی）、《月光下的太阳》（آفتاب مهتاب）和《还没，然而之后》（هنوز نه اما بعد）。这十个故事的主人公都是女性，内容涵盖青年女性的爱情困扰、暮年妇人的生活感慨，以及女性群体在生活和社会家庭中扮演的各种角色及其现实遭遇。

四　2004年获奖作品

2004年获得冬至文学奖的作品是穆罕默德·拉希姆·阿胡特（محمد رحیم اخوت, 1945~）的《名字和影子》（نام ها وسایه ها, 2004）。穆罕默德·拉希姆·阿胡特1945年出生于伊朗伊斯法罕地区，是伊朗当代著名作家、评论家。他自幼热爱写作，22岁时就在杂志《菲尔多西》（فردوسی）上刊登文章。他创作出版的作品有《暂停》（تعلیق），《重读诗中的四章》（چهار فصل در بازخوانی شعر），小说集《我们彷徨的一半》（نیمه سرگردان ما, 2007）和《残余》（باقی مانده ها, 2007），长篇小说《名字和影子》（نامها وسایه ها）和《太阳》（خورشید），小说《不行》（نمی شود, 2008）、《费陶纳特先生的烦恼》（مشکل آقای فطانت, 2009）和《观赏》（تماشا），短篇小说集《秋天结束了》

（پاییز بود）等。

在阿胡特的众多作品中，最具代表性的是小说《名字和影子》，这部小说还斩获了2004年梅赫尔甘文学奖。它的写作技法比较独特，作者通过多个叙述者及多个视角进行讲述，而且情节鲜有连续性，同时时间和空间常常让读者觉得情节有断裂之感。作者有意将读者置于一种阅读的混乱之中，甚至让他们忘记这本书是谁写的，使其游走于现实与幻想之间。整部小说给人以含混不清之感，因此很难用寥寥几句概括故事内容。作者设置了一个开放的文本空间，将对故事进行判断这个任务交给了读者自己去完成。回忆总是冲破现实生活将人们带回过去，其间不同的人物出现，又将故事的叙述带往另一个层次。

五 2005年获奖作品

2005年冬至文学奖获奖作品是穆罕默德礼萨·凯提卜（محمدرضا کاتب, 1966~）的《过错时间》（وقت تقصیر, 2005）。穆罕默德礼萨·凯提卜1966年出生于德黑兰，是伊朗当代知名导演、作家。他本身的专业是电视导演，毕业后从事影视剧制作及剧本创作。他以小说《嘘》（هیس）开始在文坛崭露头角，该小说获得了当年伊朗新闻作家及评论家奖最佳小说奖（جایزه منتقدان ونویسندگان مطبوعاتی）。

他出版的小说集有1992年的《雨点》（قطره های بارانی）、《满眼秋黄》（نگاه زرد پاییزی）和1993年的《从衬衫中经过》（عبور از پیراهن）。长篇小说包括1989年的《手持灯盏的夜晚》（شب چراغی در دست）、1993年的《只许低头》（فقط به زمین نگاه کن）、1994年的《蓝色月的星期一》（دوشنبه های آبی ماه）、1999年的《嘘》（هیس）、2002年的《卑鄙》（پستی）、2005年的《过错时间》（وقت تقصیر）、2009年的《可爱的变色龙》（آفتابپرست نازنین）、2011年的《驯服者》（رامکننده）、2013年的《无惧》（بی ترسی）、2014年的《我的眼睛曾是蓝的》（چشمهایم آبی بود）和2017年的《飞鸟》（بالزن ها）。同时，他还创作了《十四日晚上的月亮》（ماه شب چهارده）、《青苹果的红》（سرخی سیب کال）等剧本。值得一提的是，他参与了伊朗著名导演巴赫曼·戈巴迪（بهمن قبادی）

执导的知名影片《乌龟也会飞》（لاک پشت ها پرواز，英译名：*Turtles Can Fly*）的剧本创作，该片先后斩获 2005 年柏林影展特别佳作、第 52 届圣塞巴斯蒂安国际电影节金贝壳奖等几十项大奖。

凯提卜的《过错时间》由伊朗莲花出版社（انتشارات نیلوفر）出版。在后现代主义创作手法影响下，该小说对时间、人物、对话等要素进行了非线性编排。破碎的时间、交替变化的叙述者，刻意地制造出情节的混乱感，通过大量的相互对话和自我对话将故事情节杂糅在一起，形成较为复杂的阅读体验。但在这混乱之中作者却能将整篇故事叙述完整，体现出作者驾驭小说这项文学技艺的高超能力。《过错时间》是一个用伊朗传统讲述方式讲述的典型的伊朗故事。人物经历了不同的时间、地点、城市，在这故事背后，现在与过去所代表的时间失去了意义。在时间中的迷失和错乱给人物带来了巨大的痛楚，这种处境逼迫他们最后发现，他们的存在就是痛苦的对立面，这种痛楚来源于了解，也来源于不了解。故事中两个主要人物海亚特和艾卜鲁经历的长年战争象征了人类历史上的征战，作者希望通过两者之间的争斗来洞察人类历史，并通过历史叙事来讲述和反思现代故事。

有意思的是，据悉凯提卜本人较为内向腼腆，极少参加公开活动，但他习惯在文中描写人体解剖般的暴力情节，如无头的尸体、被火车轧死的狗等。同时，凯提卜也在血腥中掺杂了自己的黑色幽默，将主人公置于生死的边缘，直面沉重生活的心灵挑战。在暴力中渗透着人文关怀或许就是凯提卜的暴力美学。

六　分析评述

通过对伊朗五届冬至文学奖基本情况的梳理，我们可以分析总结出以下几点结论。

首先，通过对五届冬至文学奖获奖作家作品的研究，我们发现，该奖与伊朗其他主流文学奖项，如胡尚格·古勒希里奖、梅赫尔甘文学奖等保持着较高的一致性。由此说明，冬至文学奖能够在一定程度上代表伊朗现当代文学的审美方向和创作高度。

其次，冬至文学奖表现出对女性主题的高度关注，这也是21世纪伊朗各大文学奖项在评奖中呈现出的重要共同点之一。女性文学已然成为伊朗现当代文学中一道亮丽的风景线。在五届获奖作家中，左雅·皮尔扎德、法丽芭·瓦法和希瓦·阿拉斯图伊均是伊朗现当代知名的女性作家代表，她们的创作较多体现出女性作家对女性问题的关注，且在其作品中表现出较为明显的女性意识。女主人公在经历情感困境之后，常能凭借自己的内心反省和外部努力改变生活轨迹，谱写人生新篇章。这一点在2002年的获奖作品——侯赛因·塞纳普尔的《隐匿的另一半》中也有所体现。因此，这些作品能够获奖且获得多个文学奖项的肯定说明了伊朗现当代文坛对女性问题的高度关注。

女性主题进入伊朗文坛始于立宪运动时期（1905~1911）。在这场运动中，伊朗女性群体第一次走进社会公众视野，并为革命斗争贡献了自己的力量。尽管她们的付出仍旧被淹没在男权主流意识形态之下，但是这个群体的发声让她们从此步入了真正的历史舞台，妇女问题也日益得到改良知识分子的关注。女作家西敏·达内希瓦尔（1921~2012）以第一部短篇小说集《死火》（1948）宣告了伊朗现代女性文学的兴起，至今已历经七十余年的发展。北京外国语大学波斯语系穆宏燕教授在《伊朗女性小说写作发展进程》一文中将伊朗现代女性文学的发展历程分为“男权思维框架内的女性小说写作”“对男权制社会的反抗”“对女性自身价值的思考”“对女性价值思考的内倾化及转型”几个阶段，对伊朗现代女性文学的思想内核演变进行了全面梳理。文章指出：“《灯，我来熄灭》和《我的鸟儿》两部类似题材的小说在21世纪伊始相继获奖与热销，说明人们对女性权益的关注重心已从‘对立反抗’这种貌似重大的问题挪移到婚姻生活中平平常常、普普通通的琐碎小事上，更接近女性日常生活的本质。”[①] 或许我们可以说，这种转变从另一个侧面暗示了伊朗女性地位的提升。女性群体由开始时的大声疾呼，到现在发展为对自我内心情感和精神世界的关注，更加表现出女性群体自我主体意识的成熟和自信的提升。与此同时，长期存在于男权话语下的女性声音也逐渐演变为一种真正的女性话语体系。

处于新世纪的女性作家的作品再次促使人们关注这个曾经沉默的群

① 穆宏燕：《伊朗女性小说写作发展进程》，《东方文学研究集刊》第8集，社会科学文献出版社，2016，第217~233页。

体，女性的集体发声在现当代伊朗变得更加强烈有力。同时，伊朗女性作家的作品在国际上的传播度较高，这与伊朗女性问题始终受到国际关注有关。伊朗女性文学或许已经成为伊朗现当代文学走向世界的一个通道。

最后，冬至文学奖的部分获奖作品体现出伊朗当代文坛对后现代主义手法运用的审美倾向。在本文评述的七部获奖作品中，除了皮尔扎德、瓦法等人的平铺直叙的传记式创作方法外，还有穆罕默德·拉希姆·阿胡特、穆罕默德礼萨·凯提卜对后现代主义手法的运用。破碎的时间、交替变化的叙述者、空间的错乱等，既表现出伊朗现当代作家对小说技法的娴熟运用，又深层次地体现了作者在后现代主义思潮影响下，对人类、历史、现实、传统、社会等问题的哲理性思考，代表了伊朗文学家的思想深度。

除了对创作技法层面的关注，我们也应该注意到，21 世纪伊朗现当代文坛的一批作家，不仅是青年作家，还包括 20 世纪四五十年代成长起来的老一代作家群体，均受到全球性的后现代主义思潮影响，其创作主题及思想逐渐呈现为对历史的解构和对绝对性的消解。这一点，或许我们可以从伊朗的现当代政治格局中找到部分根源。伊斯兰革命已经过去近四十年，革命的激情已然消散，当知识分子回首那段跌宕起伏的历史时，不由引起他们对历史、人物、思想的本质性拷问。正如 2002 年的获奖作品《赤裸风中》所表现的那样，“真实总是处于不断变化之中”，每一个角度的真实未必代表了历史的全部，而突出个人的背景和感悟也正是后现代主义的主张之一。同时，在凯提卜的获奖小说《过错时间》中，我们看到了作者那份独有的知识分子的痛楚——它来源于不了解，也来源于了解。被象征化的人类战争似乎暗示了当今国际社会无休止的纷争，而在近年来始终处于纷争中心的伊朗，或许也已陷入一种思想的困境。这种困境迫使敏感的作家们由衷地进行对世界和生命本质的探寻。由此可见，由后现代主义思潮带来的对绝对性的解构，不仅影响了伊朗第四代知识分子群体的思想，而且逐步渗透进伊朗现当代文坛的创作之中。

责任编辑：穆宏燕

参考文献

1.《左雅·皮尔扎德小说介绍》(معرفی رمان های زویا پیرزاد)，2015 年 9 月 26 日，http://www.dokhtarooneh.ae/zoyapirzad/，最后访问日期：2018 年 8 月 8 日。

2.《左雅·皮尔扎德生平》(زویا پیرزاد : زندگینامه (۱۳۳۱-))，2009 年 4 月 17 日，http://www.hamshahrionline.ir/details/79206，最后访问日期：2018 年 8 月 1 日。

3.《书籍介绍》(معرفی کتا)，http://bestbooks.blogfa.com/post/332，最后访问日期：2018 年 8 月 9 日。

4.《左雅·皮尔扎德的〈我们会习惯的〉小说结构研究》(نوشین شاهرخی، بررسی ساختار رمان عادت می کنیم نوشته زویا پیرزاد)，http://sarapoem.persiangig.com/link7/naghdedastan.htm，最后访问日期：2018 年 8 月 10 日。

5.《我的鸟儿》(پرنده من)，http://reihan-7.blogsky.com/1393/06/16/post-154/150- پرنده-من-فریبا-وفی，最后访问日期：2018 年 8 月 13 日。

6.《侯赛因·塞纳普尔〈隐匿的另一半〉小说元素研究》(ابراهیمتبار ابراهیم، رضایی رقیه، شعبانپور فروغ، بررسی عناصر داستانی در رمان نیمه غایب حسین سناپور)，مطالعه نقد ادبی، شماره ۲۸، ص ۱۳۹۱ پاییز 。

7.《〈影子和名字〉小说点评》(جلالی مریم، نام ها وسایه ها در پرده ابهام: ، نقدی بر رمان (نام ها وسایه ها، نوشته محمد رحیم اخوت)，کتاب ماه ادبیات،۱۳۸۸/۲۰۰۹،شماره۱٤۹، ص ٦۳-٥۸ ، 。

8.《月光下的太阳》(آفتاب مهتاب)，http://bestbooks.blogfa.com/tag/ شیوا-ارسطویی، ，最后访问日期：2018 年 8 月 13 日。

9.《过错时间》(وقت تقصیر)，http://kateb1.blogfa.com/post/91，最后访问日期：2018 年 8 月 18 日。

10.《小说叙事研究》(ساری فرشته، تأملی در شیوه روایت رمان گلستانه دی ،۲۰۰۱/)，۱۳۸۰، شماره ۳٥، ص۱۰٦-۱۰٥ 。

11.《冬至文学奖及获奖作家作品的介绍》，https://fa.wikipedia.org/wiki/ جایزه_ادبی_یلدا，最后访问日期：2018 年 8 月 16 日。

A Summary and Review on The Winter Solstice Literary Prize of Iran

Jiang Nan

Abstract: The Winter Solstice Literary Prize is an important award in the Iranian contemporary literary in the 21st century. It was established by Carvan Publishing House of Iran in 2001 and so far seven works of seven writers has won the prize in the past five sessions. On the basis of combing the basic situation of the works of the award-winning writers of this Prize, this paper analyzes and summarizes the aesthetic trends of Iranian contemporary literature. The Winter Solstice Literature Prize, based on the basic agreement with other important literary prizes in Iran, has paid more attention to female-themed works, which shows the highly concern of the Iranian contemporary literature about the women issues. At the same time, the Prize also pays attention to the modernistic literature works, and the multi-award-winning works embody the author's philosophical thoughts on human, history, reality, tradition, society and so on, which represent the depth of thought of the Iranian writers under the influence of post-modernism thoughts.

Keywords: The Winter Solstice Literary Prize; Iranian Contemporary Literature; Female Literature;Modernistic Literature

印度总理纳伦德拉·莫迪政治演讲的批评话语分析

——以2017年新年致辞为例

闫元元*

摘　要： 印度总理纳伦德拉·莫迪是一个有着强烈个人风格的政治领袖，其演讲风格和技巧也是独树一帜。2016 年 11 月，莫迪政府突然宣布 500 卢比和 1000 卢比纸币立刻停止流通，这严重影响和冲击了十多亿印度国民的正常生活。此后，莫迪总理发表了一系列演讲来解释他颁布的废钞政策，以安抚印度民众，2017 年新年致辞便是其中最为重要的一篇。本文使用批评话语分析的方法，从概念功能的及物系统、人际功能的情态系统以及词汇的分类系统三个方面入手，对 2017 年新年致辞文本进行分析，深入探讨了话语、社会语境和意识形态之间的动态关系，从而更深层次地剖析莫迪政治演讲的风格和技巧。

关键词： 印度　莫迪　政治演讲　批评话语分析

在印度选举和政治生活中，演讲具有十分重要的作用。演讲能“在特定的时空环境中，以有声语言和相应的体态语言为手段，公开向听众

* 闫元元，中国人民解放军战略支援部队信息工程大学洛阳外国语学院讲师，研究方向为印度近现代文学和印地语语言学。

传递信息，表达见解，阐明事理，抒发感情，以期达到感召听众的目的”。[①] 政治演讲是演讲的一个重要类型，“是指人们针对国家内政事务和对外关系，表明立场、阐明观点、宣传主张的一种演讲”。[②] 在此类演讲中，演讲者都持有一定的政治观点或带有一定的意识形态，但他通常并不会赤裸裸地进行宣讲，而是运用各种语言策略，让听众在不知不觉中认同或接受自己所要阐述的内容。作为政治明星的印度总理纳伦德拉·莫迪（Narendra Modi），其演讲风格也是独树一帜，在印度社会各阶层中都有大量拥趸。

在国内问题错综复杂的印度，莫迪绝对是一个饱受争议的“非典型政客”。他出身于印度社会底层的一个低种姓家庭，青年时加入国民志愿服务团（RSS）[③] 并担任宣传干事，后来成长为印度人民党地方领导人，连任三届古吉拉特邦首席部长，最后终于登上印度总理宝座。莫迪在他的支持者眼中与印度传统政客完全不同，以“高效、果断、廉洁、以解决问题为己任”著称；在他的反对者眼中，莫迪不仅“蛮横专行”，而且是一个怀有宗教仇恨思想的“独裁者”。[④]2016 年 11 月，印度总理莫迪突然宣布原来的大额纸币将在规定期限内停止流通，并立刻发行了新版的大额纸币，持有大额旧钞的印度国民必须在当年年底之前将其全部存入银行，逾期不予受理。一夜之间，占据印度货币体系 86% 的纸币退出流通货币体系，十多亿印度国民的生活受到了严重影响和冲击。许多学者认为此举将导致印度产生严重的经济危机，从而演变为政治危机。印度国内的反对派组织了多场抗议活动，试图将莫迪政府赶下台。从 2016 年 11 月至 2017 年年中，莫迪政府出台了多项补救政策，他本人发表了多场演讲，向印度民众解释废钞政策的必要性，终于度过了这次政治危机。2017 年，印度人民党先后赢得了北方邦和古吉拉

① 李元授、邹昆山：《演讲学》，华中科技大学出版社，2014，第 5 页。

② 李元授、邹昆山：《演讲学》，华中科技大学出版社，2014，第 23 页。

③ 国民志愿服务团（Rashtriya Swayamasevak Sangh），印度教右翼宗教文化组织，以“保护印度教的民族、宗教和文化，促进其全面发展，进而复兴古代印度教国家”为宗旨，与执政党印度人民党联系紧密，印度人民党的许多党员都是该组织成员。

④ 袁源：《莫迪：“非典型”政客》，《国际金融报》2014 年 3 月 10 日。

特邦两次地方选举。从选举结果来看，仓促出台的废钞政策并未动摇印度民众对莫迪政府的信心，甚至还起到了加分效果。在废钞政策落实期间，莫迪于2017年元旦前夕向全体印度国民发表了新年致辞。这篇演讲围绕印度废钞政策展开，有着浓烈的莫迪个人风格，堪称政治演讲的典范之作。

批评话语分析是对一篇政治演讲进行深入剖析的好方法。批评话语分析通过分析语篇的语言特点和它们生成的社会历史背景来考察语言结构背后的意识形态意义，进而揭示语言、权力和意识形态之间复杂的关系。① 批评话语分析在理论构建的过程中大量借鉴了韩礼德的系统功能语言学理论。韩礼德认为语言有三大元功能（metafunction）——概念功能（ideational function）、人际功能（interpersonal function）和语篇功能（textual function），分别用于表述主客观世界的经验、反映人与人之间的关系、遣词造句和组织语篇。语言的多功能性质能够揭示话语活动与社会过程之间的互动关系，反映文本中语言的选择具有相当程度的必然性。本文把印度总理莫迪的2017年新年致辞作为研究文本，结合印度当下的社会语境，对其展开分析，从概念功能的及物系统、人际功能的情态系统以及词汇的分类系统三个方面入手，深入探讨话语、社会语境和意识形态之间的动态关系，从而综合分析莫迪的演讲风格和技巧。

一　新年致辞文本的及物性分析

及物性是一个语义系统，其作用是把人们在现实世界中的所见所闻、所作所为分为若干种“过程”，即通过语法将经验范畴化，并指明与各种过程有关的“参与者”和“环境成分”。② 及物过程包括六种过程：物质过程、心理过程、关系过程、行为过程、言语过程和存在过程。“选择何

① 辛斌:《批评性语篇分析方法论》,《外国语》2002年第5期。
② 胡壮麟:《系统功能语言学概论》，北京大学出版社，2005，第75页。

种过程来表达具有重要的意识形态意义”[①]，不同的及物过程能够传达不同的交际意图。在莫迪总理的这篇演讲中，物质过程总量最多，关系过程、心理过程和言语过程也占有相当的分量。存在过程和行为过程在本篇演讲中使用较少，所以本文选择不将其列为研究对象。

（一）物质过程

物质过程有“动作者”和“目标”两个参与者，表示某件事从开始到完成的过程。过程的实施者“动作者”一般通过动态动词来完成“目标”，使人或事受到动作过程的影响。“动作者”既可以是人，也可以是物或事件。通过细读这篇政治演讲，我们发现莫迪在演讲的起始部分用了大量的物质过程来说明旧版大额钞票对印度经济的危害以及废钞政策的势在必行。

“Over the last ten to twelve years, 500 and 1000 rupee currency notes were used less for legitimate transactions, and more for a parallel economy.”

“The excess of cash was fuelling inflation and black-marketing.”

“Lack of cash causes difficulty, but excess of cash is even more troublesome.”

在演讲的结尾，莫迪还列举了一系列惠民的财政措施来消弭印度民众对废钞政策的不满。

“The Government has decided, that 3 crore farmers who have Kisan Credit Cards, will be given RuPay debit cards within three months.”

“We are introducing a nation-wide scheme for financial assistance to pregnant women.”

这篇演讲中出现了如此大量的物质过程，与莫迪的特定话语目标有着密不可分的关系。在物质过程中，动作的实施者凸显出来，其对整个事件的作用和影响力得到了充分强化，从而能够更明晰地传达演讲者的政治目的。莫迪政府以突然宣布废除 1000 卢比和 500 卢比的大钞，让众多印度

① 王泽霞、杨忠：《费尔克劳话语三维模式解读与思考》，《外语研究》2008 年第 3 期。

民众措手不及，生活陷入困顿。莫迪在新年演讲中重谈废钞问题，继续向印度民众解释出台此政策的原委，来争取民众对政府政策的理解和支持。莫迪指出旧版大额卢比导致黑钱盛行，甚至导致出现了一个与印度市场平行的地下经济，从而加剧了通货膨胀，严重侵害了普通民众的利益。印度民众已经经历了一个月缺少现钞、排队换钞的麻烦，莫迪适时地向印度民众清楚地传递了一个信息：麻烦是暂时的，在长期来看废钞政策必然会让普通民众受益。尽管有不少印度民众理解并支持印度政府的举措，但民众还是更希望政府出台一些补救政策或措施来减少自己的损失，所以莫迪因势利导地提出了一系列财经政策，例如发行农民信用卡、给怀孕妇女安排财政支援，来补偿底层民众的经济损失，换回他们对政府的支持。在这个时候，真真切切的政策和补助要比激动人心的说辞更能抚慰民众的内心。

（二）心理过程

心理过程有心理活动的主体“感知者”和被感知的客体“现象”两个参与者，表示“感觉”、“反应”和“认知”等心理活动完成的过程。“感知者”通常情况下是人，“现象”则有多种，既可以是具体的人或物，也可以是发生的事件，甚至是某种抽象的东西。心理过程通常表示个人的情感和愿望。莫迪在谈及印度废钞政策及其影响时，使用了诸多心理过程。

“We cannot allow this fight against black money and corruption to stop or slow down.”

“I wish to share some information with you, which will either make you laugh, or make you angry.”

“At this historic juncture, I wish to make an appeal to the banks.”

“We can now see a positive momentum towards digital transactions in India.”

印度政府的废钞政策是一项颇受争议的突然之举，印度民众对此政策存在诸多疑惑和不解，加之印度几个大邦的地方选举马上就要举行，各种针对废钞政策的阴谋论接踵而至。莫迪在这个时候采取了一种开诚布公的态度，把政府的初衷和目标清清楚楚地告诉民众。他知道民众去银行换取新钞票排队等候的艰辛，理解诸多中小企业、商店因为没有现金而被迫关门的愤怒和无奈。他向民众表示了自己的同情，同时把政府给民众造成的麻烦转化成民众对国家奉献的高尚举动，让民众把自己的无奈之举视为参与国家打击黑钱和腐败活动的主动行为。他还对饱受冲击的印度银行表示了同情，许多银行网点因为换钞日夜加班，个别银行甚至遭到愤怒的民众的冲击和打砸。莫迪力争让民众理解印度银行所承担的巨大压力，以缓解银行职员的不满情绪，瓦解个别政党试图联合银行从业者工会举行罢工的民意基础。尽管印度目前绝大部分交易以现金为主，而且相当多的印度民众甚至没有银行账户和智能手机，并不具备大规模推广第三方支付的物质基础，但莫迪还是与 Paytm 等印度第三方支付公司积极互动，将废钞政策视为促进印度电子交易发展的良机。

（三）关系过程

及物系统中的关系过程是进行评价或判断最直接的方式，可以反映两个或多个事物之间为何种关系的过程。关系过程通常有两类：“归属”指出事物所具有的各种属性或所属何种类别；“识别”则限定事物，指出两个或多个实体之间的统一或聚合关系。莫迪在演讲中用了不少关系过程：

“Economists agree that when cash is outside the formal economy, it is a cause of worry. When it joins the mainstream, it is an opportunity for development.”

“This Government is a friend of good people.”

“It is also a bitter truth, that people have complaints of bad experiences at the hands of Government machinery, and some government officers.”

“It is a healthy trend for any nation, when the people wish to join the mainstream abiding by the law, and helping the Government in serving the poor.”

莫迪指出了不受监管的、游离于国家经济主体之外的大额现金对印度经济来说是一件麻烦事，不少高收入者利用现金交易来逃避税收，给国家造成了严重的经济损失。废钞政策落实之后，这些现金能够回到国家经济体系之中，对印度经济的发展绝对是一件好事，也能使普通民众受益。这个时候，民众要相信政府，相信政府是遵纪守法公民的朋友。尽管政府之中有不少贪腐官员，但这次废钞行动对这些官员来说也是一种沉重打击。莫迪想要告诉印度普通民众，政府的主体官员是好的，废钞行动的初衷是善意的，普通民众积极参与、支持废钞行动，对于促进经济发展、消除国内贫困是大有裨益的。一般现在时表示当下发生的情况，在评价和界定方面具有较强的客观性。莫迪之所以在关系过程中选用一般现在时这一时态，是想要证明自己所言绝非虚指或已经过时，而是当下普遍接受的事实，没有掺杂他自己的主观臆断，从而使印度民众更容易接受他所传递的信息。

（四）言语过程

言语过程是通过讲话交流信息的过程。该过程包括“讲话者”、“受话者”和“讲话内容”。言语过程在这篇演讲中的分量虽然比不上物质过程，但都起到了画龙点睛的作用：

“They have shared their pain and sorrow with me, but also emphasized their support. You have talked to me as one of your own.”

“I am sure, if great sons of India like Jayaprakash Narayan, Lal Bahadur Shastri, Ram Manohar Lohia, and Kamaraj had been present today, they would have applauded the patience, discipline and resolve of our countrymen.”

“They have especially been told to proactively resolve the problems in rural and remote areas.”

“I have asked all concerned officers in the Government to focus their attention to this task.”

莫迪在演讲中提及了普通民众在推特上给他的留言，这些民众虽然生活遭遇了大麻烦，但都支持政府的废钞政策。他把这些留言视为普通民众的普遍态度，强化了废钞之举的合理性。同时，他还列举了一些与在野党国大党关系不睦的政治家的名字，认为这些知名人士如果在世的话，也会支持他的政策，此举意在分化国大党持续的抗议活动，拉拢一些中间党派和人士，维护议会中的政党团结。此外，他还告诉民众自己对政府部门和银行系统所发布的命令，让他们安心，在遭受了许多麻烦之后，正常生活很快就将来临。莫迪所使用的言语过程，使他的演讲听上去更加权威可靠，大大增强了演讲的影响力。

二　新年致辞文本的情态系统分析

情态系统表达肯定与否定这两极之间的中间程度或状态，是表达人际意义的重要手段之一。情态系统表达人际功能、说话者在陈述和疑问中对自己所讲的命题的有效性做出的判断、在命令中要求对方承担的义务和在提议中要表达的个人意愿。[①] 人称代词和情态动词都能表达情态意义。

（一）人称代词

在一篇政治演讲中，责任的划分、关系远近的确定等功能都可以通过人称代词的选择来实现。因此，演讲者或者撰稿人选择人称代词时都要慎之又慎，往往需要下一番功夫。在本演讲中，使用的人称代词数量统计如表 1 所示。

表 1　使用的人称代词数量统计

	第一人称（单、复）		第二人称	第三人称（单、复）	
人称代词	I/my/me	we/our/us	you/your	he/she/her/him/his	they/their/them
次数	10	32	8	0	16

从统计数据来看，第一人称代词共计出现 42 次，其中复数代词“we/our/us”出现了 32 次，单数代词“I/my/me”出现了 10 次。从英语语法上看，第一人称复数代词有外排和内包两种用法。辛斌认为前者可以产生疏远对方的效果，而后者则能拉近与听话者的距离，给人以一种平等

① 张德禄：《功能语言学与外语教学》，外语教学与研究出版社，2005，第 98 页。

参与、休戚与共的感觉。[①]通过分析我们可以看出该演讲中出现的大部分“we”主要用于内包用法，不仅指的是现场聆听莫迪演讲的听众，而且包括印度政府工作人员，还包括所有的印度公民。从另一个角度来看，“Government”[②]在演讲中出现了25次，“People”在演讲中出现了20次，“Indians”在演讲中出现了7次，“we”、“Government”和“Indians”这几个词在多处内涵是一致的。废钞政策出台以后，给印度民众生活增添了很多麻烦，许多人的生活苦不堪言，对政府的不满和怨恨也呈滥觞之势。莫迪在猛烈抨击黑钱、假钞、逃税问题的同时，通过大量使用第一人称复数代词，大大拉近了与普通民众的距离，向民众传递了一个清晰的信息：政府是和普通民众站在一起的，会为了保障民众的利益而不懈努力，同时希望民众积极认可政府的政策，支持政策的有效落实。“I/my/me”出现频率远远低于“we/our/us”，与其搭配的内容多为印度政府的举措和莫迪个人的期许。在这个困难重重的关头，莫迪敢于面对指责，愿意倾听民众疾苦，保持了自己的负责任的领导人形象。

“you/your”在演讲中只出现了8次，都指称听话者。第二人称的使用很容易使听话者感受到交际双方地位的不平等。莫迪的演讲中，对第二人称的使用有着巧妙的设计，大部分的“you”都是指受到压迫的社会底层民众。例如：

“Look at the big bungalows and big cars around you.”

使社会底层民众利益受到损害的罪魁祸首不是政府和废钞政策，而是黑钱使用者和贪腐人员。第二人称的使用反而能够激起民众的愤怒，使他们感到为了消除自己的长久不幸，忍受暂时的麻烦是非常值得的。

“they/their/them”在演讲中出现了16次。第三人称的使用使发话者和听话者在心理上产生疏远感，甚至是其言语所指的对立面。在此篇演讲中，大多数第三人称都是指那些黑钱的拥有者和假币的使用者。这些人有叛乱分子、偷税者、贪腐官员。黑钱和假币给予他们巨大的能量，使他们能够挑战政府的权威，剥削普通民众。正是为了打击这些人，印

① 辛斌：《批评语言学：理论与应用》，上海外语教育出版社，2005，第123页。

② “Government”首字母大写，特指莫迪领导的本届印度政府。

度政府不得已才推出了废钞政策，才给本不相干的无辜民众造成了这么大的麻烦。这些人才是罪魁祸首，才是最大的元凶。莫迪的演讲成功地转移了民众的愤怒情绪，使政府避开了对其失职的指责。同时，莫迪还有效地分化了对立人群，认为普通民众都是支持政府的举动的，而敢于反对、挑战政府权威的人就是那些黑钱的拥有者。莫迪还呼吁议会中的在野党支持政府的行为，否则就难免有涉及黑钱之嫌疑。废钞政策出台以后，印度国内最大的在野党国大党一直想借废钞来发起对莫迪的不信任投票，却一直无法组建稳固的政治同盟。由此来看，莫迪的分化策略还是行之有效的。

（二）情态动词

韩礼德认为人们在交际过程中，除了表达肯定和否定的两极之外，还有介于两者之间的可能性，即“中间状态”或“情态”。① 情态是说话人对某个命题或提议的态度和看法，表达了说话人的意愿或判断。② 这篇演讲共有 2759 个英语单词，其中有 27 个情态动词。各种情态动词的使用次数如表 2 所示。

表 2　各种情态动词的使用次数

情态动词	will	can	shall	would	need	have to	cannot
出现次数	10	10	1	3	1	1	1

从情态动词的总体数量来看，本篇演讲中情态动词明显偏少。与 2016 年度莫迪新年致辞相比，两篇演讲字数相近，但情态动词少了 30%。主要原因有二：一是在本篇演讲中，莫迪把相当长的篇幅用于说明印度政府出台的安民政策，而这一部分几乎没有情态动词；二是莫迪这次演讲的策略倾向于向民众陈述实情，而非表达自己的个人观点。在国内政治局面已经呈乱象频发的趋势之时，实情比个人的态度更能抚慰民众。

① 胡壮麟：《韩礼德的语言观》，《外语教学与研究》1984 年第 1 期。

② 梁晓波：《情态的多维研究透视》，《解放军外国语学院学报》2002 年第 1 期。

此外，还可以从情态词的等级来分析这篇政治演讲。通过对情态词量值的区分，可以看出说话者语气的轻重，通常采用高量值的情态词来表明相对肯定的态度，反之则使用低量值的情态词。① 当否定词在命题和情态之间转换时，情态词的量值会发生变化。本篇演讲中情态词量值分布如表3所示。

表3 演讲中情态词量值分布

	高	中	低
肯定	need, have to	will , shall	can
否定	cannot	-	-

从情态动词的数量来看，莫迪这篇演讲用得最多的是中、低量值情态词，两者总共占了全演讲情态动词的90%。大量使用中、低量值情态词，弱化了自己主张的强制色彩，避免了因演讲主观因素过多可能招致的外界批评。will是使用最多的中量值情态动词，多出现在政府采取种种措施来保障民众利益的句子中，反映出莫迪对印度的未来有着十足的信心，普通民众遭受的麻烦也只是暂时的。低量值情态词中，使用最多的是“can”，大量使用这个情态词说明莫迪觉得当前的难题并不是什么大灾大难，印度政府在处理这个问题时能够做到游刃有余。

三　新年致辞文本的分类系统分析

分类是指用语言赋予外部世界以秩序。语篇的分类系统是指语篇对人物和事件的命名和描述，主要通过对词语的选择来实现。② 在政治演讲中，演讲者并不是随意选择搭配语篇中的词语，通常带着某种立场或倾向性来选择特定的表达方式。因此，演讲者在建构整个演讲语篇的同时，也在建构他所要表达的意识形态。在分析语篇的分类系统时，名词和形容词的使

① 魏本力:《情态动词的量值取向》,《外语学刊》2005年第4期。

② 辛斌:《批评语言学：理论与应用》，上海外语教育出版社，2005，第134页。

用有着非常重要的作用。名词具有高度的抽象性和概括性，形容词往往带有较强的感情色彩，可以清楚地体现出一定的意识形态倾向。莫迪在这篇演讲中，先后有 9 次把印度人民称为“friends”,8 次称为“citizens”。例如，

“Friends, to further the principle of Sabka Saath – Sabka Vikaas, on the eve of the new year, Government is bringing some new programmes for the people. ”

“Friends, this also represents a golden opportunity for the country’ s banking system.”

“The time has now come that all political leaders and parties respect the feelings of the nation’ s honest citizens, and understand the anger of the people.”

“We have, during the external aggressions, of 1962, 1965, 1971 and Kargil，witnessed the intrinsic strength of our citizens.”

两个称呼交替出现，印度民众也就成了他的朋友，也就成了他推进改革的支持者和盟友。莫迪在词语选择上精心安排，将自己塑造为人民之友，使印度民众紧紧地围绕在自己身边。

此外，莫迪还大量使用了“good”和“goodness”、“bad”和“badness”等词，流露出清晰的意识倾向。例如：

“125 crore Indians have shown, in their fortitude, the importance we place in truth and goodness.”

“People were forced by circumstances, in defiance of their inherent goodness.”

“Do you not feel, that for the good of the country, this movement for honesty, needs to be further strengthened?”

“With time, the distortions of badness creep in. People feel suffocated in a bad environment, and struggle to come out of it.”

“It is also a bitter truth, that people have complaints of bad experiences at the hands of Government machinery, and some government officers.”

莫迪用简洁而又明晰的词语清楚地表明了自己的态度，告诉民众在这场变革中什么是对、什么是错，并且把对国家的支持直接与个人的操守联系起来，对反对废钞政策的人进行道德上的拷问，而对拥护其政策的民众

则给予最直接的肯定和赞许。这个时候，最简单的词语往往比复杂的辞藻更有力量。

同时，我们还要注意演讲中的过分词化（overlexicalization）现象[①]。过分词化能表明说话者尤为关注的经验和价值领域，从而有助于语篇分析者发现或确定该群体的意识形态特征。[②]莫迪在演讲中用了“battle”“task”“path”“mission”等诸多不同的词语来指称已经付诸实施的废钞政策。从这些被选择词语的共性上我们可以看出，莫迪已经充分认识到了废钞所带来的艰辛和挑战，同时也深知该政策一旦成功就将带来巨大收益。通过过分词化，莫迪成功地把自己所要表达的信息传递给印度国民，并力争获得他们的认可和支持。

四　结语

通篇演讲体现出莫迪高超的演讲技巧，他积极安抚印度民众，及时出台补救政策，同时转移焦点，将政府轻率之举归罪于印度国内的反对派，尽力分化、挫败在野党浑水摸鱼的民意基础。批评话语分析是解读政治话语语篇十分重要、行之有效的语篇分析方法，能够揭示政治话语、意识形态及社会语境之间的关系。本文通过对莫迪新年致辞的批评话语分析，从及物性、情态系统和分类系统三个方面入手，揭示了其话语背后隐藏的权力控制和意识形态，诠释了话语的真正意义和作用。通过对此文本及物性、情态系统和分类系统的深入分析，我们发现莫迪把自己想要传递的信息巧妙隐藏起来，使印度民众“理所当然”地被打动，接受进而认可印度政府的废钞政策，从而在一定程度上瓦解了在野党掀起政治抗议浪潮的企图，保持了印度国内政治局面的相对稳定。

责任编辑：张忞煜

① 过分词化指用大量不同的词语来描述或指称同一事物。

② 辛斌:《英语语篇的批评性分析刍议》,《四川外语学院学报》1997 年第 4 期。

Critical Discourse Analysis of India Prime Minister Narendra Modi's Political Speech

——*Taking the 2017 New Year Day's Speech as an Example*

Yan Yuanyuan

Abstract: Indian Prime Minister Narendra Modi is a political leader with a strong personal style, his speech style and skills are unique. In November 2016, the Modi government suddenly announced that the 500 rupees and 1000 rupees banknotes immediately ceased to circulate, seriously affecting and impacting the normal life of more than one billion Indian nationals. Since then, Prime Minister Modi has issued a series of speeches to explain the enacted banknote policy and appease the Indian people, the 2017 New Year speech is the most important one of those speeches. This article analyzes Narendra Modi's speech from transitivity system of ideational function, modal system of interpersonal function and classification of words, studying more intensively dynamic relation among discourse, social context and ideology, so as to analyze Modi's speech style and skills in a deeper level.

Keyword: India;Narendra Modi;Political Speech;Critical Discourse Analysis

历史文化

婆罗摩笈多《行星运动指引》（第1~17偈）*

吕　鹏 译注 **

婆罗摩笈多（Brahmagupta）是继印度中世数理天文学的开创者阿耶波多（Āryabhaṭa, 476 年）之后的另一位有着重要影响力的数理天文学家。他生于 598 年，其父名叫时师拏笈多（Jiṣṇugupta），因此他在作品中自称为时师拏之子婆罗摩笈多（Jiṣṇusuta Brahmagupta）。根据其名字中的“笈多”（意为“受保护”）及其他一些理由，他应属吠舍种姓，并信奉湿婆。婆罗摩笈多生于今印度拉贾斯坦邦南部的宾马尔（Bhinmal），后来可能去了乌贾因（Ujjain）从事学术活动。古代乌贾因天文研究繁盛，由于其地处印度次大陆的正中央，印度古代天文学一般都把通过那里的经线设为 0°经线。婆罗摩笈多的代表作当属其在 30 岁即 628 年时写成的《婆罗摩修正体系》①（*Brāhmasphuṭasiddhānta*）。从书名可知，该书属印度中世数理天文学学派中的“婆罗摩学派”（Brāhma-pakṣa），并且是该学派最重要的一部经典。除婆罗摩学派以外，印度天文学中还有阿耶波多开创的两个学派——“日出学派”（Audayika-pakṣa）和“夜半学派”（Ārdharātrika-

* 本文得到教育部人文社会科学研究青年项目“基于梵语原典的印度中世历算书《婆罗摩修正体系》研究”（18YJCZH121）的资助。

** 吕鹏，日本京都大学印度古典学博士，上海交通大学科学史与科学文化研究院博士后。

① 《婆罗摩修正体系》是国内数学史界比较常见的译法，除此之外也译为《婆罗摩（门）修正历数书》或《婆罗摩（门）历数书》。

pakṣa），以及“太阳学派”（Saura-pakṣa）几个较为重要的学派。

《婆罗摩修正体系》共25章，几乎涵盖了当时数理天文学中的所有主题。具体来说，第1章“平黄经”（Madhyama）给出了历法必需的一些天文常数，如历算起算点（即纪元）的劫（kalpa）、纪（yuga）的长度和划分、一劫中行星[①]的绕地球周转圈数、正弦表，以及如何用四项比例算法从积日计算行星的平黄经等；第2章“真黄经”（Spaṣṭa），针对天体周转速度的快慢和行星的退行现象，给出两种“本轮 - 均论”模型来对平黄经进行修正，从而得到行星的真黄经；第3章“三问”（Tripraśna），即已知黄道上升点（lagna）、日晷影长和时刻中的任意两者来求第三者，其可以看作一个天球上的射影几何问题；第4章“月食”（Candragrahaṇa），处理有关月食的问题，如发生食的机理、发生时间、食分、视差校正等；第5章“日食”（Sūryagrahaṇa），处理有关日食的问题，具体题目与月食章相似；第6章“显隐”（Udayāsta），即计算行星每日上升下落时间及太阳光辉的作用导致的显现和隐蔽时间；第7章“月牙”（Candraśṛṅgonnati），考察给定时刻时的月牙的大小角度和作图法；第8章“月影”（Candracchāyā），考察月亮的投影；第9章“行星合”（Grahayuti），考察行星互相之间或是行星与月亮之间合的问题；第10章“星宿与行星的合”（Bhagrahayuti），考察行星与星宿间合的问题，特别是那些与特定星宿有关的和有星占意义的会合问题。以上十章又被称为“十章书”（Daśādhyāyī），其内容被认为是婆罗摩天文历法体系的早期和基本形态。

接下来，婆罗摩笈多在第11章“对它学说的批判”（Tantraparīkṣā）中对阿耶波多等其他学派做了严厉批判。第12章“数学”（Gaṇita）讲解了一般的算术、几何等数学问题。第13~17章是对前面“十章书”内容的一个修正或“进阶”（uttara）。第18章“库塔卡”（Kuṭṭaka）讲述了以解一元一次不定方程（即库塔卡）为代表的代数问题。第19~24章则分别论述了日晷、音律、天球、仪器、度量单位和天文术语等几个专题。最后，《婆罗摩修正体系》第25章的标题为“通过冥想［所得］的行星［运

① 在印度中世数理天文学著作中，所谓的“行星”（graha）通常指的是日、月、水、金、火、木、土这七个天体。

动]指引”（Dhyānagrahopadeśa，以后简称《行星运动指引》），其风格与别的章节都不同，是在前述婆罗摩体系基础上针对历法计算而特别设计的一套简易算法集成。例如，它将纪元从劫的开始变为与计算者相近的年代（628 年）；在简化正弦表的同时给出了二次内插法以提高精度；针对行星运动设计出数表以代替烦琐的函数计算；等等。因此，虽然这里我们把它作为《婆罗摩修正体系》的第 25 章，但也有一些印度科学史家将其看作一部独立的作品。①

除《婆罗摩修正体系》外，婆罗摩笈多在 665 年即他 67 岁时还写作了《历法甘露》（*Khaṇḍakhādyaka*）一书。② 该书与百科全书似的《婆罗摩修正体系》不同，是一部专门为历算服务的捷算汇编（karaṇa）。虽然它在天文常数的选择上主要使用了“夜半学派”的数值，但其中很多算法或是算法的架构乃援引和参考了《婆罗摩修正体系》第 25 章的内容。从某种意义上讲，《历法甘露》可以被认为是《行星运动指引》的一个改良、延伸和扩展。

婆罗摩笈多的这些工作后来不仅得到拉剌（Lalla，8 世纪）和同样活跃于乌贾因的婆什迦罗二世（Bhāskara II 或 Bhāskarācārya，12 世纪）的继承及不断推进，还被传至印度周边的文明。《婆罗摩修正体系》在 8 世纪下半叶传入伊斯兰世界，深刻影响了花剌子模的数学和天文学；《婆罗摩修正体系》和《历法甘露》中的一部分内容还被仕唐的印度天文学家瞿昙悉达编写进《九执历》（718）。

尽管《婆罗摩修正体系》从印度天文学史的内史或是沿丝路文化交流的角度看十分重要，但针对它的研究成果却还不多见。这一方面是因为它体量庞大，论述的话题广泛又很专门；另一方面是因为它采用韵文体，表达精简至极，十分难解。在原典的校勘和出版方面，目前有两种精校本：S. Dvivedin,ed., *Brāhmasputasiddhānta and Dhyānagrahopadeśādhyāya*(Benares: 1902);R. S. Sharma,ed., *Brāhma-sphuṭa Siddhānta* (New Delhi, 1966)。研究方面，

① 印度科学史家 D. Pingree 和矢野道雄主要持前一种看法，而 S. Dvivedin 和 R. S. Sharma 则持后一种意见。

② 《历法甘露》为国内数学史界常见译名，然而其梵语原意为一双关语“砂糖 / 数表（khaṇḍa）美食”。

H. T. Colebrooke 曾针对《婆罗摩修正体系》数学部分（第 12 章和第 18 章）给出了翻译和注释［*Algebra, with Arithmetic and mensuration from the Sanscrit Brahmagupta and Bhascara*(London,1817)］，印度科学史家 D. Pingree 在其论文《印度数理天文学史》［"History of Mathematical Astronomy in India," *Dictionary of Scientific Biography*, No. 5(New York,1978), pp.533-633］中提取并分析了《婆罗摩修正体系》历算部分（主要为第 1~10、13~17 章）的一些算法和算理。近年来，日本学者 Ikeyama 翻译并研究了第 21 章"天球章"［（The *Brāhmasphuṭasiddhānta*, Chapter 21 with the Commentary of Pṛthūdakasvāmin（PhD. Thesis, Rhode Island: Brown University, 2003）］。除上述之外，还未见对《婆罗摩修正体系》其他章节的现代语翻译和专门研究。

本文《婆罗摩修正体系》第 25 章"行星运动指引"是以 Dvivedin 本（1902）为底本（就本章来说，Dvivedin 本和 Sharma 本几乎没有差异）进行翻译的。解读部分则主要依据了同底本中 Dvivedin 本人给出的梵语注释，同时也参考了 Pingree（1978）的研究成果。翻译时基本采取了直译的方法，译文以楷体字表示，梵语术语或解释性语句加圆括号表示，为意思疏通而附加的语句以中括号表示。解读部分采用正文宋体，除对经文的文字性解释外，还包含了根据算法提炼出来的公式（带序号）、图表以及对公式的推导。另外，在诗偈开头还会以粗体给出对该偈内容的简单介绍。由于篇幅所限，这里先给出第 1~17 偈的翻译与解读，从内容上看主要涵盖了求年初、月初和某日日出时太阳月亮平黄经的方法、太阴单位与太阳单位的换算、与慢速修正圆模型有关的一些计算、地方时差的计算，以及半弦表和二次内插法等。

第 1~3 偈：计算角宿月开始时的积月数及太阳的位置

pañcāśatsaṃyuktair varṣaśataiḥ pañcabhir vinā śākaḥ |
triṣṭho 'rkair vasuvedair navacandrais tāḍitaḥ kramaśaḥ || 1 ||
pañcābdhiyuto 'dhaḥ ṣaṣṭibhājito labdhiyuk sarasavedaḥ |
madhyaḥ śaśāṅkaviśvaiḥ vibhājito 'bhyadhikamāsāḥ syuḥ || 2 ||
tair uparitano yukto māsagaṇo 'bhyadhikaśeṣakaḥ śuddhaḥ |

ghaṭikādiko bhacakrād ravir aviśeṣo bhaved bhādiḥ || 3 ||

将减去550年的塞种纪年年数（*śāka*）置于[算板上的上中下]三处，再分别乘上12、48和19。将最下面的[积]加上45后除以60所得的商与46一起加入中间的[那个积]，再[将这个和]除以131，就能得到[从纪元起经过的]闰月（*abhyadhikamāsa*）的个数。将它加进上面的[积]就得到了积月数（*māsa-gaṇa*）。从天球中减去以刻（*ghaṭikā*）为首单位的闰月的余分（*śeṣaka*）后，就得到以宿（*bha*）为首[单位]的、无误差的太阳[的黄经值]。

印度的塞种纪年起始于西历的公元78年。第1偈教导从塞种纪年年数“减去550年”即表明了该作品所取历算纪元——历的起算点为塞种纪年550年，即西历公元628年。若想知道塞种纪年n年的角宿月（Caitra，印度的正月，制怛罗月）开始时的“积月数”——从纪元起经过的月数m，根据所给算法则要先计算从纪元起经过的年数n'：$n' = n - 550$，然后将所得n'“置于[算板上的上中下]三处”，计算出三个乘积：$12n'$、$48n'$、$19n'$。取下一处的$19n'$计算出商q：

$$\frac{19n'+45}{60} = q + \frac{r'}{60}\text{（}r'\text{为余数）} \tag{1}$$

取中间的$48n'$和商q可得“[从纪元起经过的]闰月的个数”a：

$$\frac{48n'+q+46}{131} = a + \frac{r_a}{131} \tag{2}$$

同时，余数r_a被称为“闰月的余分”。再将闰月数a加入上一处的$12n'$，就得到所要求的该年（塞种纪年n年）开始时即该年正月开始时的积月数m：

$$m = 12n' + a \tag{3}$$

下面解释（1）（2）式计算闰月数的造术原理。由《婆罗摩修正体系》1.7、1.10偈可知，在一劫（kalpa）中太阳在天空中的周转数，同时也是太阳年的个数为4320000000，一劫中闰月的个数是1593300000。因此，平均一太阳年的闰月个数就为：

$$\frac{1593300000}{4320000000} = \frac{5311 \times 300000}{14400 \times 300000} = \frac{5311}{14400} = \frac{5311 \times 131}{131 \times 14400} = \frac{\frac{5311 \times 131}{14400}}{131} \approx \frac{48\frac{19}{60}}{131}$$

原文算法中的+45与+46则是“附数”（kṣepa），在天文学中又被称为纪元常数（epoch constant），即与和历的起算点（这里是塞种纪年550年）有关的一系列修正值，其产生原理在Dvivedin本（1902）中已有说明，由于篇幅所限，这里不再推导。[①] 乘积$12n'$表明的是从纪元起经过的n'个太阳年中所含的太阳月的个数。由于从纪元起经过的太阳月个数与普通的月——朔望月个数之间有关系式：

$$\text{朔望月个数} = \text{太阳月个数} + \text{闰月个数}$$

因此我们得到了计算积月数算法的推导。

接着再取（2）式中得到的“闰月的余分”r_a，它的单位为刻。传统上刻是时间单位，1昼夜为60刻。这里婆罗摩笈多将刻用作为天球坐标上的距离单位，为1宿的下级单位（1宿 = 60刻）。[②] 将r_a从天球即一周天27宿中减去，得到的就是以宿、刻为单位的太阳的黄经λ_s：

$$\lambda_s = 27 - r_a \tag{4}$$

该算法的造术原理与太阴、太阳历的换算有关。由于在一劫的起始时候太

① 详见Dvivedin（1902），“附数的导出”（kṣepasādhana），第450页。

② 1宿 = 60刻的选定可能与月亮一日运行一宿有关。

阳与月亮的黄经都为零度（即两者位于27宿坐标的零点），并且已知一劫中太阳月的个数和朔望月的个数，因此有比例关系：

一劫朔望月个数：一劫太阳月个数 = 朔望月余分：太阳历单位的朔望月余分

成立。若这里朔望月的余分取上面求闰月数时所得的整数之外的部分$\frac{r_a}{131}$，那么对应的太阳历单位的朔望月余分实际就是从角宿月的开始到太阳历新年的开始（太阳到达黄经零度）[①] 这段时间中太阳在天球坐标中运行的距离$\Delta\lambda_s$。带入上面的比例关系，可以计算出：

$$\Delta\lambda_s = \frac{51840000000}{53433300000} \times \frac{r_a}{131} = \frac{172800 \times 300000}{178111 \times 300000} \times \frac{r_a}{131} = \frac{172800}{178111} \times \frac{r_a}{131}$$

所得到的$\Delta\lambda_s$是一个以太阳月——天球的1/12，即相当于“宫”（rāśi）——为单位的量，还需将其转化为以宿、刻为单位的量：

$$\Delta\lambda_s = \frac{172800}{178111} \times \frac{r_a}{131} \times \frac{27}{12} = \frac{172800 \times 9 \times r_a \times 60}{178111 \times 4 \times 131}$$

$$= \frac{172800 \times 135 \times r_a}{178111 \times 131} = \frac{23328000 \times r_a}{23332541} \approx r_a$$

由于$\Delta\lambda_s$是从角宿月开始到太阳历开始之间的太阳运动在黄经上的一个增量，将其从一周天27宿减去后，就得到了角宿月开始时的太阳黄经，即（4）式。

① 印度使用阴阳合历，太阳进入春分点（meṣasaṃkrānti，黄经零度）时为新一年的开始，而包含“meṣasaṃkrānti”的那个月则被称为角宿月（Caitra）。

第 4、5 偈：计算角宿月开始时日单位的太阴定数。

rūpeṇa rūparāmaiḥ khasāyakais tāḍito gaṇo yuktaḥ |

ṣaḍbhir vedair dhṛtyā vāsaraghaṭikāvighaṭikāḥ syuḥ || 4 ||

khakharasalabdhaṃ ca gaṇād ghaṭikāsu niyojayet tithidhruvakāḥ |

ravyādikas tad udaye caitrādāv arkacandrau ca || 5 ||

积 [月] 数乘上 1 日 31 刻 50 分刻（*vighaṭikā*），加上 6 日 4 刻 18 分刻后，得到以日、刻、分刻为单位的太阴定数（*tithi-dhruvaka*）。同时，还要再在刻单位的量里加入积 [月] 除以 1/600 刻的商。它是角宿月开始时，太阳和月亮一起出升时刻的，从日曜日起算的 [量]。

印度历里的月是朔望月，一个月有 30 个历日（dina 或 sāvana，平常所说的一日或一天），历日的长度一般是连续两个日出之间的间隔。一朔望月的 1/30 被称为一太阴日（tithi），从朔的时刻开始为第 1 个太阴日，下次朔之前的那个太阴日则是第 30 个太阴日。历日的日期采用的是日出时所在的太阴日的序号。换句话说，日出在第 1 个太阴日的那天的历日的日期就是 1 号（朔日），若某天日出时正处于第 6 个太阴日，那么这天的日期就是 6 号，日出在第 30 个太阴日的那天的日期就是 30 号（晦日）。一个朔望月大致相当于 29.5 天，短于 30 个历日，因此会有 30 天的大月和 29 天的小月之分。

另外，除日期外还有“曜日”与历日配合使用。曜日从日开始，然后是月、火、水、木、金、土，再回到日曜日。这里的第 4、5 偈两偈就是已知角宿月开始时的积月 m（已于上面求得）来求角宿月开始那天历日的曜日，而问题的关键则是求出被称为“太阴定数”Dh 的一个量。根据经文，有

$$Dh = m \times 1\text{ 日 } 31\text{ 刻 } 50\text{ 分刻} + 6\text{ 日 } 4\text{ 刻 } 18\text{ 分刻} + \frac{m}{600}\text{刻} \qquad (5)$$

对结果再施行 7 的模运算，就能知道角宿月开始那日的曜日。“角宿月开

始时，太阳和月亮一起出升”即意味着那一天既是元旦，也是朔日。

下面解释其造术原理。由《婆罗摩修正体系》第 1 章可知，一劫中历日的个数为 1577916450000，太阴日的个数为 1602999000000，因此根据比例关系，一朔望月（30 太阴日）包含的历日个数就是：

$$\frac{1577916450000 \times 30}{1602999000000} \approx 29.5305821\ \text{日} \approx 29\ \text{日}\ 31\frac{1}{600}\text{刻}\ 50\ \text{分刻}$$

从中约去 7 的模数 28，就得到经文中 m 的乘数。加数 6 日 4 刻 18 分刻为纪元常数，这里不做推导。[①]

第 6 偈：月亮的引数的导出。

māsagaṇo yamaguṇitaḥ pṛthak kutattvoddhṛtaḥ phalasametaḥ

sārdhāṣṭayuto vasuyamavibhaktaśeṣo vidhoḥ kendram || 6 ||

积月数乘上 2 之后分两处放置，[其中之一] 除以 251，结果加入 [另一个]，再加上 $8\frac{1}{2}$，再被 28 除后余下的就是月亮的引数（*kendra*）。

首先，根据本偈的意思，已知积月数 m，可以计算出“月亮的引数”的黄经 κ：

$$\kappa = \frac{2m + \dfrac{2m}{251} + 8\dfrac{1}{2}}{28} \qquad (6)$$

我们知道月亮绕地球运转时速度并不均匀，这是由其椭圆轨道造成的。印度数理天文学在处理椭圆轨道问题时采用的是“慢速（manda）修正圆”模型。如图 1 所示，E 代表地球，Γ 是黄经零点的方向，月亮的轨

① 详见 Dvivedin（1902），“附数的导出”（kṣepasādhana），第 452 页。

道是以 E 为圆心、EM 为半径的大圆。这个轨道圆上的点 M 就是经修正前的、月亮黄经的平均（madhyama）值弧 ΓM。所谓的慢速修正圆就是圆心在 M 上，有一固定半径（随着行星的不同而不同）的小圆。在这个慢速修正圆上有一个高点，月亮的位置被认为固定在这个高点上，在慢速修正圆运转时这个高点的方向保持不变（U → P）。高点的轨道以虚线给出，其中离 E 最远的一点 U 就是“远地点”（manda-ucca）。从图 1 中可以看出，当月亮黄经的平均值为弧 ΓM 时，其真（sphuṭa）值就为弧 ΓP，两者的差值弧 PM 就是“慢速圆修正值”；当月亮处在远地点 U 点时，慢速圆修正值为 0，其真黄经就是弧 ΓU。

除月亮外，其他行星的远地点的黄经（弧 ΓU）是一固定值。因此，在

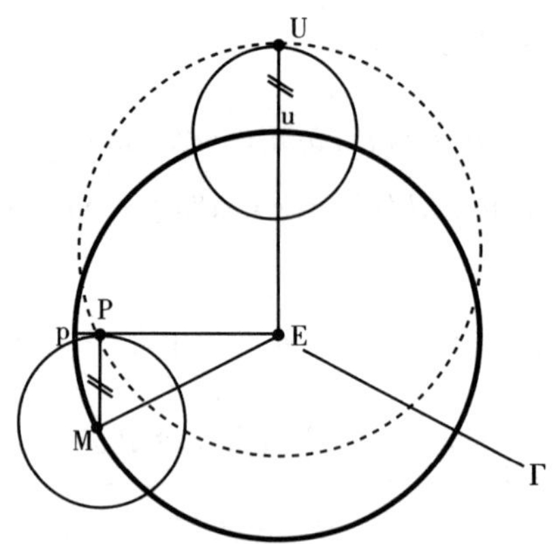

图 1　慢速修正圆模型

计算月亮的位置时除了要考虑月亮本身的轨道之外，还要考虑月亮的慢速修正圆上的远地点的位置。印度天文学家把月亮的远地点也当作一假想天体，也围绕地球转动。它的黄经与月亮平黄经之间的差就是“月亮的引数”。

同样，由《婆罗摩修正体系》第 1 章可知，一劫中月亮的周转数为 57753300000，一劫中月亮远地点的周转数为 488105858，两者的差为 57265194142，它也可以看成是一劫中月亮引数的周转数。又由于一劫中朔望月的个数为 53433300000，因而一个月中的月亮引数的周转数为：

$$\frac{57265194142}{53433300000}=1+\frac{3831894142}{53433300000}\text{（周）}$$

由于整数部分的周数不对黄经值产生影响，我们再将周数的余分化成以宿为单位的量：

$$\frac{3831894142}{53433300000}\times 28\approx 2+\frac{2}{251}\text{（宿）}$$

将它乘以前面求得的积月数 m，再加上纪元常数$8\frac{1}{2}$宿，[①] 结果约去超过一周天的部分（即除以 28），就得到对应于积月数 m 的以宿为单位的月亮的引数的黄经 λ_k。

第 7 偈：计算任意一个月开始时的太阳黄经。

caitrādimāsaguṇite dve nakṣatre kṣipet sahasrāṃśau |
ghaṭikaikādaśayukte sārdhena palena rahite ca || 7 ||

[角宿月开始时的]太阳[黄经]加上从角宿月起的月数乘上2星宿，加 11 刻，再减去$1\frac{1}{2}$分刻（*pala*），[就得到任意月初的太阳黄经]。

根据经文，已知角宿月开始时的太阳黄经 λ_s，则角宿月后 m' 个月经过时的太阳黄经 λ_s' 为：

$$\lambda_s'=\lambda_s+m'\times\text{（2 宿 11 刻}-1\frac{1}{2}\text{分刻）}\qquad(7)$$

由《婆罗摩修正体系》第 1 章可知，一劫中太阳的周转数为 4320000000，一劫中朔望月的个数为 53433300000，因而可以求得一朔望

① 详见 Dvivedin（1902），“附数的导出”（kṣepas ā dhana），第 454 页。

月里以宿为单位的太阳的运转数，即太阳黄经的变化值 $\Delta\lambda_s$：

$$\Delta\lambda_s=\frac{4320000000\times 27}{53433300000}=\frac{388800}{178111}=2\frac{32578}{178111}\text{（宿）}$$

将宿以下余分化为刻和分刻单位，得：

$$\frac{32578}{178111}\text{宿}\approx 10\text{ 刻}58\frac{1}{2}\text{分刻}=11\text{ 刻}-1\frac{1}{2}\text{分刻}$$

因此，太阳在一个月中的黄经变化值 $\Delta\lambda_s$ 就为 2 宿 11 刻 $-1\frac{1}{2}$分刻。将其乘上角宿月后经过的任意月数 m'，所得的积加入（5）式求得的角宿月开始时的太阳黄经值 λ_s，结果就是角宿月后经过任意 m' 月时的太阳黄经值 λ_s'。

第 8 偈：每月的月亮的引数和太阴定数的增加数（kṣepa）

nāḍyardhena sametaṃ bhadvitayaṃ prakṣipec ca śaśikendre |

rūpaṃ rupahutāśāḥ khaśarāś ca tithidhruve kramaśaḥ || 8 ||

往月亮的引数中［每月］加入 2 宿$\frac{1}{2}$和刻（*nāḍī*）；往太阴定数里顺次［每月］加入 1[日]31[刻]50[分刻]。

在对第 6 偈的解读中我们已经推导出每个月的月亮的引数的黄经增加 $2\frac{2}{251}$宿，将它的分数部分化为刻大致是 2 宿$\frac{1}{2}$刻，这就是月亮的引数每月的增加量。同样，在第 4、5 偈中已给出乘数 1 日 31 $\frac{1}{600}$刻 50 分刻的由来，把这里分刻以下的量（$\frac{1}{600}$刻）舍去后就是经文中每月太阴定数的增加量。

第 9 偈：每日的太阴定数和月亮引数的变化数（cā lana）

vāraṃ dadyāt pratidinam abdhipalonāṃ parityajet nāḍīm |

kendre kṣiped bham ekaṃ bhūtattvaphalaṃ ghaṭīcatuṣkamitam || 9 ||

每日增加 1 历日（*vāra*）减去去掉 4 分刻后的一刻；往 [月亮的] 引数中加进 1 宿 $\frac{4}{251}$ 刻。

在对第 4、5 偈的解读中已经得到一个朔望月（30 太阴日）的长度相当于 29 日 31 刻 50 分刻（分刻以下的量舍去），则平均到每个太阴日的增加量就是：

$$\frac{29;31;50}{30}=0\text{ 日 }59\text{ 刻 }4\text{ 分刻}=1\text{ 日}-56\text{ 分刻}=1\text{ 日}-(1\text{ 刻}-4\text{ 分刻})$$

同样，第 6 偈中得到每个月月亮的引数在天球中运动 1 周 2 $\frac{2}{251}$宿，即 30 $\frac{2}{251}$ 宿。将它除以 30 并将宿的余分化为刻单位，就得到每个太阴日月亮的引数的增加量：

$$\frac{30\frac{2}{251}}{30}(\text{宿})=1+\frac{2}{251\times30}(\text{宿})=1\text{ 宿}+\frac{2\times60}{251\times30}\text{刻}=1\text{ 宿}\frac{4}{251}\text{刻}$$

第 10 偈：地方时差（deśāntara）的修正

ujjayinīyāmyottararekhāyāḥ prāg dhanaṃ kṣayaḥ paścāt |

yojanaṣaṣṭyā nāḍī caradalam api saumyadakṣiṇayoḥ || 10 ||

乌贾因的南北线（*yāmyottararekhā*）以东 [的地方] 每 60 由旬（*yojana*）增加 1 刻，以西则减少；对于南北 [半球] 产生的半日长变动值（*caradala*）也做同样 [处理]。

地球一周所产生的时差为一日，即 60 刻，因而以“乌贾因的南北线”即印度的本初子午线为基准，越往东的地区会有一个正的时差，而越往西的地区则有一个负的时差。时差的大小与和本初子午线的距离有关，即距离为 L 由旬的地方其时差 t_d 为：

$$t_{\mathrm{d}} = \pm \frac{L}{60}\ （刻） \tag{8}$$

由此我们还可以推得婆罗摩笈多在这里所采用的地球周长值为：60 × 60= 3600 由旬。关于“半日长变动值”（half-equation of daylight）的解释将在后面第 61 偈中给出。

第 11 偈：月亮的平黄经和日出时太阳黄经的导出

tithayo daśabhāgonā raviṇā sahitāḥ śaśī bhavati madhyaḥ |
tithibhoganāḍikāś ca dviguṇoḍuhṛtā raveḥ śodhyāḥ || 11 ||

太阳［黄经］加上减去自身 1/10 的太阴日后就是月亮的平黄经（*madhya*）；从太阳中减去太阴日所占的刻的 2 倍除以 27 的商，［结果就是日出时太阳的黄经］。

由于一个朔望月是月亮与太阳的一个会合周期，因此每个太阴日月亮相较于太阳黄经的增加量是$\frac{360}{30} = 12°$。将它化为以宿为单位的量是：$12 \times \frac{27}{360} = \frac{9}{10} = (1 - \frac{1}{10})$ 宿。因此，根据经文，若已知任意月初太阳的黄经 λ_s'（第 7 偈求得）以及从月初经过的太阴日的数量 ti，则可以计算出那个太阴日以宿为单位的月亮的平黄经 λ_m：

$$\lambda_m = \lambda_s' + ti - \frac{ti}{10} \tag{9}$$

再者，若我们得到了任意太阴日结束时的太阳黄经 λ_s，并且已知那天“太阴日所占的刻”，即日出时分与太阴日结束时相隔 n 刻的话（参见第 4、5 偈中对历日和太阴日间关系的说明），根据经文，那天日出时的太阳黄经 $\lambda_{s\,日出}$就为：

$$\lambda_{s\,日出} = \lambda_s - \frac{n\times 2}{27} \tag{10}$$

由下面第 14 偈可知太阳的平均日运动是 59' 8"，即 3548"，同时一宿的角度是 800'，即 48000"，则以刻为单位的、太阳的平均日运动为：$\frac{3548\times 60}{48000} = \frac{887}{200}$ 刻。又因为一天为 60 刻，则每一刻太阳运动的增量为：

$$\frac{887}{200\times 60} = \frac{2}{\frac{24000}{887}} \approx \frac{2}{27}刻$$

第 12 偈：计算日出时月亮黄经及其引数

pañcāśītilavonās tithināḍyas tāś ca śodhayec chacinaḥ |

ṣaṣṭyaṃśāḍhyāḥ śodhyās tithibhogajanāḍikāḥ kendrāt || 12 ||

从月亮［黄经］中减去去掉自身 1/85 后的太阴日［所占的］刻；从引数中减去加上自身 1/60 后的太阴日所占的刻。

与上偈中求日出时太阳黄经的情况相似，已知太阴日结束时的月亮黄经 λ_m，以及那天“太阴日所占的刻”n，根据经文那天日出时的月亮黄经 $\lambda_{m\,日出}$就为：

$$\lambda_{m\,日出}=\lambda_m - \left(n - \frac{n}{85}\right) \tag{11}$$

同样，已知太阴日结束时月亮的引数的黄经 κ，以及那天“太阴日所占的刻” n，则日出时月亮的引数的黄经 $\kappa_{日出}$为：

$$\kappa_{日出}=\kappa-\left(n+\frac{n}{60}\right) \tag{12}$$

下面给出减数的推导过程。首先由后面第 14 偈可知，月亮的平均日运动是 790' 35"，即 47435"，将其化为一刻时间的、以刻为单位的量（参照第 11 偈的解读），得到：

$$\frac{47435\times60}{60\times800\times60}=\frac{47435}{60\times800}=\frac{9487}{9600}=1-\frac{113}{9600}\approx1-\frac{1}{85}$$

然后，月亮的引数的日运动可以理解为月亮的日运动和月亮远地点日运动（从一劫周转数中可以导出）的差值，即 790' 35" − 6' 41" = 47034"，先将其化为以宿为单位的量，得到：

$$\frac{47034\times28}{360\times60\times60}=\frac{47034\times7}{5400\times60}=\frac{2613\times7}{300\times60}=\frac{817\times7}{100\times60}=\frac{6097}{6000}$$

再将其化为一刻时间的、以刻为单位的量，就得到：

$$\frac{6097\times60}{6000\times60}=\frac{6097}{6000}=1+\frac{97}{6000}\approx1+\frac{1}{60}$$

第 13 偈：宫单位的太阳和月亮的导出及太阳远地点的黄经

ravicandrau vedaguṇau nandavibhaktau gṛhādikau kendram |
triguṇaṃ saptavibhaktaṃ nagādrayo 'ṃśā raver uccam || 13 ||

太阳和月亮［的宿单位的黄经］乘以 4 除以 9 后得到的就是以宫（*gṛha*）为首的单位的量；［月亮的］引数则是乘以 3 再除以 7。太阳远地点［的黄经］为 77 度。

之前求得的太阳和月亮黄经都是以宿、刻、分刻为单位的。对于太阳和月亮来说，天球坐标上其轨道（黄道）一周被等分为 27 宿，而以宫为单位来说，其轨道一周则被等分为 12 宫。因此，把宿单位的太阳或月亮黄经 $\lambda_{s/m}$ 化为宫单位就是：

$$\lambda_{\mathrm{s/m}} \times \frac{12}{27} = \lambda_{s/m} \times \frac{4}{9} \qquad (13)$$

另外，对于月亮的引数来说，其轨道一周被等分为 28 宿，因此把宿单位的月亮的引数的黄经 κ 化为宫单位时就有：

$$\kappa \times \frac{12}{28} = \kappa \times \frac{3}{7} \qquad (14)$$

最后，和月亮的远地点不同，太阳远地点（manda-ucca）的黄经在这里被认为是固定的，为 77 度。从太阳的黄经中减去 77 度，就得到太阳引数的黄经（参见下面第 15 偈）。

第 14 偈：太阳和月亮的日运动

vikalāṣṭakasaṃyuktā navabāṇā liptikā raver bhuktiḥ |
khanavanagāḥ śītāṃśoḥ pañcatriṃśadviliptāś ca || 14 ||

太阳的日运动（*bhukti*）为 59 分（*liptikā*）8 秒（*vikalā*）；月亮的是 790 分 35 秒（*viliptā*）。

即太阳的平均日运动 b_s = 59' 8"；月亮的平均日运动 b_m = 790' 35"。与印度特有的以宿为首的单位不同，宫、度、分、秒这一套单位源自希腊。特别是“liptā”一词直接音译自希腊语“λεπτόυ”，但是“liptikā”“viliptā”均是后来根据梵语语法构造出的“liptā”的衍生词。另外，上面第 6 偈中引入的“kendra（引数）”也是希腊语“κεντρον”的梵语音译。

第 15 偈：引数的导出及其性质

svocconaṃ kendramito navabhir liptāśatais tato jīvāḥ |
viṣame bhuktasya same bhogyasya sadaiva kendrapade || 15 ||

从自身减去[慢速修正圆的]远地点，就是引数的度量，之后每 900 分有一个弦值（*jīvā*）。总是在引数的奇数象限内[求]经过的（*bhukta*）[弦值]，偶数[象限]内[求]要经过的（*bhogya*）[弦值]。

本偈的前半部分给出了一般的行星引数 κ 的导出方法，即从该行星的黄经 λ 中减去其慢速修正圆远地点的黄经 λ_M：

$$\kappa = \lambda - \lambda_M \tag{15}$$

接着根据后面第 18 偈的算法，从所得到的引数 κ 每隔 900 分（15 度）可以求出一个引数的弦值，这就是慢速修正圆给出的对平黄经的修正值。具体在求弦值的过程中，κ 在 0°到 90°被称为在第一象限，在 90°到 180°被称为在第二象限，在 180°到 270°被称为在第三象限，在 270°到 360°被称为在第四象限。对于“奇数象限内”的 κ，直接求它所对应的弦值即可，即 κ“经过的[弦值]”；对于“偶数[象限]内”的 κ，需要求 κ 与 180°(第二象限）或是与 360°（第四象限）的差值对应的弦值，即“要经过的[弦值]”。

第 16、17 偈：半弦表和弦的二次内插公式

triṃśatsanavarasendur jinatithiviṣayā gṛhārdhacāpānām |
ardhajyākhaṇḍāni jyā bhuktaikyaṃ sabhogyaphalam || 16 ||
gatabhogyakhaṇḍakāntaradalavikalavadhāc chatair navabhir āptaiḥ |
tadyutidalaṃ yutonaṃ bhogyād ūnādhikaṃ bhogyam || 17 ||

半宫的弧所对应的半弦（*ardhajyā*）的段（*khaṇḍa*）[依次为]30加9、6、1、24、15和5。[任意弧的]弦值是经过的[段的]和加上从要经过的[段]得来的结果。[任意弧约去15度后的]余数（vikala）乘上经过的和要经过的段的差的一半，然后除以900，所得的商与那两段的和的一半进行加减——看[和的一半]比要经过的段小还是大，这样就得到[修正后的]要经过的[段]。

印度天文学中弦的概念可能源自希腊，但不同于希腊人求弧所对全弦的做法，印度人注目于弧所对的半弦（ardhajyā，即我们今天所用的正弦。半弦通常也会省略为“jyā”，即弦）。阿耶波多曾在其《阿耶波多历算书》中给出过一个对应于每3度45分弧长的含有24个值的半弦表，其精度非常之高。婆罗摩笈多在这两偈经文中给出的则是一个对应于每15度的6值半弦表，以及利用这个半弦表求任意弧长弦值的方法。婆罗摩笈多的这个算法差不多等同于牛顿-斯特林（Newton-Stirling）的二次内插公式，但比后者早了一千年。

具体来说，经文里的“半宫”即一宫的一半，为15度。每15度“所对应的半弦的段”是39、36、31、24、15、5。这里的段是相邻两个相差15度的弧所对应的弦值的差值K，因此第一个15度弧的弦值$R\sin 15°$就是$K_1 = 39$，第二个30度弧的弦值$R\sin 30°$就为第一段和第二段的和：$K_1+K_2 = 39 + 36 = 75$。以此类推，我们就得到如表1所示的半弦表。①

表1　半弦表（半径 R = 150）

θ	K	$R\sin\theta$
15°	39	39
30°	36	75
45°	31	106
60°	24	130
75°	15	145
90°	5	150

① 印度中世数理天文学所用的半弦表对应的是弧度，因此其大小与圆半径的大小有关。婆罗摩笈多这里采用的半径R = 150。

对于弧长并不正好等于表中 θ 值的任意弧，婆罗摩笈多教导说其弦值是“经过的 [段的] 和加上从要经过的 [段] 得来的结果”。举例来说，若弧长为 40 度，则其经过的（gata 或 bhukta）段就是 15 度所对应的段 K_1 与 30 度的段 K_2，它们的和就是 39 + 36 = 75，即 30 度的弦值。比 30 度多出的部分 $r = 10$ 度所对应的弦值从经二次内插法修正过的要经过的（bhogya）段里按比例求得，即 $\Delta R\sin r = \frac{10}{15} \times \text{bhogya}$。

根据经文，要经过的（bhogya）段的值以二次内插法从任意弧的余数 r 所经过的段 K_n 和要经过的段 K_{n+1} 求得，即

$$\text{Bhogya} = \frac{K_n+K_{n+1}}{2} \pm \frac{r\times\frac{|K_{n+1}-K_n|}{2}}{900} \tag{16}$$

其中正负号的选择是看 $\frac{K_n+K_{n+1}}{2}$ 小于还是大于 K_{n+1}。以 40 度弧为例，$r = 10° = 600'$，$K_n = 36$，$K_{n+1} = 31$，那么

$$\text{Bhogya} = \frac{36+31}{2} - \frac{600\times\frac{36-31}{2}}{900} = \frac{191}{6}$$

因此

$$\begin{aligned} R\sin 40° &= R\sin 30° + \Delta R\sin 10° = K_1 + K_2 + \frac{10}{15} \times \text{bhogya} \\ &= 75 + \frac{10}{15} \times \frac{191}{6} \approx 75 + 21.22 = 96.22。\end{aligned}$$

可以看到它与今天从 sin40°的精确值计算出的结果 96.42 十分接近。

责任编辑：李灿

朝鲜王朝奎章阁与书籍编印*

——以正祖时期（1776~1800）为中心的考察

张光宇　夹纪坤**

摘　要： 奎章阁自正祖时设立以来，即成为朝鲜王朝的政治文化中心，其书籍编印的职能最具代表性。奎章阁人员担负御制编次整理和“代撰”任务，也被强化了参与史学记录活动的正当名分。奎章阁几乎垄断了官修书籍的编修任务，《内阁日历》《日省录》等由其直接负责编修。校书馆被并入奎章阁，后又恢复铸字所。其间，不仅大量铸字，奎章阁内阁还统摄外阁进行书籍刊印，部分书籍得以在中央、地方大量传播，使奎章阁成为朝鲜官方书籍生产和流通的中心。

关键词： 朝鲜王朝　奎章阁　正祖　书籍编印

“奎章阁”一名始见于中国元代，而朝鲜王朝（1392~1910）的奎章阁

* 基金项目：2017 年教育部人文社会科学研究青年基金项目“朝鲜王朝正祖时期的官方史学研究（1776-1800）”（项目编号 :17YJC770041）。

** 张光宇，博士，曲阜师范大学国际文化交流学院讲师，历史文化学院硕士生导师，研究方向为中朝古代学术交流史、朝鲜半岛史学史；夹纪坤，山东省曲阜市文物管理委员会孔府管理处主任。

则正式设立于正祖时期（1776~1800）[①]。奎章阁设立于正祖即位年（1776），以“继述”先王为名分，并对中国唐、宋、明制度有所效仿与继承，正祖欲将其打造成培养亲近势力、荡平党争的政治权力中心，并希望借此实现王朝复兴。奎章阁主要由内阁、外阁组成，内阁为其核心部分，设置六名阁臣，其中提学、直提学各两人，是阁臣的核心成员，均为堂上官。提学一般由国王亲自任命；直提学则由吏曹从弘文馆举荐，国王落点选出。另有两名堂下官，为直阁和待教，各1人，经提学、副提学会圈产生。直阁、待教为奎章阁中的低级阁臣，却承担更多的实质性工作。检书官是奎章阁中的基层文员，其选拔既看门第，又看才学，由奎章阁提学以下官员考核，由吏曹任免。检书官群体多出身中庶人阶层，协助阁臣从事奎章阁的具体业务。检书官与阁臣、抄启文臣[②]一道，在奎章阁主导的学术文化振兴活动中发挥了重要作用。奎章阁外阁也设置官员，有提调2人，由内阁提学兼任；副提调2人，由内阁直提学兼任；校理2人，其中1人由内阁直阁兼任，1人由文臣中差出校书分馆人担任。

奎章阁大体上具有书籍奉藏与管理、教育培养、书籍编印和政治中心等职能，对朝鲜王朝后期的政治、文化影响甚巨，一度成为朝鲜王朝后期最重要的政治机构和文教中心，并存续至王朝覆灭。其中，奎章阁主导的官修书籍编印活动大大推动了朝鲜后期文化的繁荣，深刻反映了朝鲜当时的政治文化改革取向。由奎章阁编印和奉藏的大量汉籍，部分被保存至今，部分还成为韩国的国宝级档案和世界记忆文化遗产。时至今日，韩国首尔大学仍设有“奎章阁韩国学研究院”这一知名研究机构，收藏有奎章阁部分书籍，并持续对其进行文献（书志）学、学术史、文学、史学等视角的韩国古典文化研究。因日帝殖民的客观历史事实，部分日本学者也有

① 朝鲜王朝第22位国王正祖李祘，字亨运，号弘斋，为英祖之孙。正祖一生勤勉好学，不仅酷爱读书，还喜编印书籍，被誉为“读书大王”和“编书家”，他参与纂修或亲撰的书籍数量是朝鲜王朝之最，也是唯一出版御制文集的朝鲜君王。他创设了奎章阁，客观上促进了朝鲜后期“英、正时代”政治、文化的发展，为后世留下了大量文化遗产。

② 奎章阁以培养人才、改革士风为重要任务，其重要的实践方式为抄启文臣制度。在正祖的主导与亲自参与下，奎章阁对抄启文臣进行培训和考核，由此奎章阁成为朝鲜后期的后备人才中心。

一些研究，主要集中于目录文献的整理和研究。但总体上看，除采用文献视角外，尚鲜有关于奎章阁书籍编印职能的考察研究。①

奎章阁虽历经朝鲜后期的正祖至纯宗六朝，但其仅在正祖统驭期内真正发挥了重大影响，而在之后的“势道政治”和日帝殖民时期，奎章阁的各类文化事业受到严重掣肘，部分制度也难以为继。拙文拟结合有关文献，以朝鲜正祖时期为中心，从政治文化史、书籍史等视角，尝试进一步考察朝鲜王朝奎章阁书籍编印职能，以就教于方家。

一　奎章阁人员担任史职和参与书籍编修

据朝鲜王朝末期官修《增补文献备考·艺文考》所载，正祖以前20代国王的“列朝御定诸书”共71部，其中世宗、英祖时最多，分别为17部、19部。而仅正祖一朝的书目，就收录达117部之多。正祖在祚24年，却著作等身。正祖御制《弘斋全书》和毕生读书之精华《四部手圈》，从各方面来说，都是史无前例的，体现了这一时期的文化面貌。《御制群书标记》则收录了正祖一生主持或参与纂修的约4000卷的庞大书籍目录，介绍了153种书籍的情况，其中史部书籍最多。正祖时代，官修书籍种类之繁多，数量之庞大，体裁之多样，超过历朝，也后无来者，体现了他借助编印书籍来达到教化群臣、彰显义理、维系王权的决心。这一文化成就的取得，奎章阁功不可没。

史职是奎章阁人员担任的重要职务。正祖五年（1781）三月，奎章阁

① 代表性的研究成果有〔韩〕姜顺爱「奎章閣의 圖書編撰 刊印 및 流通에 관한 研究」（博士学位论文，成均馆大学，1989），该文从“书志学”视角补充了奎章阁研究的一个盲点，介绍了奎章阁是如何承担书籍编印任务的，包括相关书籍的编印制度、内容、版本和流通情况，其中涉及奎章阁人员在书籍编印过程中的职能和分工，并介绍了由奎章阁负责编印的书籍的内容、版本等基本情况，还关注了中央与地方在刊印书籍方面的互动。但该文未能进一步从史学史、书籍史、政治史等角度对相关书籍的纂修背景、过程和影响等做深入研究。与此相关的研究，如〔韩〕박현욱「朝鮮 正祖朝 檢書官의 役割」（《書志學研究》第20辑，2000）对奎章阁检书官的职责和作用进行了细致分析;〔韩〕方孝順「『芸閣冊都錄』을 통해본 校書館藏書에 관한研究」（硕士学位论文，梨花女子大学，1991）分析了奎章阁校书馆的历史沿革和主要职能。关于奎章阁的其他研究过多，恕难列举。

制度日趋完备。正祖下教道："内阁之职，备顾问稽典，故设有考史之事，须兼春秋之衔，可以眼同举行……此后直提学视弘文、艺文、直提学及副提学之例，付春秋馆修撰官，直阁、待教，随本品付纂修、记注、记事官，着为定式施行。"①阁臣成为国王的顾问，往往涉及考出史书之事，以此为名分，阁臣均兼"春秋之衔"，成为史官。这种史职是长期的，成为一种"例兼"："直提学以下例兼知制教春秋馆"；"直提学例付春秋馆修撰官，直阁、待教在承史馆职者，不必叠兼"；②直提学兼春秋馆修撰官，直阁、待教兼任纂修、记住、记事官；等等。"阁臣之兼春秋，如翰林之兼带，无是，则无以行阁臣考稽实录，编摩《日省录》之任矣。"③这样，就为奎章阁分担春秋馆的修史职能打下了基础，主要体现在考史之职和参与奎章阁的书籍编修之中。

因为朝鲜王朝国史的隐秘性，所修《实录》国王亦不能翻阅，后世国王在制定仪式或政策时，如需要参考先朝的成例，往往命史臣去史库、政院等地查阅相关史书，呈报有关内容，是为"考史"。因正祖勤政好学，正祖一朝的考史活动相当多，多由奎章阁阁臣代替春秋馆人员考史，值得注意的是，很多考史活动无关国家制度、仪式，只是单纯为了考出先朝某一官方史书之体例、凡例、内容，是为正祖朝官修史书编纂服务。

奎章阁是正祖即位后改革政治的核心场所，王室记录管理体系的整备，关系到自己权威的巩固，自然是对其王权强化政策的一种体现。④奎章阁不仅奉藏御制，官员也要负责编摩御制及各体文字，御制常由编次人代撰。按照规定，"御制各体"包括22种：诗、手书、谕、封书、论、序引、题跋、记、碑铭、行状、行录、祭文、杂著、策问、纶音、传教、备忘记、批答、判付、经史讲义、日省录、日得录。除此各目之外，"又有

---

①《朝鲜王朝正祖实录》卷11，五年三月癸未，第45册，汉城：国史编纂委员会，1953~1961，第217页。

②〔朝鲜〕李福源、李徽之等:《奎章阁志》卷1《职官第二》，1784年丁酉字本，韩国学中央研究院藏书阁影印。

③《承政院日记》，正祖十九年四月十三日，汉城：国史编纂委员会，1961~1977。

④〔韩〕서명균,「조선후기 왕실기록관리의 법제화과정 연구」，硕士学位论文，木浦大学，2002，第42页。

他体文字制下者，则随体立目，次第类会”。[①] 可见，与国王政治活动和个人言行有关的各类记录文字、档案都属于御制的范畴，而这些均由阁臣负责整理和编摩，如徐浩修所言：“内阁设置，专为典守列圣御制，编次当宁御制，则阁中最重之事，急先务，莫过于此。”[②]

正祖曾下教道：“传教、批答之移编御制册及各体文字之誊上御制册也，润色斤正等事，如古之编次人编摩之例，然后可也。然则传教、批答，或有截去头尾处，或有删去吏文体格处。各体御制，则一字一句，聚精会思，期无疵病，卿等之责也。”[③] 由此可见，正祖的传教、批答等公文也算作御制，由奎章阁人员记录、删削。各种御制文字被编摩时，正祖还要求阁臣字斟句酌，绝对不可出错。这些有关记录被阁臣等整理后，收入正祖的御制文集《弘斋全书》之中。

奎章阁阁臣等记录和整理御制，虽然不能算作严格意义上的官方修史，却也可以看作一种史学活动。第一，虽然御制体裁中史体不多，但也不乏具备史籍规格的记录物，如著名的《日得录》《日省录》《纶綍》等，《日得录》《日省录》的纂修形式，深刻体现了奎章阁对传统春秋馆史官修史的挑战；《日省录》还被视为与《朝鲜王朝实录》《承政院日记》同等重要的官修史书和世界记忆文化遗产；《纶綍》也自此成为一种连续性的修史项目。第二，御制中最重要的莫过于“纶綍所载传教、备忘记、判付、批答等文字”，“以其系日编录，错见互出，且体裁之多寡不一，容有所去就抄辑，就中治体所关精义所寓者，一一誊书，经禀，校正后汇类编入御制册子”。[④] 在正祖的严格监督下，御制经过了分类、编摩、删削、缮写、校雠等多个环节，是一种类似史籍编纂的记录模式。这些也都成为研究朝鲜后期历史文化不可缺少的史料，具有极大的史学价值。第三，纶音、备忘记、批答、传教等多种公文资料都是《日省录》《承政院日记》《纶綍》等纂修时重要的参考资料，本身也是这些史籍的重要组成内容。

---

① 〔朝鲜〕李福源、李徽之等：《奎章阁志》卷1《编次第四》。

② 《承政院日记》，正祖五年五月二日。

③ 《朝鲜王朝正祖实录》卷11，五年三月丁酉，第45册，第228页。

④ 〔朝鲜〕李福源、李徽之等：《奎章阁志》卷1《编次第四》。

由御制整理演变而来的史职是“代撰”：“或有丝纶代撰之事，自上特命，阁臣则依皇明太学士代撰纶綍之制，阁臣代撰。他如教诰词命，直提学以下既兼知制教，依唐宋学士承召视草之制，亦皆代撰。”[①]“代撰”即替国王书写与政务公文有关的御制，主要是针对纶綍、教书、诰命等御制文体，阁臣依照王命撰写。事实上，除以上体裁外，《日省录》《日得录》等御制也具有阁臣“代撰”的性质。这种形式客观上分担了传统王命传达机构承政院的职能，曾遭到质疑，正祖却特加解释：“谕书代撰，自是内阁之任，况直学以下，皆带知制教，无庸辞焉。”他指出“代撰”是奎章阁的史职，并非“侵官政院”。[②]

奎章阁阁臣积极担当王室记录的生产，编次图书和刊印御制文字都由其负责，同时又由王室记录向一般记录物的编纂扩大。[③]除御制类书籍外，阁臣也参与了绝大多数御定、命撰类[④]书籍之编纂、校对、刊印等活动：

> 内阁编书或因自上特教，或因自下札请。有纂辑之事，则卷衮少者，列书时原任阁臣入启受点，专管纂辑。卷衮多者，时原任阁臣分类纂辑。而抄节校雠之役，使抄启文臣佐之。每一篇成，纂辑诸臣以次登对，一取裁圣旨。[⑤]

御定、命撰之书无外乎正祖亲自参编、命编或阁臣请编三种，一般由正祖亲自任命部分阁臣承担编修。重大的官方典籍，如《实录》《宝鉴》等，在纂修前还会设纂修总裁等职，一般从奎章阁提学、直提学中选出，由部分阁臣、检书官担任堂郎等职。甚至抄启文臣也时常要承担校雠和抄写的工作，如对《国朝宝鉴》最后的考准，就由抄启文臣承担；此外，正祖御

① 〔朝鲜〕李福源、李徽之等:《奎章阁志》卷2《院规第七》。

② 参见〔朝鲜〕李福源、李徽之等:《奎章阁志》卷2《院规第七》。

③ 서명균,「조선후기 왕실기록관리의 법제화과정 연구」，第30页。

④ 姜顺爱在「奎章閣의 圖書編撰 刊印 및 流通에 관한 研究」文中，将御制类以外的编书分为御定书和一般书两种：御定书是国王亲自选定后命臣下编次的，或是国王亲自编撰，臣下担任校雠的；一般书是国王下命或者由臣下札请而撰之书。（见氏文，第14页）

⑤ 〔朝鲜〕李福源、李徽之等:《奎章阁志》卷1《书籍第五》。

编的《四部手圈》在付印之前，也是由抄启文臣在铸字所多方校准。① 即便是命撰之书，也往往由正祖主导其凡例、内容，亲撰序、引等，阁臣需要定期向正祖汇报编印情况。所编之书中，以史书为例，有《国朝宝鉴》《羹墙录》《奎章阁志》《弘文馆志》《原续明义录》《庄陵史补》《尊周汇编》《宋史筌》《史记英选》《陆奏约选》等。

奎章阁中真正负责御制等编修工作的，主要是直提学以下的守直阁臣以及检书官等基层文员。检书官负责与守直阁臣一同将写字官缮写的御制册子与誊本对比校正、考准。② 内阁书册如有错误，“入直阁臣禀旨请出，与检书官相对校勘，仿古人雌黄减误字之例，以朱墨刊正”。③ 考准后的两部一部内入，另一部奎章阁奉安。编印后的颁赐之书，还要由检书官分书姓名。④ 此外，在正祖的指示下，阁臣与检书官的修正作业，某种程度上成为体制。检书官在入直时，要同入直阁臣一同编写《内阁日历》和《日省录》，而且检书官承担更为繁重的资料收纳、编校工作。

检书官虽然不是专职史官，但客观上行使了记史的职能。检书官的一个任务就是随王伴驾，事实上，也要随身记录。检书官“无异史官，凡举动殿座，必皆书。以上御何殿、行何事，幸陵阙外动驾，莫不以本事，据实直书”。⑤ 这些记录后来多收入《内阁日历》《日省录》之中，使两书记录国王参与的仪式十分详细。如对展拜仪礼的记录，对展拜时的传教、御制、服色、仪节等详细记录，毫无遗漏，这也是其史职的体现。另一个表现则是检书官以差备官身份，担任奎章阁抄启文臣试讲的记录工作：

> 问答讲论之际，多说话易致遗忘，而给册官、告栍官即临席，随

---

① 《承政院日记》，正祖二十三年二月十八日。

② 〔朝鲜〕李福源、李徽之等:《奎章阁志》卷 1《编次第四》。

③ 〔朝鲜〕李福源、李徽之等:《奎章阁志》卷 1《编次第四》。

④ 〔朝鲜〕李福源、李徽之等:《奎章阁志》卷 1《编次第四》。

⑤ 《内阁日历》，正祖五年三月二十一日，据韩国国立首尔大学奎章阁韩国学研究院：http://kyujanggak.snu.ac.kr/index.jsp。

问撮记大纲，成草本，则试官讲员讲退取是，正其讹谬，各自修润。[①]

凡试官所问，讲员所对，检书官即席撮记大纲。分送试官及讲员，依春坊讲说、玉山讲义之例，演成讲说，送于本阁。则试官、检书官列名着署入启。而如有过限者，政院察推每月终讲员修送当月所讲书，徙于本阁，以考其勤慢。[②]

正祖非常看重对抄启文臣的培养，所以要求检书官对抄启文臣试讲的全过程都要详细记录。记录的内容要求检书官和试官、应试者都确认后，方可送入奎章阁。草本经过修正之后，还要每月按时将记录送入承政院，正祖还要御览。这些记录随后被编入《承政院日记》《内阁日历》《日省录》等史籍。

除《内阁日历》《日省录》的日常性纂修和承担各类记录工作外，检书官还多司其他御定、命撰类的官修书籍之役。如检书官李德懋在14年间参与了29部书的编、校、刊，如《资治通鉴纲目》的校正，《羹墙录》的监印，《奎章阁志》《弘文馆志》《大典通编》的校正和监印，《庄陵史补》《显隆园志》的校勘等。检书官甚至直接负责纂修工作，李德懋就曾参与《御定宋史筌》的修撰；朴齐家、李德懋、柳得恭等参与了《海东邑志》的纂修；成大中、成海应父子参与了《尊周汇编》的纂修等。

二　奎章阁与书籍印刷、流通

奎章阁上至阁臣下至检书官，甚至抄启文臣，都承担书籍编校任务。而部分书籍编好后，还需要经过印刷、颁藏等环节，这就不得不提到奎章阁的外阁。外阁的设置起源于校书馆，又名“芸阁”。校书馆于朝鲜太祖元年（1392）设立，称为“秘书监”；太宗时，书籍院与校书监合署为校书馆，并设立了专门的铸字所；世祖六年（1460），又将铸字所和校书馆

① 《朝鲜王朝正祖实录》卷11，五年二月辛酉，第45册，第213页。

② 〔朝鲜〕李福源、李徽之等:《奎章阁志》卷2《抄启第六》。

合署。正祖六年（1782），校书馆称为“外阁”，正式编入奎章阁，设置于昌德宫敦化门外，对朝鲜王朝官方的书籍文化事业贡献颇大。在正祖重设“铸字所”之前，负责正祖御制及其他官修书籍的印刷。

外阁“为本阁属司”[①]。从外阁官员的设置来看，外阁的提调2人、副提调2人、校理中1人，分别由内阁提学、直提学和直阁兼任，“凡外阁之印书刻书等事，皆内阁堂郎主管举行”，由此奎章阁形成了“以外阁为用，内阁为体，体必统用”的格局。[②]如徐命膺所言：“自古藏书之所，必有秘阁秘府，内外相维……今馆与阁既具。可令内阁诸臣例兼芸阁……凡外阁之印书刊书等事，皆内阁主之，则庶为一内外之道。”[③]奎章阁内、外阁“内外相维”，内阁主书籍编摩，外阁主书籍刊印，内阁统驭外阁。由此，奎章阁主导官修书籍编印的局面正式形成，正式成为朝鲜官方书籍编印的中心。

校书馆在未正式归入奎章阁前，也习惯性被称为“外阁”，以对应“内阁”，阁臣和外阁人员也一直承担刊印工作。正祖五年（1781）二月，正祖就命奎章阁人员专门负责“御编诸书或御制文字”的刊印，之后还要由其负责进书：“印役印讫，阁臣具仪进书。”[④]可见，校书馆已由阁臣管理，其归入外阁，实际上是实至名归。除御制之外，其他正祖命撰、御定等书也多由外阁负责印役，即便是《实录》纂修这样的大型国史纂修活动，如《英祖（宗）实录》和《景宗修正实录》付印之时，正祖也命“问于外阁，则守櫼诸员及印出均字等匠，尽赴史局”，[⑤]即外阁也派出大量人员参与了《实录》印刷。

奎章阁阁臣、抄启文臣、检书官、外阁人员等要受命负责监印或参与抄对、校雠有关书籍。国王不仅亲自指定监印人选，而且刊印出的奉安件、进献件、颁赐件数目也由国王指定。此外，内阁和外阁的另一项协作任务是管理和使用刻版、活字，甚至监管铸字活动。管理、使用刻版、活

① 〔朝鲜〕李福源、李徽之等:《奎章阁志》卷1《建置第一》。
② 《朝鲜王朝正祖实录》卷4，元年十二月癸丑，第44册，第706页。
③ 〔朝鲜〕李福源、李徽之等:《奎章阁志》卷1《建置第一》。
④ 《朝鲜王朝正祖实录》卷11，五年二月丙辰，第45册，第211页。
⑤ 《承政院日记》，正祖五年三月二十五日。

字等进行印刷，本是校书馆的传统职能，但归入奎章阁后，活字的收纳、管理则由内阁负责。每有印役，由阁臣经禀，正祖决定使用刻版还是活字进行印刷，如使用活字，还要确定使用哪种字体。一经决定，活字就由内阁运置外阁，由阁臣照管，进行印刷，完毕后再归还内阁保存。①

朝鲜王朝深受中国文化影响，除了向中国采购和求赠书籍外，亦积极自行刊印汉籍，尤其是经史之书的翻刻，有着悠久历史。朝鲜本校勘细致，雕刻、排印精工，印制书籍自然十分优良。朝鲜刊印书籍特别喜用活字②，徐命膺将其称为“本朝传国之符瑞”③。朝鲜铸字始于14世纪，太宗时设“铸字所”，就命李稷等铸“癸未字”十万个，但该字字大而不正，且排版由黄蜡固定，字体经常移动偏歪。太宗以后，铜活字盛行，“李朝铜活字印本墨色如漆而有光，远胜中国明代华氏铜活字本”。④世宗时命李蕆等改铸为“庚子字”，后由此改良字本铸“甲寅字”二十余万个。“甲寅字”为铜活字，因字体美观，俗称“卫夫人字”，被称为“朝鲜万世之宝”，以后朝鲜多次铸字皆以此为基础增补。⑤除了世宗时一次铅活字、显宗时一次铁活字外，均为铜活字。

正祖时期书籍刊印活动剧增，也屡次铸字。正祖尚在春宫之时，就

---

① 〔朝鲜〕李福源、李徽之等：《奎章阁志》卷1《编次第四》。

② 关于（铜）活字的起源问题，学界有不同看法。一种认为起源于韩国，如朝鲜士人李晬光在《芝峰类说》中所言：“铸字印书，创自本朝，非中国所有也。”蒋复璁在《中韩书缘》一文中也持类似观点：“韩国人‘因受中国泥活字锡活字影响而发明铜活字，转而传向中国’。”（《中韩文化论集》（二），中华文化出版事业委员会，1955，第24 ~ 285页）另一种观点认为起源于中国，如林子雄认为，“中国是世界上最早利用铜版和铜活字印刷的国家，明代以前，中国已经有了铜活字印刷”，认为实际上是中国的金属活字印刷传入了朝鲜。（见氏文《古代中国与朝鲜铜活字印刷史的比较研究》，《图书馆论坛》2008年第6期，第265 ~ 266页）潘吉星也持类似观点，即“中国金属活字技术起源于11世纪已确认无疑”，并认为“韩国铸字技术是从中国传入的”。（见氏文《中、韩金属活字印刷的起源》，《当代韩国》1999年第2期，第61 ~ 65页）

③ 〔朝鲜〕李福源、李徽之等：《奎章阁志》卷2《事实第八》。

④ 黄建国：《古代中韩典籍交流概说》，沈善洪主编《韩国研究》第3辑，杭州大学出版社，1996，第231页。

⑤ 朝鲜王朝的六次“甲寅字系”为世宗十六年（1434）甲寅本字 、宣祖十三年（1580）庚辰字、光海君十年（1618）戊午字、显宗九年（1633）戊申字、英祖四十八年（1772）壬辰字、正祖元年（1777）丁酉字 。（〔韩〕李钟美：《韩国朝鲜朝早期印书概况》，《中国典籍与文化》2002年第3期，第71~73页）

曾命宫僚校正甲寅字，铸成十五万字藏于芸阁，印行经书正文，被称为“壬辰字”。正祖元年（1777），命平安道观察使徐命膺负责铸字，仍以“甲寅字”为本，加铸15万字以进，成于该年，称为“丁酉字”（活字105638个，小字44532个）。[①]“壬辰字”“丁酉字”均是以“甲寅字”为本，也分别被称为“五铸甲寅字”“六铸甲寅字”。正祖六年（1782），又命平安道观察使徐浩修以本朝人韩构书为字本，铸八万余字，亦储之于内阁，称为“改铸韩构字”或“壬寅字”。因“前后所铸铸字，铜体不一”，在印刷时造成了人力物力的浪费。正祖十六年（1792），正祖命仿中国《四库全书》聚珍版，取康熙字典字本，用黄杨木刻，成大小32万余字（大字157200个，小字164300个），其中半数为奎章阁制造，半数为平壤所刻，名曰“生生字”，[②]比武英殿聚珍版还多七万个，是历史上最多的木活字，体现了清代学术文化对朝鲜的影响。正祖二十年（1796），为了印出乙卯园幸华城的《整理仪轨》《园幸定例》等书，正祖又命奎章阁提学李晚秀、直阁尹行恁等以“生生字”为本，铸铜字30万个（大字16万个，小字14万余个），谓之“整理字”，藏于奎瀛新府（铸字所）。[③]四种新铸字中，最常用的当属丁酉字，壬辰字、整理字次之。丁酉字铸后，壬辰字的使用减少。正祖时的活字书籍，有“芸阁活印”或“外阁活印”字样的一般是壬辰字本，“内阁活印”的一般是丁酉字本，因为当时的活字已藏于内阁。生生字本就较少使用，整理字出现后，则几乎不被使用。壬寅字专门用来印制“正文”，为“文体反正”服务。整理字则多用来印制仪轨类书籍。

据《大典会通》，校书馆在编入外阁后，安排活字守藏44人、妆册20人、司准1人、司勘1人、治匠6人、均字匠40人、印出匠20人、刻字匠14人、铸匠8人、木匠2人、纸匠4人。[④]其中，“铸匠”浇铸活字，“刻字匠”专刻木模，“均字匠”专管排字，“印出匠”专司印刷，“司

① 《朝鲜王朝正祖实录》卷4，元年八月丙申，第44册，第684页。

② 《朝鲜王朝正祖实录》卷44，二十年三月癸亥，第46册，第637页。

③ 《朝鲜王朝正祖实录》卷44，二十年三月癸亥，第46册，第637页。

④ 〔韩〕方孝順，「『芸閣冊都錄』을 통해본 校書館藏書에 관한硏究」，第10页。

（唱）准”专管校对，“守藏”保管铸字。外阁基层人员还要接受印刷技术和学术思想的教育。政府对馆员刊印书籍的兼管，还有赏罚办法，即使是一字之差，都可能遭到鞭笞之类的刑罚，“这样严厉对待排印工匠的法律是各国少有的”。①

需要注意的是，奎章阁内阁负责的活字管理、外阁承担的铸字和印役，在正祖十八年（1794）又发生了变化。这一年，正祖“命葺昌庆宫之旧弘文馆，移储铸字”，“凡有御定书刊印、活印之役，必于此为之，盖予所以仰述国初成宪之意，而若其名号，则予未尝肇锡，故阁臣等，姑且以监印所称之。至是，命仍用国初建置时旧号，称之曰铸字所”。② 同年，正祖命将活字移出，存于昌庆宫旧弘文馆处。此处追述太宗时所设“铸字所”之仪制，起初名为“监印所”，后改为“铸字所”，取代了外阁，成为“御定”诸书的指定刊印之所。正祖二十四年（1800），又移设铸字所于仪仗库。

正祖设立铸字所取代外阁的原因很简单：“御定书籍铸字印役，当自外阁举行，而官吏生疏，处所稍远，不无难便不勤之患。故不得已有内阁监印所。”③ 即因外阁旧址过远，不方便奎章阁内阁官员统辖，后就在奎章阁附近设立了监印所。归根结底，还是为了更好地完成书籍的编印作业。“铸字所，即御定册子编印之所……比之芸阁，尤有重焉。”④ 铸字所负责活字收藏、管理和御定书籍的印刷，这和朝鲜前期校书馆之职能非常相近，被认为比外阁更为重要。铸字所虽然不同于外阁，但其一度毗邻奎章阁，并同样承担着正祖朝后期御制及命编书籍的印刷，负责铸字，同样也由奎章阁官员负责，被称为“奎瀛新府”。总体看来，正祖时期官印书籍机构名称的变化分为三个阶段：一为即位初至校书馆划入奎章阁前（校书馆，1776~1782）；二为恢复铸字所之前（外阁，1782~1794）；三为铸字所时期（1794~1800）。

---

① 张秀民：《朝鲜的古印刷》，《历史研究》1957年第3期，第281页。

② 《朝鲜王朝正祖实录》卷45，二十年十二月丙戌，第46册，第684页。

③ 《承政院日记》，正祖二十年十二月四日。

④ 《朝鲜王朝正祖实录》卷54，二十四年闰四月乙丑，第47册，第265页。

虽然绝大部分官修书籍都是采用铜活字印刷，但仍并存其他字体书籍。如铁活字本，乃后期校书馆印书字体，用于印文集。木版本除“生生字”外，还有仿《洪武正韵》大字本，用于排印《资治通鉴纲目续编》中“纲”的大字。特别是“《春秋》纲字本”，正祖二十一年（1797）印出《春秋》为纲、《左传》为目的纲目体《春秋左氏传》。为印制该书，正祖特命铸字所根据世宗朝时印出《思政殿训义资治通鉴纲目》丙辰字时文本的大字，由曹允亨、黄运祚两人铸成木活字5260个，用于印制新编《春秋左氏传》的“纲”，这种木刻大字被称为“春秋纲字”，而该书的目则用“丁酉字”。[①] 官方刊印的书籍，很多还需要在民间广布，用以宣教，所以多有“谚解”本或原文和谚文并用的版本，这些“谚文本”也多是木活字，称为“韩字”，有时与铜活字配合使用。如《明义录》《续明义录》的谚文本，就由“壬辰字并用韩字”印刷；《五伦行实图》由“整理字并用韩字”印刷；等等。各类活字的混用，可能是受到清朝印刷文化的影响。[②]

除活字外，还有部分书籍是通过木版印刷，如《钦恤典则》、《大典通编》、《纶音》（部分）、《宾兴录》、《金忠壮遗事》、《梁大司马实纪》、《御定四部手圈》等。使用木版刊印的书籍，大多也是为了批量印刷，方便颁赐、传布，具有重要地位。还有相当一批书籍，因种种原因，并未刊出，如需要隐秘于内府或是连续性的修史项目等，是为写本书。其中，比较重要的有《奎章总目》《皇极编》《经史讲义》《御定宋史筌》《庄陵史补》《秋官考》《日省录》《纶綍》等。

从书籍史的角度来看，除少数书籍如《金忠壮遗事》《梁大司马实纪》等由奎章阁参与编修，直接在地方印刷外，绝大部分铜活字、木版刊印的书籍，都要经历从中央到地方流通的过程。书籍完成刊印后，一般要藏于大内、奎章阁书库或中央各官署机构、五处史库等地，即内入件、进献件，此外还有颁赐件。第一种情况是颁赐给参与书籍编印的群臣或有关人员，这类颁赐非常普遍。颁赐书籍由检书官写内赐记，阁臣署名，在卷首盖上内赐印，在京诸臣要亲自接受，在外诸臣由阁吏下送。第二种情况是

① 〔韩〕姜顺爱「奎章閣의 圖書編撰 刊印 및 流通에 관한 研究」，第93页。
② 〔韩〕姜顺爱「奎章閣의 圖書編撰 刊印 및 流通에 관한 研究」，第81页。

颁赐给抄启文臣、地方儒生等，这些书籍一般都是正祖选编的经典教材，如《史记英选》《陆奏约选》《春秋左氏传》等，用于托古改制和“振风矫俗”。第三种情况是中央直接颁赐给地方，如《李忠武公全书》印出后，顺天的忠愍祠、海南的忠武祠、南海的忠烈祠、统制营的忠烈祠、牙山的显忠祠、康津的遗祠、巨济的遗庙、咸平的月山祠、井邑的遗爱祠、温阳的忠孝堂等处都有分藏。第四种情况也十分常见，就是命地方按照颁赐之书翻刻藏版或下送刻版翻印，用以在地方广为流传，宣扬国王的理念和教化内容。地方的书籍刻印中心，主要有湖南观察营（俗称“完营”）、岭南观察营（俗称“岭营”）、平安道观察营（俗称“关西营”“箕营”）、统制营（俗称“统营”）等。地方翻刻的代表性书籍有《原续明义录》（湖南、岭南、关西、统制营翻刻）、《史记英选》（湖南、岭南、关西营翻刻）、《春秋左氏传》（湖南、岭南营翻刻）、《陆奏约选》（湖南营翻刻）、《大典通编》（湖南、岭南、关西营藏版翻刻）、《御制王世子册礼后各道军布折半荡减纶音》（岭营翻刻）等。

三 结语

综上，奎章阁自设立以来，即成为朝鲜王朝的政治文化中心，其书籍编印的职能最具代表性。奎章阁中，形成上至阁臣下至检书官，甚至抄启文臣都纷纷承担书籍编校的局面。奎章阁人员担负御制编次整理和“代撰”任务，正祖不仅屡次强化了阁臣参与史学记录活动的正当名分，还通过日常职务和差备等形式，授予检书官实质上的史职。奎章阁几乎垄断了官修书籍的编修任务，阁臣、检书官等直接参与各类御制、御定、命撰类书籍的编修，《内阁日历》《日省录》等由奎章阁直接负责编修。即便是传统的官方修史项目——《实录》《宝鉴》，也有奎章阁人员参与编印活动，一定程度上分担了朝鲜传统史馆修史、史官记史的职能，甚至客观上分担了传统王命传达机构承政院的职能。正祖时期，校书馆被并入奎章阁外阁，后又恢复铸字所。其间，奎章阁内阁还统摄外阁大量铸字、进行书籍刊印，大量书籍得以在中央、地方传播，宣扬国王的理念和教化内容。奎章阁遂成为官方书籍生产和流通的中心，以及正祖塑造“君师”形象和实行文化政策的重要基地。这些书籍或为彰显王权、义理教化，或为矫革文风、振作士风，深刻反映了朝鲜后期的政治文化改革取向。

责任编辑：周利群

附　表

朝鲜正祖时期奎章阁编印书籍情况[①]

参与编印者	书名	卷数	版本	完成 \ 刊行时间	性质
正祖选，奎章阁编，校书馆刊	八子百选	6	丁酉字	1781	御定
正祖编，李福源总裁，郑昌圣等编次，尹蓍东等校正、监印	羹墙录	8	丁酉字	1786	命撰
正祖编，李崑秀校正	文苑黼黻	42	壬寅字	1787	御定
正祖选，奎章阁编，铸字所刊	朱书百选	6	丁酉字	1794	御定
正祖选，奎章阁编，铸字所刊	史记英选	6\8	丁酉字	1796\1797	御定
正祖选，奎章阁校准，岭南地方缮写考校，铸字所刊	五经百篇	5	木版本	1798	御定
正祖编，李秉模等编次，铸字所刊	乡礼合编	3	丁酉字	1797	命撰
正祖选，徐有榘等编校，铸字所刊	陆奏约选	2	丁酉字	1797	御定
正祖选，奎章阁编	四部手圈	25	木版本	1798\1801	御定
正祖选，奎章阁编，李晚秀、沈象奎等对校	杜律分韵	5	整理字	1798	御定
正祖选，奎章阁编，李晚秀、沈象奎等对校	陆律分韵	39	整理字	1798	御定
正祖选，抄启文臣抄，奎章阁诸臣初校，湖南经义功令生会校，徐滢修等三校，李晚秀等校阅，徐荣辅等监印	大学类义	20	整理字	1805	御定
正祖选，奎章阁编，铸字所刊	雅诵	8	壬辰字	1799	御定

① 奎章阁所编“写本”书未列入其中。

续表

参与编印者	书名	卷数	版本	完成\刊行时间	性质
正祖选，奎章阁编	杜陆千选	8	丁酉字	1799	御定
正祖、奎章阁诸臣	群书标记	6	木版本	1799\1814	御制
李福源、柳义养编，校书馆刊	宫园仪	4	丁酉字	1779、1785	命撰
金致仁等撰，校书馆刊	明义录及谚解	3、3	壬辰字	1777	命撰
金致仁等撰，校书馆刊	续明义录及谚解	1、1	壬辰字	1778	命撰
金钟秀等撰	文臣讲制节目	1	丁酉字	1781	
金载瓒等	摛文院讲义	3	丁酉字	1781	命撰
奎章阁撰	隶阵总方	1	木版本	1781	御定
金尚喆总裁，李福源等校正，蔡济恭等纂辑，赵城镇等考校，李敬一缮写，金致仁等参订，李福源等校阅，郑志俭书写，李性源等监印	国朝宝鉴及别编	68、7	木版本\丁酉字	1782	命撰
南有容著，奎章阁编	雷渊集	30	壬寅字	1783	命撰
奎章阁编，校书馆刊	字恤典则及谚解	1、1	丁酉字	1783	御定
奎章阁编，校书馆刊	奎章阁志	2	丁酉字	1784	御定
金致仁等编，校书馆刊	大典通编	6	木版本	1785	命撰
奎章阁编校，湖南营印	金忠壮遗事	5	木版本	1789	命撰
李德懋、白东修撰，朴齐家缮写	武艺图谱通志及总谱、谚解	5、1、1	木版本	1790	御定
奎章阁编	琼林闻喜录	3	壬寅字	1791	命撰
梁成之著，徐荣辅编，校书馆刊	讷斋集	6	丁酉字	1791	命撰
尹行恁编，校书馆刊	林忠愍实纪	5	丁酉字	1791	命撰
奎章阁编	峤南宾兴录	2	木版本	1792	命撰
奎章阁编，校书馆刊	奎华名选	33	壬寅字	1794	
奎章阁编，关东营印	关东宾兴录	5	木版本	1794	命撰
李书九等撰，铸字所印	奎章全韵	2	木版本	1796	御定

续表

参与编印者	书名	卷数	版本	完成\刊行时间	性质
奎章阁编，金载瓒等校正，李存秀等监印	耽罗宾兴录	1	壬寅字	1794	命撰
奎章阁编	人瑞录	4	生生字	1794	御定
徐浩修、徐荣辅编，咸营刊	咸兴本宫仪	2	木版本	1795	御定
徐浩修、徐荣辅编，咸营刊	永兴本宫仪	2	木版本	1795	御定
李晚秀、尹行恁撰，铸字所刊	整理仪轨通编	10	整理字	1798	御定
尹行恁编，校书馆刊	李忠武全书	14	丁酉字	1795	命撰
奎章阁编	丰沛宾兴录	2	壬寅字	1795	命撰
奎章阁编	正始文程	3	壬寅字	1795	命撰
奎章阁编	庚载轴	48	整理字	1796	御定
奎章阁编，蔡济恭、李秉模总裁，李书九等编校，李翼晋等参校，校书馆刊，李晚秀、成海应等监印	春秋左氏传	28	春秋纲字、丁酉字	1797	命撰
李德懋著，奎章阁编	雅亭遗稿	8	铁活字	1796	
沈象奎等撰，铸字所刊	五伦行实图	5	整理字	1797	命撰
李晚秀等撰，铸字所刊	太学恩杯诗集	5	整理字	1798	御定
奎章阁编，咸营印	关北宾兴录	3	木版本	1800	命撰
奎章阁编	华城城役仪轨	9	整理字	1796\1801	
奎章阁编，箕营刊	关西宾兴录	3	木版本	1800	命撰
金近淳编次，完营、湖南营刊	梁大司马实纪	10	木版本	1800	命撰
正祖撰，有司编，馆阁臣跋，校书馆刊	钦恤典则	1	木版本	1778	御定
正祖撰，校书馆刊	御制纶音	1册	壬辰字	1777	御制
正祖撰，奎章阁编	谕中外大小臣庶纶音及谚解	1册	丁酉字	1783	御制
正祖撰，奎章阁编	谕海西纶音	1册	丁酉字	1782	御制
正祖撰，奎章阁编	御制谕入庭宗亲文武百官纶音	1册	丁酉字	1782	御制

续表

参与编印者	书名	卷数	版本	完成\刊行时间	性质
正祖撰，奎章阁编	谕湖南民人等纶音	1册	丁酉字	1783	御制
正祖撰，奎章阁编	御制谕原春道岭东岭西大小士民纶音并谚解	1册	丁酉字	1783	御制
正祖撰，奎章阁编	御制谕大小臣僚纶音	1册	丁酉字	1784	御制
正祖撰，奎章阁编，校书馆刊	御制王世子册礼后各道臣军布折半荡减纶音	1册	丁酉字	1784	御制
正祖撰，奎章阁编	御制褒忠纶音	1册	丁酉字	1784	御制
正祖撰，奎章阁编，全罗监营刊	御制饬谕武臣纶音	1册	丁酉字	1785	御制
正祖撰，奎章阁编	御制表忠纶音	1册	丁酉字	1788	御制
正祖撰，奎章阁编	御制谕杨州抱川父老民人等书及谚解	1	丁酉字	1792	御制
正祖撰，奎章阁编	御制养老务农颁行小学五伦行实乡饮仪式乡约条例纶音及谚解	1	丁酉字	1797	御制
正祖撰，徐浩修、徐荣辅等编，金载瓒等刊	御制弘斋全书	191	木版本	1814	御制
庄献世子撰，奎章阁编，正祖校	凌虚关漫稿	7	木版本	1814	

Kyujanggak of Joseon Dynasty and Its Book Compiling and Printing

——*The Study Centered on the Period of King Jeongjo*

Zhang Guang yu　Jia Jikun

Abstract: Kyujanggak of Joseon dynasty was formally established in the reign of King Jeongjo, and became the essential political institution as well as cultural center.The function of book compiling and printing was the most representative.Kyujanggak was responsible for recording and compiling the imperial writing for the king,also had been strengthened to participate in the historical records activities.Kyujanggak almost monopolized the compilation of official compiling books,historical records such as *Ilseongnok*, *Naegak illyeok* were directly compiled by Kyujanggak.Kyoseogwanwas incorporated into Kyujanggak before Jujaso restored.During the period, not only a large number of casting fonts,Naegak was also in charge of publishing books with Waegak of Kyujanggak.Some of the books were distributed in central and local areas,Kyujanggak became the center of production and circulation of official compiling books in Joseon dynasty.

Keywords: Joseon Dynasty;Kyujanggak;King Jeongjo;Book Compiling and Printing

跨学科研究

“一带一路”下川渝地区印尼语人才培养研究*

潘玥 肖琴**

摘 要： 印尼是“一带一路”倡议重要的沿线国家。随着我国对外开放程度的不断提高和“一带一路”倡议的不断推进，我国川渝地区和印尼的经贸合作和人文交流日益增加，川渝地区印尼语人才市场需求大、要求高。然而，川渝地区当前暂无本科高校开设印尼语专业，而且其他非通用语专业整体数量不多，专业设置具有同质化倾向，相对集中在日语、朝韩语和泰语。另外，从重点开发川渝地区特色资源，响应“一带一路”倡议的角度出发，也有必要在川渝地区的本科高校开设印尼语专业。同时，川渝地区政府与企业的支持力度大、外院基础架构完善和高学历教学科研人才比较充足，也为在该地区开设印尼语专业提供了可行性。在川渝地区开设印尼语专业，将为“一带一路”培养更多复合型专业人才，满足川渝地区不断增加的印尼语专业人才需求，有助于该地

* 本文系教育部国际交流与合作司 2018 年度中外人文交流研究委托课题“当代中国——印度尼西亚教育合作与交流（2017-2018）”阶段性成果。

** 潘玥，女，水族，中山大学国际关系学院博士候选人，北京外国语大学中印尼人文交流研究中心特约研究员，主要研究方向为印尼政治与社会；肖琴，女，日惹国立大学硕士研究生，研究方向为印尼语言文学。

区更好融入并服务于“一带一路”建设，为“一带一路”在印尼的落地与推进提供可靠的智力支持。

关键词：“一带一路” 川渝地区 印尼语专业 人才培养

印尼幅员辽阔，资源丰富，是世界上第四大人口大国，也是东盟最大的经济体和二十国集团成员国，投资潜力巨大。我国的“一带一路”倡议与印尼“全球海洋支点”愿景的契合度较高，两国经贸合作与文化交流日益密切，带动了川渝地区的企业前去印尼投资，川渝地区对印尼语人才的需求大大增加。

随着“一带一路”倡议在沿线核心区和辐射区的贯彻落实，为响应国家的倡议，为“一带一路”倡议提供智力支持，川渝地区部分本科高校，特别是外语高校计划或纷纷开设“一带一路”沿线国家非通用语专业，其中以欧洲语言为主，如波兰语、捷克语和匈牙利语等，也包括部分比较热门的东南亚国家语种，如泰语、越南语。诸多学者针对这些比较热门的非通用语专业进行了相关研究。[①] 而对印尼语这类“冷门”非通

① 参见陈素花《“一带一路”背景下非通用语言人才培养路径探究》，《职教研究》2016 年第 12 期，第 26~27、30 页；王雪梅、赵双花：《“一带一路”背景下我国高校非通用语种专业建设：现状、问题与对策》，《外语电化教学》2017 年第 2 期，第 91~96 页；李茂林：《我国高校非通用语专业建设的现状梳理与特征分析——以国内九大传统外语类高校和教育部直属高校为例》，《大学（学术版）》2014 年第 5 期，第 32~39 页；苏莹莹：《小语种 大作为——以北京外国语大学非通用语种人才培养沿革与发展为例》，《北京教育》2016 年第 4 期，第 60~62 页；佟颖：《“一带一路”形势下复合型俄语人才培养模式探析——以沈阳师范大学俄语专业为例》，《中国俄语教学》2016 年第 3 期，第 88~92 页；姜丹、周巍：《乌克兰的语言状况及语言互通对策研究》，《科教导刊》2017 年第 17 期，第 159~160 页；张卫国、胡瑞：《“非通用语 + 英语”双外语本科人才培养模式的探索与思考——以东南亚、南亚语种为例》，《教育教学论坛》2016 年第 47 期，第 142~143 页；林莉：《“一带一路”建设背景下的经贸越南语课程教学新探索》，《东南亚纵横》2017 年第 1 期，第 43~46 页；黄华宪：《越南语专业立体化实践教学模式的改革与探索》，《黑龙江教育学院学报》2016 年第 4 期，第 138~140 页；覃小桐：《云南省东南亚语言人才培养的现状及对策》，《开封教育学院学报》2014年第4期，第57 ~ 59页；Haiyun Ma and I-wei Jennifer Chang, “China’s Strategic Middle Eastern Languages”, *Middle East Report*, Spring 2014, pp. 26-27。

语种的关注有限。[①] 其中，潘玥、罗津从中国大专院校印尼语专业教育及印尼语人才需求的现状出发，从印尼语专业的培养模式与目标、师资力量、学生实践和用人单位探析产生供需失衡的原因，最后尝试提出对策建议，即加强校际交流合作，创新培养目标和模式；提升师资力量；加强学生实践，加强校企合作交流；鼓励用人单位招收不同层次的印尼语人才。[②] 张思瑶立足东北地区历史发展，梳理东北地区融入“一带一路”的优势，阐释了非通用语人才对振兴东北的必要性，提出东北地区要融入“一带一路”，必须加强东北地区非通用语人才培养，最后尝试为东北地区个性化非通用语人才培养提出建议。[③] 胡珑川阐释了“一带一路”背景下四川高职高专院校旅游小语种课程教学现状，分析了当前存在的问题，探究了在现有旅游专业下开展日语、韩语、泰语等小语种课程教学的可行性，以及培养旅游小语种人才的途径。[④] 然而，暂时缺乏针对川渝地区本科高校非通用语人才培养的专门研究，也没有关于川渝地区本科高校开设印尼语专业的相关探究。

本文基于对川渝地区本科高校的官方资料，详细阐释川渝地区本科高校非通用语专业人才培养现状，并根据实地调研和深度访谈的结果，从专业内涵、人才供需、专业建设必要性与可行性、人才培养与学科建设规划等几个方面，阐述川渝地区本科高校开设印尼语专业的学理基础与培养模式，以期在“一带一路”倡议背景下，为川渝地区本科高校印尼语专业人才培养提供一定的参考。

---

① 杨晓强:《对高校非通用语种“3+1”人才培养模式的思考——以印尼语本科专业课程设置为例》,《企业科技与发展》2017 年第 5 期，第 221~223 页；潘玥、罗津:《“一带一路”背景下印尼语人才供需现状调查：问题与建议》,《中国外语教育》2018 年第 1 期，第 10~15 页。

② 潘玥、罗津:《“一带一路”背景下印尼语人才供需现状调查：问题与建议》,《中国外语教育》2018 年第 1 期，第 10~15 页。

③ 张思瑶:《“一带一路”战略下东北地区非通用语种人才培养》,《东北财经大学学报》2017 年第 3 期，第 92~97 页。

④ 胡珑川:《四川高职高专院校旅游小语种人才培养探究》,《四川文化产业职业学院学报》2016 年第 4 期，第 96~99 页。

一 川渝地区本科高校非通用语[①]专业的基本情况

据不完全统计，目前川渝地区 12 所本科高校开设了 8 个非通用语专业，详见表 1，主要集中在东北亚（日语、朝鲜语 / 韩语）、欧洲（德语、意大利语、葡萄牙语和波兰语）以及东南亚（越南语、泰语）等地区的非通用语。其中，成都大学于 2008 年开设泰语专业，是川渝地区首个开设东南亚非通用语专业的高校。次年，四川外国语大学开设越南语专业。2010 年，四川外国语大学成都学院开设泰语和越南语专业。2016 年，为配合“一带一路”建设推进和四川省走出去战略，四川外国语大学新开设泰语专业。1949 年，北京大学东方语言文学系率先开设印尼语专业。据笔者统计，截至 2018 年 4 月，国内共有 17 所大专院校开设印尼语专业。[②]

表 1 川渝地区本科高校非通用语专业基本情况（排名不分先后）

编号	本科高校名称	所在地	东北亚	欧洲	东南亚	占所有外语语种的比例	备注
1	四川外国语大学	重庆	2	3	2	58.33%	德语、意大利语、日语、葡萄牙语、朝鲜语、越南语、泰语
2	四川外国语大学成都学院	四川	2	4	2	61.54%	德语、意大利语、日语、葡萄牙语、朝鲜语、越南语、泰语、波兰语
3	四川大学	四川	1	2	—	42.86%	日语、德语、波兰语
4	西南大学	重庆	2	1	—	42.86%	日语、德语、韩语

① 本文所述的“非通用语”，指的是除联合国规定的 6 种工作语言（即汉语、英语、阿拉伯语、俄语、法语和西班牙语）外的非通用语。

② 截至 2018 年 4 月，北京大学、北京外国语大学、解放军外国语学院、广东外语外贸大学、上海外国语大学、天津外国语大学、云南民族大学、广西民族大学、广西师范大学、西安外国语大学、河北外国语学院、广西外国语学院、曲靖师范学院、吉林华桥外国语学院、广西民族大学相思湖学院、浙江越秀外国语学院和海南外国语职业学院共 17 所高校已开设印尼语专业，另外 2018 年初教育部正式批准广西大学设立印尼语专业，但由于该校尚未正式招生，故不列入本文的考察范围。

续表

编号	本科高校名称	所在地	东北亚	欧洲	东南亚	占所有外语语种的比例	备注
5	西南交通大学	四川	1	1	—	50.00%	日语、德语
6	四川师范大学	四川	1	—	—	25.00%	日语
7	西南民族大学	四川	2	—	—	50.00%	日语、朝鲜语
8	电子科技大学	四川	1	—	—	33.33%	日语
9	成都理工大学	四川	1	—	—	50.00%	日语
10	西华大学	四川	1	—	—	50.00%	日语
11	乐山师范学院	四川	1	—	—	50.00%	日语
12	成都大学	四川	—	—	1	50.00%	泰语

资料来源：根据各院校官方网站信息与笔者调研结果汇总。

我国本科高校的外语专业人才培养模式主要有两种：工具型和复合型。[①] 四川大学、四川外国语大学成都学院和成都大学的非通用语人才培养模式为复合型，旨在通过“外语 +（外语 / 专业知识）”模式，培养既能够掌握本专业外语又能熟悉另一门外语或专业知识的复合型人才；其余本科高校的非通用语人才培养模式则为工具型，培养重点在于提高学生的语言实践能力。师资上，上述本科高校多实行“专职教师 + 外籍教师”模式，师资总数较少，但基本满足了其教学工作。出国留学模式上，除国内大部分院校采用的“3+1”模式外，川渝地区本科高校的非通用语专业也采用“2+2”模式、“2+1+1”模式，即学生国内和国外学习年限的不同。此外，从表 1 中数据可得知，川渝地区本科高校中非通用语专业占所有外语专业的比例较高，尤其是专业外语院校，即四川外国语大学和四川外国语大学成都学院。

综上可见，川渝地区各本科高校非通用语专业整体数量不多，而且专业设置具有同质化倾向，相对集中在日语、德语、韩（朝鲜）语和泰语，12 所本科高校中，11 所院校开设了日语专业，比例高达 91.67%。

① 王守仁、张杰等：《外语教学改革出路笔谈（十二篇）》，《中国大学教学》2007 年第 4 期，第 70 页。

在“一带一路”倡议的大背景下，中印尼经贸与人文关系日益密切，对印尼语专业人才的需求也日益增加，川渝地区本科高校的非通用语专业仍需增加数量和提高质量，为国家顶层设计和市场需求提供人才和智力支持。

在类别上，有些学者认为，印尼语属于南岛语系印度尼西亚语族和美拉尼西亚语族，从古代马来语发展而来。[①] 印尼语与马来语在某些音节上有一些差异，如两种语言中“我”这个单词都是“saya”，印尼语读作“sa-ya”，而马来语读作“sa-ye”，使用这两种语言的人基本上可以彼此沟通。此外，有些词语在两种语言中完全不同，如“房间”，印尼语常用“kamar”，马来语常用“bilik”；而“kereta”一词，印尼语意为“火车”，马来语意为“汽车”。而造成这种差别的主要原因是：虽然印尼语、马来语都从爪哇语、荷兰语、阿拉伯语和英语中借用了不少词语，但相对于马来语而言，印尼语受爪哇语和荷兰语影响更大。[②]

二　川渝地区本科高校开设印尼语专业的必要性与可行性

四川省是西南地区第一大省，重庆市是西南地区唯一的直辖市，川渝地区与印尼的交往合作对整个西南地区有着战略性的意义，这不仅是政府间的需求，也是“民心相通”之处。随着中印尼合作的不断深化，双方已发展为更广泛的利益伙伴，两国的双边合作正在提质升级中迈向前景无限的未来。[③] 川渝地区急需印尼语专业人才，而川渝地区拥有专业外语院校，其非通用语专业建设已有一定基础，而且具备开设印尼语专业的软硬件基础设施。川渝地区根据地域优势，开设印尼语专业服务于“一带一路”倡议，将为川渝地区“走出去”提供智力和人才支持。因此，川渝地区本科高校开设印尼语专业有其必要性与可行性。

---

① 朱刚琴:《基础印度尼西亚语（1）》，世界图书出版广东有限公司，2011，第 1 页；唐慧、陈扬等:《印度尼西亚概论》，世界图书出版广东有限公司，2017，第 122~125 页。

② 唐慧、陈扬等:《印度尼西亚概论》，世界图书出版广东有限公司，2017，第 122~125 页。

③《中国印度尼西亚经济合作新阶段：隔海相望的更广泛利益伙伴》，新华网，2018 年 5 月 8 日，https://www.chinanews.com/gn/2018/05-08/8508834.shtml。

（一）川渝地区印尼语人才市场需求大、要求高

印尼语人才供给的绝对数量充足，但绝大部分为应届毕业生，主要集中在北京、上海、广东、云南和广西。据笔者统计，每年印尼语毕业生的规模为220~280人。但由于个人选择、抵触驻外岗和继续深造等原因，根据调研结果（以2010级各院校的印尼语毕业生为样本，进行抽样调查），平均每年约有73%的毕业生即160~205人从事与印尼语相关的工作。其中，约有72%的毕业生担任驻外翻译岗。某种程度上，这是一种“青春饭”，如果不能转为管理岗或技术岗等，3~5年后，大部分驻外的毕业生成家生子，其中79%选择回国“再就业”，即每年大概有92~117名驻外毕业生回流。而毕业后2年内从事与印尼语相关非驻外工作的毕业生，离职率为27%，其中74%的毕业生即10~12人选择继续从事与印尼语相关的工作。综上，假定其他条件不变，可预计每年人才市场上的全日制印尼语人才供给为322~409人。而实际上，据调研和访谈结果，就业市场上的印尼语人才并没有想象得那么吃香，只有79%的印尼语求职者顺利找到与印尼语相关的工作。因此，从供给的绝对数量上，理应能满足用人需求。但以应届毕业生为主体的印尼语人才供给，并不能满足用人单位偏好成熟型印尼语高端人才的需要。随着用人单位对印尼语人才的需求从人才的“有无”纷纷转向人才的“高低”，在绝对数量充足的情况下，印尼语人才市场出现“小才济济，大才难觅”的现象，这种供求缺口将持续扩大。

海外人才方面，尽管印尼拥有世界上最多的华人人口，但由于苏哈托威权统治时期（1967~1999）采取“禁华”政策，印尼华文教育严重断层，印尼市场上专业的印尼裔翻译人才相对较少。而印尼开设中文专业的院校较少，大部分人才由孔子学院和孔子课堂输出，兼之中文难度较大，孔子学院输出的这批人才语言水平有限，主要供应印尼本土市场，而且集中在当地私营企业和教学方面。

“一带一路”倡议的贯彻实施为非通用语专业发展带来了新的机遇。①

① 刘曙雄：《与“一带一路”同行的“非通人才”培养》，《神州学人》2016年第1期，第12页。

作为“一带一路”重要的沿线国家，印尼与我国的合作密切，同时印尼也是川渝地区开展出口贸易的重要合作伙伴，印尼与川渝地区的经贸文教往来随着“一带一路”建设推进而逐渐增加，对语言人才与智力支持的需求也不断增长。其中，以“矿产能源、建筑建材和高新技术类私企”[①]为主，具体方向主要为企事业单位和科研机构。但由于非通用语的特殊性，大部分企业在招聘印尼语人才时并不会以网络招聘的方式进行，而是选择校招，故在各大招聘网站难以查询到相关信息。据笔者所知，位于川渝地区的重庆对外经贸集团有限公司、青海弘川新源实业股份有限公司成都分公司、埃森哲成都分公司和京东成都分公司等都在长期招聘印尼语人才。同时，东南亚是四川企业抱团“走出去”的主战场，四川省贸促会举办的“印尼 - 中国商品展”为双方企业的合作与洽谈提供了契机，也为今后两地、两国的贸易往来做出了贡献；一年一度的四川国际旅游交易博览会也源源不断地吸引着来自印尼的展商，为川渝地区和印尼的旅游交流提供了更广阔的平台。

此外，市场对高端印尼语人才的需求相对较大，主要集中在部委、私企和科研机构。第一，部委较稳定地招收水平较高的印尼语人才。仅 2017 年国家公务员招录公告中印尼语人才就占 3 个名额，外交部、商务部和文化部各 1 个。第二，私企也是招聘印尼语专业人才的主力之一。印尼人口众多，消费潜力巨大，电商与通信行业发展迅猛，我国许多大型电商和通信企业纷纷入驻印尼，如阿里巴巴、京东、OPPO 和华为，其侧重于招聘跨学科的专业翻译，对印尼语人才的综合素质要求高。第三，科研机构对印尼语人才的需求也逐渐增加。受“一带一路”倡议影响，印尼语专业非常火热，仅 2016 年就有 4 所院校新设印尼语专业，位居新增专业排行榜第二，[②]这些高校一直在招聘高层次印尼语人才。综上，印尼语人才相对数量少，但需求大、要求高，而川渝地区印尼语人才严重不足，川渝地区有必要根据市场需求，培养高层次印尼语人才。

---

① 潘玥、罗津:《“一带一路”背景下印尼语人才供需现状调查：问题与建议》，《中国外语教育》2018 年第 1 期，第 11 页。

② 丁超:《对我国高校外语非通用语种类专业建设现状的观察分析》，《中国外语教育》2017 年第 4 期，第 4 页。

（二）川渝地区本科高校非通用语学科建设不完善

川渝地区部分本科高校开设了一些非通用语专业，尤以四川外国语大学、四川外国语大学成都学院两所外语院校为主，但语种丰富性不足，多以东北亚地区的日语、朝鲜语 / 韩语和欧洲地区的德语为主，某些语种出现“扎堆”开设的现象，如开设日语的院校比例高达 91.67%，开设德语的院校比例达 41.67%，开设朝鲜语 / 韩语的院校比例达 33.33%。语种整体数量仍较少，没有明显的特点和侧重点，且覆盖面不全，存在部分遗漏或完全空缺地区，如东南亚地区和南亚地区。当前，川渝地区没有一所高校开设南亚地区非通用语专业，而东南亚非通用语只开设了泰语专业和越南语专业。川渝地区响应“一带一路”的非通用语专业建设薄弱，特色不鲜明，无法满足川渝地区“一带一路”沿线国家的非通用语人才需求。反观同样位于西南地区的云南省，其本科高校的非通用语专业发展情况大为不同。截至 2014 年 1 月，云南省普通本科高校中已有 43 所本科高校开设了 62 个小语种专业。① 截至 2018 年 4 月，云南民族大学已开齐东南亚、南亚 15 个语种专业，成为云南省培养非通用语人才专业门类最齐全的本科高校。② 同样值得参考的是广西壮族自治区各高校的非通用语专业建设。广西立足并充分利用其毗邻东南亚的区位优势，在非通用语专业建设上以东盟语言为主体，开设 7 个东南亚国家非通用语专业，其中广西民族大学还是“中国 - 东盟语言人才培养教育基地”。而除广西民族大学外，广西其他高校也开设各种东南亚非通用语。根据笔者统计，国内已开设印尼语专业的 17 所高校中，有 4 所位于广西，而且在 2018 年初教育部批准广西大学开设印尼语专业。广西的非通用语专业建设有的放矢，重点突出，成绩斐然。

在“一带一路”大背景下，川渝地区已开设的非通用语并不能满足“一带一路”发展与合作对大量语言人才的需求。印尼作为“海上丝绸之

---

① 张敏、张吟松、郑青青:《全球化背景下云南省各高校非通用语专业发展现状研究——兼谈云南农业大学非通用语相关专业发展模式》,《云南农业大学学报》(社会科学版)2016 年第 2 期，第 104 页。

② 《云南民族大学开齐南亚东南亚 15 个语种类专业》，中国新闻网，2017 年 4 月 10 日，http://gaokao.chsi.com.cn/gkxx/yxzs/201704/20170410/1595131597.html。

路”的重要沿线国家，印尼语专业建设的空白不符合“一带一路”发展的时代趋势。而在川渝地区开设印尼语专业，不但有利于完善川渝地区本科高校的学科建设，还能体现川渝地区的学科特色。印尼语专业建设紧贴“一带一路”倡议发展方向，有利于扩大川渝地区非通用语的覆盖面，丰富其语种多样性，尤其是东南亚非通用语。这也将进一步完善川渝地区本科高校非通用语的学科建设，使其学科设置更为完整、专业且有针对性地服务于“一带一路”建设，继续发挥川渝地区本科高校泰语、越南语等东南亚非通用语专业建设的优势与作用。

（三）川渝地区开设印尼语专业的软硬件基础设施

四川外国语大学隶属于重庆市，是西南地区外语和涉外人才培养的重要研究基地，也是重庆市唯一的专业外语院校。四川外国语大学成都学院隶属于成都市，属独立学院，是四川省唯一的专业外语院校。以上两所院校均为本科高校，拥有专业的学科建设，而且学科优势突出，各有特色，基础架构完善。川渝地区东南亚非通用语专业始设于2009年，在“一带一路”倡议的推进下，加之作为“21世纪海上丝绸之路”的重要沿线国家，“印尼”与“印尼语”在川渝地区已不再陌生，川渝地区已具备开设印尼语专业的软硬件基础设施。

专业的师资队伍是培养优秀印尼语人才的前提。现阶段，国内印尼语高校师资力量可分为两类。一是部分专业开设历史悠久的高校，如北京大学和北京外国语大学等，这类院校印尼语师资力量雄厚，教学与科研能力强，拥有扎实的专业基础与丰富的教学经验。二是大部分近几年新开设印尼语专业的本科高校，其专业教师普遍年轻化，教学经验有待积累，科研能力不足。第二类院校对复合型人才的培养，存在实践不足、“摸着石头过河”的情况。随着近年来全国各本科高校印尼语专业不断扩招，“一带一路”倡议对复合型人才需求的增加，越来越多的印尼语专业学生意识到“专业知识＋语言”和继续深造的重要性。同时，印尼各高校也开放了更多研究生项目，并新增不少奖学金项目。因此，很多印尼语专业学生本科期间修读双学位或辅修学位，本科毕业后或直接继续深造，或先增强实践工作能力后再读研读博，川渝地区本科高校印尼语专业开设后，将迎来一批专业能力更强、实操经验更丰富的印尼语专业教师。较高的学历、多履历的教学科研人才，为印尼语专业的开设提供了可靠的人才支持。

高标准的教学基础设施是教师保证教学科研的基础。外语教学不同于普通文科专业，需要完整教学设施的支持才能保证教学秩序良好运行。虽然川渝地区并非所有本科高校均配备专业外语教学设备，但两所外院均配备了外语教学的基础设施，如多媒体、语音室和同声传译室等，这不仅有利于保障正常教学工作，也为教师的科研工作提供了良好环境。同时，国内已有较为成熟的基础印尼语教材，内容涵盖各个年级的精读和会话课程，可满足印尼语专业的大部分教学需求，如《基础印度尼西亚语》（1~3 册）和“印尼语会话”。但国内某些印尼语课程仍缺乏配套的教材，如《印尼语视听说》，教师只能灵活选择印尼当地的教材、自编讲义或网络资料，以丰富教学材料。

人才培养模式是造就专业印尼语人才的关键因素。利用上述两所外语院校的现有语种基础，借鉴其非通用语专业发展模式、人才培养方案和专业建设特点等优势，川渝地区本科高校开设印尼语专业具有最基础、最根本的理论指导和实践范例。在筹备专业开设期间，印尼语专业教师可先行研究川渝地区外语院校的高质量非通用语专业，如四川外国语大学的葡萄牙语专业和四川外国语大学成都学院的西班牙语和朝鲜语专业，并结合印尼语专业的自身特点，因地制宜地规划专业建设和发展方向、模式以及人才培养方案。在专业开设初期，印尼语专业教师可加强与外院各非通用语专业教师的交流，就教学方法、课程设计等方面展开研究与讨论，学习其他非通用语专业的优点，扬长避短，利用外语院校特有的集中性优势来完善印尼语专业的学科架构。川渝地区两所专业外语院校可以为印尼语专业的开设提供专业指导，有助于印尼语专业顺利落地生根，少走弯路，并制定具有本专业特色的专业建设方案。

（四）利用地区特色资源，促进专业可持续发展

川渝地区并非“一带一路”的节点地区，既不靠海，也不与其他国家接壤，如何利用地缘优势和特色资源来响应“一带一路”倡议的号召，如何开发别具一格的资源，成为川渝地区在“一带一路”背景下“突围”的

重点。这不仅是实施国家政策的需要，也是地区经济发展的必由之路。目前全国印尼语专业人才的就业方向主要集中在能源与矿产业，但川渝地区印尼语专业的发展前景应充分发挥川渝地区的地缘和资源优势，而且注重可持续性较强的版块，如电子商务、旅游业和文化产业。

以开发旅游资源为例，印尼是世界上第四大人口大国，其出境游人次潜力巨大。当前，中国与印尼的旅游规模存在严重失衡的问题。印尼中央统计局 2018 年 2 月公布的数据显示，2017 年赴印尼旅游的中国游客人数为 205.9 万人次，占印尼国际游客总数的 14.95%。中国已经连续两年成为印尼第一大国际游客来源地。但通过深入分析发现，135.5 万人次的中国游客从巴厘岛入境，占访印尼中国游客总数的 65.81%，可见，中国游客接受程度高的印尼旅游目的地还比较单一。而根据文化和旅游部的数据，2015 年来华的印尼游客仅 54.48 万人次，2017 年印尼在我国主要客源国中排第 15 位。① 而川渝地区一直是印尼游客的热门目的地之一，热度仅次于北京和上海，拥有许多得天独厚的世界遗产和人文景观，如九寨沟、乐山大佛 - 峨眉山、青城山 - 都江堰、小三峡、天生三桥、喀斯特地貌景观等。川渝地区若能利用好地区特色旅游资源，将为川渝地区乃至中国旅游业做出突出贡献。2014 年 9 月，四川省举办首届四川国际旅游交易旅游博览会，印尼是主要参与国之一，数十家参展商参与了此次旅游推介会，并纷纷对川渝地区的人文景观表示好感。

另外，印尼也是川渝地区游客的旅游目的地之一，尤其是巴厘岛，相关航空公司也开辟了四川直飞印尼的航线。2017 年 9 月，出生于四川碧峰峡熊猫基地的两只大熊猫“彩陶”和“湖春”赴印尼开启了中印尼“熊猫外交”，两只大熊猫在印尼成为“明星”，印尼游客络绎不绝，对大熊猫非常喜爱。2018 年 5 月，国务院总理李克强出访印尼，中印尼双方同意深化旅游合作，开通更多直航航班，② 两国政府为印尼游客来川渝旅游

① 《2017 年全年旅游市场及综合贡献数据报告》，中华人民共和国文化和旅游部官网，2018 年 2 月 6 日，http://www.cnta.gov.cn/zwgk/lysj/201802/t20180206_855832.shtml。

② 《深化旅游合作开通更多直航》，新华社，2018 年 5 月 11 日，http://www.cnta.gov.cn/xxfb/hydt/201805/t20180510_865529.shtml。

提供了机会与开放政策。2018 年 8 月，四川省一带一路经贸合作促进会与印尼苏北省政府对接，决定先开展成都到棉兰等印尼城市的国际航班试飞，印尼政府表示支持，并期望结合当地旅游资源，带动北苏门答腊省旅游经济发展。[①] 川渝地区政府可充分开发打造地区旅游资源，重点吸引印尼游客，而旅游资源的开发，扩大游访川渝地区的印尼游客规模，必将大大提升对印尼语导游和翻译的需求。由此，在川渝地区培养印尼语人才迫在眉睫。

除了旅游资源外，有着“辣椒王国”之称的川渝地区，以川菜独特而丰富的味型，也深受同样嗜辣的印尼民众的喜爱。印尼人民嗜辣，不管是苏门答腊地区的辛辣，还是爪哇地区的酸辣或甜辣，“辣”都是印尼人民餐桌上不可或缺的一种味道类型。融合川渝地区和印尼的美食与辣椒资源，这也将吸引众多热爱辣椒的印尼人到访川渝地区，品尝中国的“辣”元素。茶文化也是川渝地区与印尼有待开发的饮食文化。印尼人喜爱红茶，热爱其他茶文化，而四川不仅是中国茶文化重要发源地之一，而且是中国茶馆文化的代表地区。2018 年 4 月，第七届茶博会在成都开幕，印尼的多个茶企出席。[②] 这是川茶走向世界的重要平台，也是印尼茶企了解四川茶文化的重要契机。四川特色的饮食文化，如果规划得当，预计将吸引大量印尼游客，届时印尼语人才将供不应求，因此，川渝地区为响应“一带一路”倡议的号召，应重点开发特色资源，同时加强印尼语人才培养，为更多印尼游客来川渝地区旅游解决语言交流障碍。

三　川渝地区本科高校印尼语专业人才培养模式

（一）印尼语专业人才培养目标

根据 2018 年《普通高等学校本科专业类教学质量国家标准》中的《外

① 四川省一带一路经贸合作促进会，2018 年 8 月 6 日，https://mp.weixin.qq.com/s/W6uCM11vhV156C6HS8ZpUQ。

② 李慧颖：《第七届茶博会 5 月 10 日在蓉开幕 首设天府茶韵主题馆》，四川新闻网，2018 年 4 月 12 日，http://www.scta.gov.cn/sclyj/cyfz/cyhzjqyhz/system/2018/04/12/001230602.html。

国语言文学类教学质量国家标准》（以下简称《国标》），印尼语专业旨在培养具有良好的综合素质、扎实的印尼语基本功和专业知识与能力，掌握相关专业知识，适应我国对外交流、国家与地方经济社会发展，满足各类涉外行业、外语教育与学术研究需要的印尼语专业人才和复合型印尼语人才。

按照《国标》要求，川渝地区在印尼语专业开设前期应在培养目标、培养规格、课程体系、教师队伍、教学条件和质量管理方面做出相应改进。在开设印尼语专业初期，川渝地区本科高校应根据地区高校办学实际和人才培养定位，对应《国标》制定出符合不同高校实际发展方向的《校标》。川渝地区本科高校应制定符合川渝特色的印尼语人才培养目标，有的放矢，妥善利用川渝地区特色优势，在着重提升学生专业能力的同时，注重学生的全面发展，并在"一带一路"倡议的大背景下与时俱进，紧跟国际形势潮流，在川渝模式下培养出既能服务于印尼与川渝地区合作发展，又能在各领域出色完成翻译与管理工作的专门人才，以达到语言和交际的双向培养目的。

（二）印尼语专业课程体系的设计方案与依据

川渝地区本科高校开设印尼语专业，应根据培养目标和培养规格，设计合理的课程体系。课程体系包括通识教育课程、专业核心课程（专业必修课）、培养方向课程（专业选修课）、实践教学环节和毕业论文五个部分，[①] 其中需要注意的是专业核心课程、培养方向课程和实践教学环节。

首先，印尼语的专业核心课程包括"专业外语文学史"和"对象国或地区文化"，而这两门课程在实际教学中易被忽略。川渝地区本科高校在设计印尼语专业课程体系，将这两门课归入核心课程，"对象国或地区文化"属概况类，纳入低年级课程。"印尼概况"课是从未接触印尼语的低年级学生首次深入了解印尼的一门重要课程，也是普及印尼历史、政治、经济、文化等方面知识的关键渠道。忽视"印尼概况"课，可能将导致印尼语专业学生在高年级时犯下很多"常识性"错误，如在翻译过程中对印

① 教育部高等学校教学指导委员会:《普通高等学校本科专业类教学质量国家标准》，高等教育出版社，2018。

尼历史不了解，无法准确翻译历史事件。而“专业外语文学史”对专业基础知识要求较高，将纳入高年级课程设置中。“印尼语言文学史”课程的教学有利于印尼语专业学生深入了解印尼本土语言文学，将对专业学习有指导作用，也将成为印尼语专业学生未来可研究的方向之一。

其次，印尼语专业的培养方向课程主要考虑开设与具体行业相结合，突出川渝特色，并能服务于“一带一路”的特色课程。如四川外国语大学成都学院朝鲜语专业开设的专业选修课“汽车朝鲜语”，与该专业就业方向紧密结合，课堂中融入汽车行业专业技能知识，课程设置充分对接市场，获得学生和企业的一致好评。结合印尼语人才市场的当前需求，相当一部分印尼语专业毕业生就职于矿产能源行业，而很多毕业生的矿产资源类知识储备空白，川渝地区本科高校可首先开设专业选修课“矿业印尼语”，稳扎稳打，为我国企业培养语言与专业知识并重的复合型外语人才，提升毕业生就业的核心竞争力。而根据川渝地区地缘优势和特色资源，印尼语专业致力于培养可持续性较强的“印尼语＋旅游＋饮食文化”人才，对此，川渝地区本科高校将开设“旅游文化印尼语”，着重分析中印尼旅游现状，以开发和宣传川渝地区旅游资源为主，辅之以向川渝人民推介印尼旅游热点，提升双向旅游服务品质，同时充分挖掘川渝地区和印尼美食的契合点，以美食会友，推动川渝美食走向世界，也更加包容地接纳印尼美食。

最后，在实践教学环节上，通过实习实践与国际交流促进学生的全面发展。印尼语作为非通用语，很难有机会实习以提升技能，而开展实践性与操作性兼备的校企合作恰好可弥补这方面的缺陷。专业开设后，川渝地区本科高校应与对口企业开展长期的校企合作，一方面为学生提供实习机会，增加工作经验，另一方面满足企业对人才的需求，在一定阶段可与企业达成协议，为企业定向培养人才，实现共赢。鉴于国内工作岗位少、工作地区限制大，在校企合作一事上川渝本科高校应拓展视野，不囿于川渝地区，可与国内外各类型企业和孔子学院共同创建国际化办学实践平台，如华侨大学泛华学院就与泛华矿业（国际）印尼有限公司合作办学。[①] 同

① 陈庆俊、叶泉鹏:《对当前高校国际化人才培养的思考与实践——兼谈与印尼华侨企业合作培养国际化人才的实践》,《中国成人教育》2016 年第 11 期，第 88 页。

时，川渝地区本科高校可与印尼高校合作办学，采用“3+1”或“2+2”出国留学模式。而印尼物价水平不高、印尼兴起“汉语热”、印尼留学生青睐中国高等教育，[①] 基于此，川渝地区本科高校可与印尼高校建立合作交换项目，鼓励地区川渝本科高校的学生到印尼高校留学，并接纳印尼留学生来川渝本科高校交换学习，同时双方也可互派师资，加强语言交流与经验分享。

（三）印尼语专业人才培养的基本要求

在川渝地区本科高校现有条件和基础下，印尼语人才培养应严格按照《国标》要求，从培养环节的设置与要求、质量保证的措施和学位论文的基本要求三方面保证人才输出的质量。

印尼语专业人才培养注重培养环节的设置与要求，而此过程主要分为两个阶段，即“3+1”出国留学模式的三年国内教学阶段与一年对象国留学阶段。国内教学阶段除配备教学水平突出与科研能力拔尖的中籍教师外，还配有外教与客座教授。外教从口语、听力上保证国内教学质量，而客座教授则在国内教学基础上提升专业层次，为学生提供更加专业的指导。对象国留学阶段尤其注重语言环境。到印尼留学固然为学生提供了天然的语言环境，但留学院校的质量将直接影响到学生的输出质量，因此，川渝地区本科高校须与教学质量水平较高的印尼高校合作，为学生提供良好的留学环境。而在人才培养的这两个过程中，国内国外教学都应设置完整、专业的考核方式，包括考试和考查，如精读课程的月考、期中考、期末考和概况课程的学期论文。但鉴于中印尼的文化差异，对考核方式不做硬性规定，原则上国内阶段采取考试和学术论文的方式，但国外阶段可采取开放式考试的方式。

要保证教学输出质量，实现印尼语专业人才培养的基本要求，在人才培养过程中也将严格把控教师队伍的专业能力和素质，以支撑印尼语教学工

① “Peluang dan Sistem Pendidikan Lanjutan di Tiongkok”, KBRI Beijing, 4 April 2018, https://www.kemlu.go.id/beijing/id/berita-agenda/berita-perwakilan/Pages/Peluang-dan-Sistem-Pendidikan-Lanjutan-di-Tiongkok.aspx#.

作。在教师的选择上，中籍教师须具有硕士及硕士以上学历，而且本科专业一定是印尼语专业，硕博阶段从事与印尼相关研究者优先录取。因印尼留学费用不高，近年来很多国内非印尼语专业本科生选择到印尼读研“镀金”，但其真实的印尼语水平得不到保证，故不建议招收非印尼语专业本科毕业生为印尼语教师。同时，在学分制改革的大背景下，在开设专业时，印尼语专业学生获取学位证的相关办法，应在人才培养方案中详细规定，如学制与修业年限的弹性规定、学时与学分分配、毕业与授予学位条件等。

学位论文则是检验印尼语专业学生大学四年的学习成果，论文指导教师将认真指导，从论文选题、学术规范、问题意识、语言表达、文献回顾等方面对学生做出要求。论文选题应有明确的问题意识，但对选题不做限制，可涉及与印尼相关的方方面面。语言上应根据学生的水平做出规定，中文或印尼语皆可，答辩时建议使用印尼语。此外，结合现今外语类高校毕业论文设计形式的多样化，也可采取诸如翻译实践报告之类的形式，测试毕业生的专业水平。翻译实践报告与学术论文不同，由翻译原文与成果、背景分析、资料收集、翻译重难点、翻译理论或方法的应用、翻译启示和待解决的问题构成。因此，翻译实践报告不是简单的语码转换，而是学生基于自己的翻译实践写成的具有内在逻辑的报告。但不管是选择何种方式，教师都应严格监督，坚决杜绝学术不端行为，教导学生遵守学术道德与规范，诚实守信。

结　语

印尼作为“一带一路”的重要沿线国家，与川渝地区的合作日益频繁，川渝地区对印尼语专业人才数量与质量的需求不断增长。作为西南地区的重要区域，川渝地区拥有两所专业外语高校，其非通用语专业建设具有一定理论、实践依据和参考价值，而且川渝地区市场潜力大，与印尼交往日益密切，具有开设印尼语专业的必要性和可行性。

此外，川渝地区开设印尼语专业应取长补短，推陈出新，以形成完善的学科体系和学科建设规划。第一，研究方向。印尼是“21 世纪海上丝绸之路”的重要沿线国家，川渝地区在人才培养方案上应注重针对性，即整合既有的泰语、越南语专业学科优势，“抱团取暖”，又充分利用川渝地区特色优势，培养既能适应“一带一路”整体框架又能服务于川渝地区与印尼具体合作事宜的印尼语人才。第二，师资队伍建设。在招聘教师时兼顾专业基础、教学方法和科研能力，充分考查应聘者对教学目标和重难点的把握以及对不同课程的熟练程度，考虑教师的长远发展能力，打造一支专业、稳定、高效的师资队伍。第三，人才培养规划。注重质量而非数量，严格把控招生人数，采取小班教学的培养模式，并鼓励学生修双学位或第二外语，以达到“外语 + 专业技能”的人才培养目标。同时，注重对工具型和复合型人才培养模式的区分和选用，根据各个学校的优势与资源，因材施教。第四，科研与学术交流。川渝地区本科高校应与其他开设印尼语专业的高校加强沟通交流，积极参加相关学科建设的研讨会，并定期开展科研与学术交流会，互相传达有效信息。第五，未来教学所需基本条件。开展实践性与操作性兼备的校企合作，为企业定向培养人才，而且不应囿于川渝地区，可与国企央企私企、孔子学院以及跨国企业合作，创办国际化的办学实践平台，如华侨大学泛华学院就与泛华矿业（国际）印尼有限公司合作办学。① 印尼物价水平不高、印尼兴起“汉语热”、印尼留学生青睐中国高等教育，② 基于此，川渝地区本科高校也可与印尼高校开展合作交换项目，双方可互派师资，加强语言交流与经验分享，与印尼高校签订框架合作协议或谅解备忘录。第六，经费来源。公办高校的经费主要来源于国家财政支持，独立学院的经费主要来源于集团教育经费。但二者皆可通过校企合作、中印尼合作办学、留学项目等获得充足的经费，以支撑日常教学和科研项目。

川渝地区作为“一带一路”非节点地区，但仍能通过语言走向印尼，走向东南亚，走向世界。在“一带一路”大背景下，川渝地区开设印尼语

① 陈庆俊、叶泉鹏：《对当前高校国际化人才培养的思考与实践——兼谈与印尼华侨企业合作培养国际化人才的实践》，《中国成人教育》2016 年第 11 期，第 88 页。

② “Peluang dan Sistem Pendidikan Lanjutan di Tiongkok”, KBRI Beijing, 4 April 2018, https://www.kemlu.go.id/beijing/id/berita-agenda/berita-perwakilan/Pages/Peluang-dan-Sistem-Pendidikan-Lanjutan-di-Tiongkok.aspx#.

专业不仅将造福于川渝地区的经济发展，加深两国人民友谊，更是迎合我国发展趋势，促进“一带一路”倡议在印尼推进的重要助推器。综上，川渝地区有必要开设印尼语专业，并具备专业开设的各种优势，这将为“一带一路”培养更多更优秀的国际化专业人才，满足川渝地区不断增加的印尼语专业人才需求，有助于该地区更好融入并服务于“一带一路”建设，为“一带一路”在印尼的落地与推进提供可靠的智力支持。

责任编辑：傅聪聪

The Study on the Talent Cultivation of Indonesian Language in Sichuan-Chongqing Region under the "The Belt and Road Initiative"

Pan Yue Xiao Qin

Abstract: Indonesia is the important country along the route of "The Belt and Road Initiative". With the continuous improvement of China's openness and advancement of the "The Belt and Road" initiative, the economic-trade cooperation and humanity exchanges between Sichuan-Chongqing region and Indonesia have been increasing. The personnel market of Indonesian language in Sichuan-Chongqing region has a great demand and a high requirement However, there are currently no colleges in Sichuan-Chongqing region that offer Indonesian language major, and the total number of other non-general language majors is not large, and the specialties setup tends to be homogenous and relatively concentrated in Japanese, Korean and Thai. In addition, it is necessary to establish Indonesian language major in colleges in the Sichuan-Chongqing region when it comes to the perspective of developing special resources in the Sichuan-Chongqing region and responding to the "The Belt and Road Initiative". At the same time, the support from government and enterprises in Sichuan-Chongqing region, the complete basic framework of foreign languages colleges, the sufficient highly-educated teaching and research talents have also provide possibilities for the establishment of Indonesian language major in the region. The establishment of Indonesian language major in Sichuan-Chongqing region will cultivate more interdisciplinary and professional talents for "The Belt and Road" and meet the growing needs of professional Indonesian language talents in Sichuan-Chongqing region, which is helpful for better integrating and serving the “The Belt and Road” towards this region. It also will provide reliable intelligence support for landing and propulsion of “The Belt and Road” in Indonesia.

Keywords: The Belt and Road; Sichuan-Chongqing Region; Indonesian Language Major; Talent Training

社会政治

“保护的责任”与“东盟方式”的演变
——以缅甸“纳尔吉斯”风灾后东盟的反应为例

张　鹏*

摘　要：“保护的责任”已成为国际关系领域的热点词组和争论焦点之一，其本身具有进步意义，该理念正在对国际规范的发展方向产生重大影响。东盟自成立以来，逐渐形成了著名的“东盟方式”，即在东盟内部坚持主权平等、不干涉内政、协商一致等原则，这成为东盟政治决策的鲜明特点。但是，有迹象表明，在2008年缅甸“纳尔吉斯”风灾造成严重人道主义灾难、军政府起初拒绝外部援助后，来自联合国和东盟其他成员国的压力迫使军政府的立场出现重大转变，最终主动接受和配合了国际社会的援助。这表明，即使是在不干涉内政原则根深蒂固的东盟，也在与时俱进地吸收国际规范中的合理成分，调和人道主义和不干涉内政原则的关系。不同的是，这种调整带有“东盟方式”的特征，即要征得当事国同意，这体现了国际规范传播要与当地境况相适应的特点。

关键词：保护的责任　东盟方式　人道主义　不干涉内政　缅甸　“纳尔吉斯”风灾

---

* 张鹏，上海外国语大学国际关系与公共事务学院2017级博士生，主要研究方向是东亚国际关系。

“保护的责任”理念的提出反映了国际关系领域主权与人权关系的新进展，由于其与“人道主义干涉”在内涵、手段、限制条件等方面具有本质区别，“保护的责任”较之宽泛的“人道主义干涉”无疑具有进步意义。这一理念主张国家具有保护其人民免遭种族灭绝、种族清洗、战争罪以及反人类罪的首要责任，当国家不愿或无力履行这一责任时，国际社会有责任依据《联合国宪章》的规定，协助当事国履行这一责任。虽然“保护的责任”自诞生以来争议不断，但其对国际主权和人权领域相关价值规范的未来发展已经产生了重要影响，其积极意义无法忽视，对东盟国家也不例外。东盟国家一向恪守“不干涉内政、主权平等、协商一致”等原则，形成了决策上的“东盟方式”。但事实表明，当东盟国家出现重大人道主义灾难后，例如，2008 年缅甸“纳尔吉斯”风灾导致重大平民伤亡，东盟国家并未袖手旁观，在本质上坚持“不干涉内政”原则的基础上，与联合国一道，通过说服和施压等外交手段，成功使缅甸军政府同意接受国际社会的帮助和支援。虽然“保护的责任”并不适用于这一主要由天灾导致的人道主义危机，但缅甸军政府面临危机的态度和反应还是遭到国际社会的谴责，面临巨大的国际压力。在此情况下，已经内化了“负责任主权”理念的东盟国家抛弃了僵硬的、绝对的“不干涉内政”原则，运用外交手段成功争得缅甸军政府的同意，“灵活干预”（flexible engagement）了缅甸的人道主义危机，在主权与人道主义原则间进行了平衡，从而对东盟的价值规范有所超越。由此可见，外来的价值理念在传播过程中还是要“接地气”，只有与当地的具体情境相结合才会被接纳。对东盟国家来说，坚持“不干涉内政”原则是调和主权与人道主义关系的前提，通过和平方式取得当事国的同意是“成功履行责任”的必要条件。

一 “保护的责任”与“东盟方式”：缘起与内涵

冷战结束后，为两极格局所掩盖和压制的民族、种族、宗教等一国内部矛盾和冲突逐渐浮出水面，成为国际政治的新热点。在一系列震惊世人的国内冲突事件（包括 1994 年卢旺达种族大屠杀、1995 年塞尔维亚斯雷布雷尼察惨案、1999年科索沃危机等，均造成大量平民伤亡）后，国际社会围绕国家主权的权利与责任、主权与人道主义危机、人道主义危机与不干涉内政原则的关系等问题展开了激烈辩论。2001年12月，“干预和国家主权国际委员会”（International Commission on Intervention and State Sovereignty, 简称ICISS）向联合国提交了一份题为《保护的责任》的报告，正式提出了“保护的责任”的概念。[①]2005年，联合国世界首脑会议将“保护的责任”理念写入最后的成果文件，代表了人类在这一问题上的最高共识。[②]此后，2009年9月第63届联大通过了《保护的责任》决议，这是联大通过的关于“保护的责任”的第一个专门决议。成果文件与联大决议被认为是目前关于“保护的责任”理念的最权威的国际文件。

“保护的责任”理念提出后，东南亚国家反应不一，总体上态度谨慎。这也在情理之中，一方面，“保护的责任”在现阶段只能算是一种理念而非一种界定清晰的国际规范，在诸多方面还存在不少“模糊地带”，争议颇大；另一方面，因为联合国文件关于“保护的责任”的论述涉及在必要情况下采取强制行动，很明显与东南亚国家看重国家主权的地区规范和文化有一定冲突。在东南亚国家中，菲律宾在2004~2005年对“保护的责任”理念表示公开支持（因为菲律宾是2004年联合国安理会非常任理事国），其后大体上持欢迎态度，但并非毫无顾虑。菲律宾南部棉兰老岛的民族分裂主义由来已久，与中央政府的武装对抗时有发生，菲律宾政府也担心自身受到“保护的责任”理念带来的道义攻击和可能的干预。[③]印度尼西亚表示了对“保护的责任”理念的谨慎支持，但要求厘清其外延，诸如何时使用武力、采用强制措施的条件等。新加坡也在口头上表示了对联合国相关决议的支持。越南起初对这一理念持观望和保留态度（担心其国内的

① 参见ICISS，“Responsibility to Protect,” http://responsibilitytoprotect.org/ICISS%20Report. pdf，登录时间：2016年9月1日。

② 参见《2005年世界首脑会议成果文件》第138、139段，https://documents-dds-ny.un.org/doc/UNDOC/GEN/N05/487/59/PDF/N0548759.pdf?OpenElement，登录时间：2016年9月1日。

③ Bellamy and Davies “The Responsibility to Protect in the Asia-Pacific Region,” p.555; also see Alex J. Bellamy, *Responsibility to Protect*: *The Global Effort to End Mass Atrocities* (Cambridge,UK:Polity,2009), p.56.

人权状况因此受到指摘），其后也逐渐认可了联合国文件的精神。缅甸对“保护的责任”理念的态度最为微妙，由于其国内被西方认为存在严重的侵犯人权行为以及与西方国家多年的敌视，缅甸的态度在东南亚国家中是最为警惕的。

“保护的责任”理念的“前卫性”与“东盟方式”的“保守性”形成对比。众所周知，东盟自成立之初就在组织文化和运作方式上形成了著名的“东盟方式”。虽然学界和政界对于何为“东盟方式”并未达成一致，但对其本质内容存在共同观点。例如，阿米塔·阿查亚（Amitav Acharya）将“东盟方式”归纳为“放弃使用武力，和平解决争端；区域主权和集体自力更生；互不干涉内政；反对东盟军事协议和双边防务合作的出现”。[①] 尤根·哈克（Jurgen Haack）将东盟方式的内容总结为“主权平等，不适用武力与和平解决冲突，不干涉，不让东盟卷入成员国未解决的冲突，和平外交、互相尊重和忍让”。[②] 戴维·凯皮（David Capie）认为“东盟方式”的核心内容是“耐心，演进，非正式，务实，共识”。[③] 在东南亚政要中，新加坡外长贾古玛（Jayakumar）的解释具有代表性，他将东盟方式归纳为“非正式性、组织最小化、广泛性、深入细致协调以达成一致与和平解决争端”。[④]

另外，在东盟重要的官方文件——从东盟成立时发表的《曼谷宣言》到《东南亚友好合作条约》《东盟宪章》中，“东盟方式”一以贯之，那就是地区联合，避免区域外大国干预，相互尊重主权，不干涉内政，通过“软性”即无拘束力的机制协调成员国之间的关系，同时在决策过程中重视协商一致，放弃多数表决的方式，形成了一种对所有成员国具有拘束力的决议式决策模式。可见，“不干涉内政、主权平等、协商一致”是东盟

① Amitav Acharya, *Constructing a Security Community in Southeast Asia*：*ASEAN and the Problem of Regional Order* (London & New York:Routlege,2001),p.48.

② Jurgen Haack, *ASEAN's Diplomatic and Security Culture*：*Origins, Development and Prospects* (London & New York: Routlege,Curzon,2003),p.1.

③ David Capie, Paul Evans, *The Asia-Pacific Security Lexicon* (Singapore: Institute of Southeast Asian Studies,2007),p.9.

④ 张振江:《“东盟方式”：现实与神话》,《东南亚研究》2005 年第 3 期。

组织决策的核心特征。

东南亚国家对改变“东盟方式”的争议和讨论始于1997年东南亚金融危机。东南亚金融危机不仅造成东南亚国家经济滑坡、政局动荡，也使东南亚国家间的关系出现微妙变化，比较突出的一个方面就是东盟内部围绕泰国提出的“灵活干预”政策出现的分歧。1998年7月，第31届东盟外长会议与第5届“东盟地区论坛”在菲律宾首都马尼拉相继举行。这届外长会议是在东南亚金融危机发生后，东南亚及亚太地区形势发生重大变化之际召开的。会议在东盟的发展方向、东盟今后是否应坚持其基本原则的问题上出现了争论。争论的焦点集中在泰国提出的要求东盟改变其“不干涉内政”的原则，实行“灵活干预”的建议。泰国认为，泰国及其他东盟成员国发生金融危机后，各国都只顾自己，东盟则采取“不干涉内政”原则，未能进行协调和采取共同行动抵御危机，致使金融危机愈演愈烈。面对新形势，东盟应对“不干涉内政”原则进行反思。泰国和马来西亚等国希望通过加强东盟成员国之间的合作，借助东盟整体的力量共同应对金融危机。但这一提议由于涉及东盟的根本组织原则和地区主导规范的变动，过于复杂和敏感，最终不了了之。东盟国家只是达成了在非传统安全问题上加强合作的共识，各国依然珍视其各自的国家主权与自主性。为了维护东盟内部的政治团结，东盟方式仍将是东盟运作的基本模式。①

二 “保护的责任”与“东盟方式”：不同价值理念的历史文化土壤

不同的地区组织可能具有表面上的相似性，但其遵循的组织原则和文化可能大相径庭。② 例如，作为一体化程度最高的地区组织，欧盟其与东盟就在诸多方面存在本质差别。产生这种现象的原因在于二者成立的历史背景、区域文化等差异明显。欧盟是欧洲国家在吸取惨痛战争教训后为

① 陈拯：《非盟与东盟干预规范演进比较分析》，《世界经济与政治》2016年第3期。

② C. Reus-Smit, *The Moral Purpose of the State* (Princeton, N.J.: Princeton University Press, 1999), p.34.

振兴欧洲坚定地走上一体化道路的产物，时至今日，欧盟在一些领域已经具备了超国家的雏形，其成员国让渡了部分本属国家主权的权力。反观东盟，其本质上还是一些主权国家的松散联合，坚持“尊重主权、不干涉内政、协商一致”的核心原则。阿米塔·阿查亚认为，决定国际规范影响力的关键变量是“规范推动者”的合法性、当地现有规范的强弱、当地行为体的声誉、外来规范的“可嫁接性”等。① 有意义的规范变革最终取决于外来规范与国际规范的有机结合，这是一个“建构性的本土化”过程，在这一过程中，当地行为体控制和决定着规范的传播程度和方式，使这一过程更倾向于“演进性”而非“革命性”。②

东盟最初成立的最重要原因是对安全的追求。东南亚与西欧不同的历史遭遇决定了其对安全方式和原则的选择差异甚大。西欧国家想限制成员国的部分主权，防止战争机器死灰复燃；东盟国家在近代遭受殖民侵略和外国主宰后都渴望和珍惜得来不易的国家主权，亟欲将本民族的命运把握在自己手里。二战后，大多数东南亚国家面临的最主要问题在于稳定国内局势以及民族国家的建立和巩固。20 世纪 60 年代，东南亚国家可谓“内忧外患”：既面临相互间的领土争端、民族矛盾、宗教冲突，也面临冷战格局导致的冲突（如越南战争）等。在这种历史背景下，1967 年，新加坡、泰国、马来西亚、印度尼西亚、菲律宾五国发起成立了东盟。这五个“老东盟”国家认为，对于新独立的、弱小的东南亚国家而言，团结是摆脱内忧外患局面的最好出路。③ 为了团结，又必须妥协、互不干涉内政，从而使“东盟方式”一以贯之。

作为主要由西方国家倡导的理念，“保护的责任”与西方国家所处的发展阶段及个人主义价值传统、人民主权原则、自由主义、宪政等立国价值观一脉相承。西方国家一向重视个人权利，坚持个体本位，认为个

---

① A. Acharya，“How Ideas Spread：Whose Norms Matter？ Norm Localization and Institutional Change in Asian Regionalism, ” *International Organization,* Vol.58(2004), pp.247-248.

② A. Acharya, *Whose Ideas Matter? Agency and Power in Asian Regionalism* (Ithaca, N.Y.: Cornell University Press, 2009), pp.5,146.

③ See M.Beeson, *Institutions of the Asia-Pacific: ASEAN, APEC, and Beyond*(London, Routledge,2009), p.29.

体是群体的基础、目的，认为“人民同意”是评判政府合法性的唯一标准，政府必须服务于人民的利益；东方国家则不同，例如东亚国家普遍受到儒家文化的强大影响，群体本位是其突出特点，服从权威，个体的利益只有在家庭、国家等共同体中才能得以保全，家国优先于个人，集体利益高于个人利益。延伸到国际关系领域，坚持个人主义的西方国家认为，如果政府未尽到服务于人民的职责，人民有权收回赋予政府的权力，国际社会也有协助的责任；东亚国家则认为国家是保护人民权益的最高和最终权威，是共同体利益的最高保护者，人民应服从于国家，国家在其领土之内享有排他性的权利，东亚国家普遍更看重社会稳定和经济发展，认为人民的政治权利和自由只有在经济发展和社会稳定的前提下才能逐步实现。

尽管 1967 年《曼谷宣言》的发表标志着东盟的诞生，但该宣言更多是强调社会和文化合作的愿望而非一种政策目标。与西欧一体化的超国家性质不同，东盟从一开始就有意避免建立一种可能侵蚀成员国主权和自主性的刚性的制度架构。欧盟拥有一套独立且高于其成员国的组织结构，有能力发起立法倡议并塑造、改变成员国的行为。东盟则似乎有意将其秘书处维持在小规模水平并使其处于无权地位。东盟秘书处缺乏足够的资源可以看作各成员国维护主权的有意战略。东盟成员国限制了东盟比其拥有更大权力的愿望。[①] 东盟国家达成协议全赖于充分磋商基础上的协调一致。“东盟方式”是东南亚地区政治的显著特征之一。这一特征是东南亚地区历史发展的产物和地区文化的映射：青睐“安静外交”，主要体现在东盟成员国更倾向于将争议搁置一段时间，然后才通过非正式途径管理冲突和解决争议。当成员国间出现问题时，各国政府并不公开发表它们的不同意见，避免冲突可能升级而更加难以管控。与此同时，他们会通过闭门商谈消除这些分歧。[②] 简而言之，历史经历和现实考虑都迫使东盟力求避免欧盟那种强调对抗、讨价还价、法律规制等“西方方式”。

虽然“东盟方式”也有其称道之处，但其批评者认为，东盟国家是在

① 周士新:《试析东盟秘书处的权力限度》,《东南亚纵横》2016 年第 5 期。

② 周士新:《试论中国——东盟关系中的安静外交》,《国际观察》2017 年第 2 期。

回避问题而不是在解决问题。[①] 东盟被认为没有意愿和能力解决重大的争议问题。在东盟一再扩大后，尤其是吸收了在人权领域颇受争议的缅甸之后，东盟的决策特点再次强化，在具有争议的议题（如人权问题）上达成一致意见变得更不可能。

虽然有迹象表明个别东盟国家也曾试图推动东盟决策方式的改革，例如泰国在亚洲金融危机后倡导“灵活干预”，但总体来说，诸如此类倡议并未导致东盟运作方式的重大变化以及东盟对其成员国影响的显著增加。[②] 虽然国际社会的组织化日益加深，国家让渡部分主权来换取合作的收益已是大势，但东盟国家对主权和自主性的珍视使“东盟方式”的重大变革步履维艰。[③] 就《东盟宪章》来说，虽然包含了促进人权、民主、法治、善治等价值观的承诺，但依然没有带来东盟决策模式的重大变革，体现了东盟在实施决策中言辞与实践之间存在鸿沟。[④]《东盟宪章》对人权的重视与认同依然建立在尊重主权、不干涉内政、协商一致的基础上，对于明显违反人权原则的国家缺乏有效的制裁措施（如取消其东盟成员资格）。这就意味着东盟在集体决策、制裁“机会主义”行为、解决国际社会的关注热点问题方面仍然存在较大的机制上的缺憾。[⑤]

很明显，“保护的责任”理念对主权原则的突破必定会遭到东盟的谨慎对待。“保护的责任”具有两面性，其对人权的捍卫体现了进步性，其对主权的突破又彰显了前卫性。2008 年缅甸“纳尔吉斯”风灾以及东盟的反应给我们提供了观察“东盟方式”的绝好机会，让“人道主义”与“主权原则”正面碰撞，东盟的反应引人关注。事实上，这次灾害使东盟遭遇的窘境恰恰使“东盟方式”实现了具有自身特色的演变，使“人道主义”

① D. M. Jones and M. L. R. Smith, “Making Process, Not Progress: ASEAN and the Evolving East Asian Regional Order,” *International Security,* Vol.32,No.1,2007,pp.148-184.

② J. Haacke, “The Concept of Flexible Engagement and the Practice of Enhanced Interaction: Intramural Challenges to the ‘ASEAN Way’,” *Pacific Review,* Vol.12, No.4,1999,pp.581-611.

③ S. Narine, “State Sovereignty, Political Legitimacy and Regional Institutionalism in the Asia-Pacific,” *Pacific Review,* Vol.17, No.3,2004,pp.423-450.

④ H. E. S. Nesadurai, “ASEAN and Regional Governance after the Cold War: From Regional Order to Regional Community？” *The Pacific Review,* Vol.22,No.1,2009,pp.91-118.

⑤ 江帆:《东盟安全共同体变迁规律研究》，中国社会科学出版社，2013，第 179 页。

与“主权原则”相互妥协，从深层次来看，是东盟国家对主权的认知发生了变化，具有历史进步意义。

三　2008年缅甸“纳尔吉斯”风灾与东盟的反应：“东盟方式”的微妙变化

2008年缅甸“纳尔吉斯”风灾造成大规模人员伤亡后，缅甸政府应对国际援助的消极态度受到诸多谴责。这一事件发生之初，瞬间暴露了东盟应对人道主义紧急任务的能力不足问题以及“东盟方式”的缺陷：自然灾害本质上属于一国内政，东盟遵循“不干涉内政”原则，无力强迫缅甸政府做出决定；但惨烈的灾后景象令缅甸政府的冷漠态度失去合法性，东盟必须有所行动。于是，东盟引人注目地做出了积极回应，充分运用外交手段和相应的能力建设机制，说服了缅甸政府主动接受国际援助，以赈灾为先。缅甸风灾折射出东盟主权原则和人道主义原则的微妙平衡。因此，可以谨慎乐观地认为，东盟的政治精英就人道主义紧急事态需要回应以及需要重新思考东南亚地区既有的外交原则与实践已经达成了共识。① 这种认知和理念上的共识对思考东盟存在的目的是一个有价值的视角。在东盟既有的组织文化背景中，任何公认的组织规范的微妙变化都意义重大。

2008年5月3日，强热带风暴“纳尔吉斯”突袭了缅甸伊洛瓦底三角洲地区，造成重大人道主义灾难。根据政府的官方统计，风灾遇难者达7.8万人，另有5.6万人失踪，还有250万灾民处境十分艰难。② 但民间保守估计死亡人数在10万人以上，西方国家给出的数字更高。这是2004年印度洋海啸以来人类面临的最为严重的一场自然灾害，更是缅甸500年一遇的大灾害。③ 面对罕见的天灾，缅甸军政府措手不及，显然国际上的援助

① Noel Morada，“R2P Roadmap in Southeast Asia: Challenges and Prospects,” UNISCI Discussion Papers,No.11（May 2006）.

②《缅甸官方媒体称2.8万人死于风灾，仍有3万人失踪》，凤凰网，http://news.ifeng.com/world/other/200805/0512_1396_533666.shtml，登录时间：2017年6月2日。

③《“纳尔吉斯”启示录：人道救援无国界》，搜狐新闻，http://news.sohu.com/20080525/n257062107.shtml，登录时间：2017年6月2日。

和支援不可或缺。但由于缅甸封闭多年，又被某些西方国家制裁，军政府起初顾虑诸多因素，对国际人道主义物资的进入和其他援助持消极态度，对物资和人员进入缅甸救灾更是十分警惕，采取诸多限制措施，并提出由缅甸政府分配救灾物资。这一立场引起不少质疑，担忧缅甸政府私吞援助物资，使其无法到达灾民手中。军政府还限制救灾人员的行动自由，担忧这些人趁机进行民主宣传，引发社会骚乱。① 联合国人道主义事务协调办公室的官员称，只有 1/4 缅甸所需救灾物资被允许进入缅甸，而且运抵的物资并未得到有效分配。有报道曝出缅甸军方官员私屯援助物资并于黑市抛售牟利的丑闻。②

面对缅甸军政府的消极无为，国际社会要求“干预”缅甸灾情的呼声再起。2008 年 5 月 7 日，法国外长伯纳德·库奇纳（Bernard Kouchner）建议联合国安理会引用和根据“保护的责任”，无须经过缅甸政府同意，进行救灾物资的输送。法国驻联合国大使重申了这一呼吁。这一提议在欧洲和北美国家引起广泛响应。法国人权事务高级官员拉玛·亚德（Rama · Yade）告诉记者，“我们呼吁将‘保护的责任’引入现在的缅甸”。③

然而，库奇纳的建议被中国和东盟在联合国安理会的代表拒绝，中国和东盟认为“保护的责任”不适用于自然灾害导致的灾难。④ 中国驻联合国代表认为“缅甸的境况不应被纳入安理会的议程当中”，印度尼西亚也认为“要讨论缅甸的人道主义问题，有比联合国安理会更合适的场合”。⑤ 东盟国家普遍认为，在缅甸军政府不同意的情况下，不能强迫缅甸接受人道主义援助。中国、印度尼西亚、越南等国对将“保护的责任”运用于缅

---

① 《缅甸灾后：“纳尔吉斯”几乎摧毁这个国家》，网易新闻，http://news.163.com/08/0514/03/4BSH4U360001121M.html，登录时间：2017 年 6 月 2 日。

② Aung Hla Tun, “World Fears for Plight of Myanmar Cyclone Victims, ” *New York Times*, May 13,2008.

③ Aung Hla Tun, “World Fears for Plight of Myanmar Cyclone Victims, ” *New York Times*, May 13,2008.

④ Rebecca Barber, “The Responsibility to Protect the Survivors of Natural Disaster: Cyclone Nargis, A Case Study, ” *Journal of Conflict and Security Law,* Vol.14,No.1,2009,pp.3-34.

⑤ Security Council Watch, *Update Report*：*Myanmar*, No.4,May 14,2008.

甸的反对立场基于两方面的考虑，一是认为“保护的责任”并不适于遭受自然灾害的缅甸，二是担忧这一理念可能会被滥用，造成对缅甸国内事务的强制干涉。

鉴于国际社会对缅甸政府消极态度的指责和对东盟发挥建设性作用的期待，虽然东盟对缅甸风灾的反应被批评为迟缓、犹豫，但与之前柬埔寨危机和东帝汶危机发生后坐等域外力量发挥领导作用迥异的是，东盟认为介入此次缅甸的灾害义不容辞，积极承担起说服缅甸政府采取更开放、更积极的救灾举措的使命，在缅甸和国际社会之间扮演了积极和建设性地协调和斡旋的角色。在“纳尔吉斯”风灾后，东盟的举动和作用引人关注。

5 月 5 日，东盟时任秘书长素林·比素万（Surin Pitsuwan）呼吁所有的东盟国家为缅甸灾民提供紧急救灾援助。5 月 8 日，东盟秘书处设立了“东盟灾害救助合作基金”。东盟秘书处希望这一基金的设立和使用坚持两个原则的平衡：既要坚持“不干涉内政”原则，防止资金提供者对资金的分配和使用预设条件，将“人道主义援助”政治化，同时又要使基金捐赠者相信资金不会被挪作他用，将仅被用来救济灾民。① 东盟成员国相继进行了单独或集体的特别外交行动，旨在说服缅甸政府准许人道主义援助进入。5 月 8 日，泰军总司令成功说服了缅甸政府，使其允许使用美国的军用直升机来运输援助物资。5 月 9 日，东盟秘书长素林要求缅甸领导人“立即”接受东盟国家提供的援助。② 面对缅甸的危机，素林期望能够组成一个“慈善联盟”（coalition of mercy），由联合国和世界银行等国际组织牵头，东盟在输送紧急援助物资和受灾地区灾后重建方面发挥主导作用。

缅甸军政府拒绝了素林的要求，仅允许一支紧急快速评估小组（Emergency Rapid Assessment Team）对灾区的食物、卫生等情况进行评估。这一小组的成立十分仓促，于 5 月 13 日即风灾发生 10 天后才抵达灾区。5 月 19 日，小组提出了报告，称缅甸灾区的人道主义状况十分严峻，由于

① Donald K. Emmerson, “Critical Terms: Security, Democracy, and Regionalism in Southeast Asia, ” in Donald K. Emmerson, ed., *Hard Choices：Security，Democracy，and Regionalism in Southeast Asia*（Singapore: Institute of Southeast Asia Studies,2009）,p.43.

② Jurgen Haacke, “Myanmar, the Responsibility to Protect and the Need for Practical Assistance, ” *Global Responsibility to Protect,* Vol.1,No.2（2009）, p.171.

疾病传播和营养不良等因素，死亡人数可能还会大幅上升。这一报告建议东盟发挥领导作用，与联合国、周边国家、非政府组织等进行合作，对缅甸进行紧急的人道主义援助，并帮助缅甸政府进行灾后重建。① 这一报告的结论与之前缅甸政府宣称的“已尽最大努力满足灾民的需求”存在不小差别，国际社会对缅甸政府的质疑之声不绝于耳。②

5月19日，东盟召开了针对缅甸的特别外长会议，商讨应对缅甸危机的行动路线。这次会议是一个分水岭和转折点。面对缅甸军政府的消极态度，东盟国家一改“安静外交”的传统，向缅甸奈温政权施压。新加坡外长杨荣文（George Yeo）提出，“现在是搁置其他政治分歧，共同应对人道主义危机的时候了”。印度尼西亚外交部长甚至暗示，如果缅甸军方再次拒绝东盟的提议，那么东盟将无力阻止联合国安理会采取进一步的强制措施。最终，缅甸终于同意成立救助“纳尔吉斯”风灾的人道主义专门机构。这一机构的主要任务是有效分配援助物资、调遣人道主义工作人员等，由东盟负责协调。这次会议之后，缅甸政府同意立即调遣东盟国家的医疗队伍进入缅甸，接受来自国际和地区的援助。在缅甸奈温政权的邀请下，东盟秘书长素林于5月20日访问缅甸，与缅甸领导层商讨了落实“5·19”会议共识的具体细节，希望缅甸政府全力支持其实施。几天之后，联合国秘书长潘基文访问缅甸，再次确认了缅甸政府的承诺，强调了缅甸接受国际援助的迫切性。之后，缅甸官方允许更多的人道主义工作人员进入缅甸。③

尽管犹豫不决，但东盟最终还是成功说服缅甸政府允许国际人道主义援助进入，协调了一次重大的人道主义灾难事件。尽管还是有所耽搁，但最终还是避免了灾后死亡率再次攀升。缅甸遭受的重大灾难再一次暴露了东盟的制度能力不足以及“东盟方式”的缺陷。在灾害发生两周之后，东盟才拿出有力的人道主义救援协调计划，如果灾区爆发大规模疾病，那后

① ERAT, “Cyclone Nargis, Myanmar, ” Mission Report, May 18,2008.

② ERAT, “Cyclone Nargis, Myanmar, ” Mission Report, May 18,2008.

③ “Cyclone Nargis OCHA Situation Report No.30, ” UN Office for the Coordination of Humanitarian Affairs, June 11,2008.

果将不堪设想。无论如何，此次缅甸的重大灾难也使东盟国家经历了诸多“第一次”：紧急快速评估小组（Emergency Rapid Assessment Team）的成立和行动；东盟首次在重大的人道主义行动中发挥领导作用。事实上，东盟在缅甸“纳尔吉斯”风灾后的反应和努力对东盟来说也是一次“洗礼”。有理由认为，东盟国家已经逐渐认同了主权的“责任伦理”，并积极采取多种手段来践行这一理念。①

东盟对缅甸“纳尔吉斯”风灾造成重大人道主义灾难的反应提供了一个观察地区组织规范演变的绝好视角。主权原则依然是东南亚地区规范的基石，但有迹象表明东南亚国家对主权的看法已经发生了微妙的改变。东盟国家起初并不愿意支持对缅甸采取强制措施来实施人道主义行动，但有足够证据表明东盟多数国家认为缅甸政府在“纳尔吉斯”风灾过后的应对“不负责任”。尽管自然灾害引发的灾难明显属于“国内事务”，东盟其他国家此次却认为有必要采取适当措施劝说缅甸政府改变态度和方式，避免人道主义灾难恶化。值得注意的是，东盟在风灾后对缅甸政府的施压并非主要来自西方国家的舆论压力，而是东盟国家对“主权”原则认识的深化与升华，这一“负责任主权”意识的觉醒与当今世界重视人权的历史潮流相符，也与《东盟宪章》的精神和原则一致。东盟国家用“东盟方式”协调了“主权”与“人道主义”的关系，维持了二者的平衡。

在东盟秘书长素林的呼吁下，东盟国家反应迅速、积极，通过公开或私人渠道向缅甸政府传达信息，力劝其接受国际人道主义援助，允许物资和人员进入。东盟在“纳尔吉斯”风灾后的应对表明东盟国家不再将主权视为“绝对主权”，不再认为一国政府在任何情形下都有权对其人民做任何事情。由于适用范围的限定，“保护的责任”理念并不适用于“纳尔吉斯”风灾后的缅甸，但是有证据表明，国际规范的扩散已经出现，一种被称为“负责任主权”的观念已在东盟国家中萌生，这一“负责任主权”观念很明显要求国家要在必要时为国际人道主义援助提供便利。

---

① See Seng Tan, “Providers Not Protectors: Institutionalizing Responsible Sovereignty in Southeast Asia,” *Asian Security*, Vol.7, No.3,2011.

然而，在东南亚地区，这一“负责任主权”观念的出现并不会轻易改变该地区已经根深蒂固的“东盟方式”，更不会很快出现一个强有力的、超国家的地区制度架构。不干涉内政、主权平等、协商一致等原则依然是东盟的地区主导规范，也是其成立的基石。国际规范要成功扩散和传播，必须考虑到不同地区的实际情况和偏好，只有这样才能实现规范的“本土化”。国际规范的本土化就是“外部理念适应当地实践的过程”。[①] 具体到东南亚地区，就是诸如“保护的责任”之类新兴的国际规范的传播必须与东盟的“不干涉内政”原则相一致，在运用过程中与“不干涉内政”原则相适应。

四　结语

“保护的责任”与“东盟方式”根植于不同地区的历史、文化土壤之中，两者虽有“前卫”与“保守”之别，但绝非全然对立。保护人权是二者的共同追求，《联合国宪章》与联合国安理会的权威是二者共同的依据，但对二者的理解殊异。借重于西方国家的强大实力和话语权，“保护的责任”理念被西方国家强势利用，在国际理念传播和重大国际危机中处于攻势。在两种理念激烈碰撞、双方都能找到强大支持者的时候，任一理念都不可能在全球居于主导地位。因此，重大危机的地区治理是当前国际规范发挥作用的可行路径。地区组织和地区主导规范将发挥关键性作用。[②] 东南亚国家在“纳尔吉斯”风灾后的反应体现了国际理念与地区规范相互调适的过程。对于东南亚国家来说，最关键的一点是，哪怕在最坏的情况下，进行人道主义支援都要征得当事国的同意。但这并不妨碍在某些紧急情况下，为了争取当事国的同意，其他东盟国家和东盟秘书处积极进行外交活动，向当事国施加外交压力，这些外交和舆论压力在此时是正当合理

① A. Acharya , “How Ideas Spread: Whose Norms Matter? Norm Localization and Institutional Change in Asian Regionalism, ” *International Organization*, Vol.58, 2004, pp.239-275.

② Lauren Dunn, Peter Nyers & Richard Stubbs, “ Western Interventionism Versus East Asian Non-interference: Competing ‘Global’ Norms in the Asian Century, ” *The Pacific Review*, Vol.23,No.3, 2010, pp.295-312.

的。在“纳尔吉斯”风灾后，缅甸政府发现，要么在“负责任主权”观念下主动接受人道主义援助，要么面临可能来自联合国安理会的强制干预措施。最终，缅甸政府做出明智、务实的决定，放开国际人道主义援助，合力救灾。这是一个在“主权原则”和“人道主义干预原则”之间进行妥协和平衡的典型案例，颇具东盟特色。

其实，“负责任主权”理念与《东盟宪章》也并不矛盾，前者的精神包含于后者之中。虽然关于主权与人权间关系的辩论在东西方和不同国家间还存在较大争议，但尊重和保护人权已是世界性的共识和潮流，只是在方式和程度上因为文化差异而有所区别。《东盟宪章》第一章第二条第二款规定：东盟及其成员国须遵照下列原则：“遵守法治、良政、民主原则与宪法政府；尊重基本自由，促进和保护人权，以及促进社会正义”等。[①]如有严重违背第二条的，应交由东盟峰会讨论决定（《东盟宪章》第二十条）[②]。可以从两个方面对此进行分析，其一，“负责任主权”观念和原则已经内嵌入《东盟宪章》，被东盟国家一致接受。换言之，东盟国家对缅甸的劝说和施压是其自觉行为，并非迫于国际社会的压力。因此，这种主权观念的微妙嬗变更值得关注。其二，若对“严重违反”《东盟宪章》精神的行为不闻不问，将大大削弱《东盟宪章》的公信力和东盟的作用。如若有成员国没有遵守东盟共同的行为准则和标准，那么负面后果会波及其他成员国甚至整个东盟。因此，问题不在于国际规范是否对东盟产生了影响，而在于这种规范被塑造的方式以及其“嵌入”当地情境的程度。

责任编辑：许瀚艺

① “The ASEAN Charter,”东盟官网，http://www.asean.org/wp-content/uploads/images/archive/publications/ASEAN-Charter.pdf，登录时间：2017 年 5 月 27 日。

② “The ASEAN Charter,”东盟官网，http://www.asean.org/wp-content/uploads/images/archive/publications/ASEAN-Charter.pdf，登录时间：2017 年 5 月 27 日。

Responsibility for Protection and the Evolution of "ASEAN Way"

——Taking ASEAN's Reaction after Cyclone Nargis in Myanmar as an Example

Zhang Peng

Abstract: "Responsibility for Protection" has become a hot and controversial issue in the field of international relations, which has its progressive significance. This idea has a far-reaching impact on the development of international norms. Since its establishment, ASEAN has gradually formed a famous "ASEAN style", that is, adhering to the principle of sovereign equality, non-interference in internal affairs and consensus in ASEAN. This has become a distinctive feature of ASEAN's political decision-making. However, there are signs that, in 2008, after causing serious humanitarian disaster by Cyclone Nargis in Myanmar, the junta initially refused to external assistance. The pressure from the United Nations and other ASEAN members forced significant changes on the junta's behavior, eventually making it accept assistance and cooperate with international community. This demonstrates that even if the principle of non-interference in the internal affairs is deep-rooted in ASEAN, it also absorbs the reasonable elements of international norms keeping up with the times, and reconcile the relationship between the principles of humanitarian and non-interference in the internal affairs. The difference is that this adjustment has the characteristics of the "ASEAN Way", and it should be subject to the consent of the contracting country. This reflects that the spread of international norms must adapt to the local situation.

Keywords: Responsibility for Protection; ASEAN Style; Humanitarian; Non-interference in Internal Affairs; Cyclone Nargis in Myanmar

研究动态

中亚人类学概述*

〔英〕凯瑟琳·亚历山大 著**
袁 剑 刘润蛟 译***

摘 要： 随着苏联的解体以及对这一地区的逐渐进入，（西方传统的）中亚人类学已经兴起。最近一段时间，对中亚本地资料、档案和本土学者的关注大幅增加。对中亚的理解，也从将其看成一个孤立的地区，开始转变为一个在某种程度上由不同区域和传统整合而成的地区，这些区域和传统包括伊斯兰、突厥、游牧民、西南亚以及后社会主义和后殖民主义。对与这一地区有关的贸易网络和人口迁移的重点关注，再次强调了中亚的这种整合概念，以及通常与民族国家族类边界不一致的、复杂的族群生活经历。后续的讨论将以在部落组织之上的现有精英政治和苏联传统通过混合方式的再现或者消失为背景。研究的关注点主要集中在宗教、政治和民族划分领域。进

* 本文英文题目为“Anthropology of Central Asia”，刊载于 *International Encyclopedia of the Social & Behavioral Sciences*, Volume 3, 2nd edition, pp. 316-322。本文为国家社科基金重大项目“‘一带一路’沿线各国民族志研究及数据库建设”（编号：17ZDA156）、北京外国语大学中国文化走出去协同创新中心重点项目“近代中国知识界对中亚诸国的认知观念流变”（项目批准号：CCSIC2017-ZD03）的阶段性成果。

** 凯瑟琳·亚历山大（Catherine Alexander），英国杜伦大学。

*** 袁剑，历史学博士，中央民族大学世界民族学人类学研究中心副教授、硕士生导师，主要从事边疆研究、中亚研究；刘润蛟，中央民族大学世界民族学人类学研究中心硕士研究生，主要从事中亚研究。

一步的研究要对新的经济问题和其他的不平等，以及工业、劳工和环境问题加以关注。

关键词： 中亚　人类学　整合

中亚可以说是世界舞台上最古老的处女地，被不同的学术团体、商业组织或国家力量反复发掘，力图开辟一片新的民族志地区，寻找新的资源，重组地缘政治联盟。Newton（2001）暗示，苏联解体后，对中亚这一区域的“浪子”想象激发了对该地的众多探索之旅，并形成关于中亚的一系列主张，似乎中亚在世界地图上还是一片空白。可以说，这些观点在作为追赶（Liu,2011）英语世界和西方学术的概念化的中亚人类学中颇为流行。无论如何，都需要承认之前已做过大量的其他工作，前苏联时代、苏联时代和后苏联时代的学者已经开始通过新的翻译和对历史叙述（例如 Levi and Sela,2009）的重要参与，重塑中亚人类学的轮廓，苏联时代来自这一地区（Masanov,1996;Naumova, 1991）和相关档案馆（Jacquesson,2010）的民族志（Mühlfried and Sokolovskiy, 2012）学者，正延续着 Stoler（2009）所说的档案转向（the archival turn）。

具有弹性的区域定义

尽管地理学上对中亚定义的多样性众所周知，而且与诸如涵盖突厥人土地的俄属突厥斯坦等其他概念相重叠，但作者采用现今惯例，认为中亚包括哈萨克斯坦、土库曼斯坦、吉尔吉斯斯坦、乌兹别克斯坦、塔吉克斯坦和中国新疆（有人还认为应该包括后苏联时代的高加索地区）。值得注意的是，需要注意到这一地区不同国家间的差异性、中亚的特殊性以及与其他地区和历史所分享的各种要素。正如下面所讨论的那样，这一地区似乎在同一风暴中同时出现和消失。几个特征将被用于勾勒本文的其他部分。与其他国家的草原、游牧历史不同，乌兹别克斯坦有很长的城市定居历史。塔什干也的确因其人口规模与文化的重要性，曾经是苏联中亚地区的主要城市。一种观点认为，塔什干明显受到了这一地区的其他城市的竞争。尽管塔吉克斯坦和乌兹别克斯坦都气候干旱，但双方都在20世纪最终转向了单一的棉花种植，这需要大型水利灌溉工程，这些水利工程在一定程度上导致了咸海的干涸以及这一地区土壤环境的恶化。在中国新疆和塔吉克斯坦接壤的山地中，只有很少的土地可供当地人居住和耕作（Bellér-Hann et al., 2007）。

正如罗伊（Roy, 2000）所观察到的那样，中亚的政治体特别是吉尔吉斯斯坦、乌兹别克斯坦和塔吉克斯坦交界处的费尔干纳盆地的边界，似乎因斯大林着眼于维持更大范围内政治实体的和平局面，被人为地加以划分。确实，苏联解体之后塔吉克斯坦爆发了内战，正是这一被割裂的地区引发了冲突。与国家独立相伴而生的边境冲突在许多其他后殖民地区也同样出现。正如Kandiyoti（2002a）再次强调的，中亚的经济、政治不同于苏联其他加盟共和国。在东欧，例如匈牙利和捷克斯洛伐克，经济和政治控制与政体和地方治理的关系不太密切，但对于中亚国家来说，大规模的原料生产和单一的农作物（棉花和小麦）种植，通过攫取当地资源的联盟官员和本地干部，被莫斯科有效地控制起来。技术和专业工作被斯拉夫人占据，1991年苏联解体后，中亚出现了严重的知识人才短缺。

一种更深入的观点认为，苏联的能源网络将中亚国家编织进一个相互依存的复杂网络。

一种迹象表明，中亚被看作与全球其他地区一样重要的民族志地区，而不仅仅是作为某些稀奇古怪的异文化生活被主流人类学刊物关注（Rasuly-Paleczak, 2005; Liu, 2011; Marsden, 2013）。具有讽刺意味的是，即使中亚作为一个民族志地区被关注，也仍旧主要是通过揭示这一地区本质上的多元性和流动性来体现的，并通过（包括主客位的）四个方面挑战关于民族国家建构的宏观叙述。第一，这一地区通常被作为其他地区和传统的扩展，通常被认为非常适于应用其他地区发展出的理论。第二，经济、政治和环境因素导致的古今人口迁徙扩展了这一地区民众全球性存在的范围，这当然会挑战人类学对这种大规模人口流动的表述。第三，诸如维吾尔族和其他民族在民族国家边界内的共存，对精英的单一文化生产观念提出了质疑。第四，电影和建筑景观正作为一种想象中的全球观众参与的方式被不断地加以分析。

因此，Liu（2011）建议追随 Chari 与 Verdery（2009）相关论点的脚步，将这一地区与后社会主义（尤其是苏联和东方集团）和后殖民主义同时联系起来，而 Kandiyoti 则指出了将后社会主义（2002b）和后殖民主义（2002a）视角拓展到中亚领域的潜在可能性及其局限性。Rasuly-Paleczek（2005）指出了其他突厥视角在分析中亚部落与国家关系方面所具有的优势。Marsden（2012）认为有必要将这一地区与西南亚和更为广大的“想象的伊斯兰共同体”（imagined Muslim communities）做对比研究，并将这些区域作为一个整体加以考量。对历史上和当今的人口流动，各国内部和跨国的不同族群所处的地位，城市内部的族群重构以及社会活动，在看待民族领土（ethnoterritories）的观念上，与民族国家精英的观点都大相径庭，这与 Appadurai（1990）关于族群景观（ethnoscapes）的理念类似。最终，对政治表演和政治展演的兴趣（Cummings, 2010; Beyer et al., 2013），无论是事件（Adams, 2010）、建筑景观（Laszczkowski, 2011; Alexander et al., 2007）还是由中亚制作或关于中亚国家的电影（Yessenova, 2011; Norris, 2012; *Slavic Review*,2008），都暗示了另一条路径，即政治精英通过对民族国家文化的垄断定义和他们对自己人民和外人的传统话语来建构民族。Lane（1981）关于统治者自身展演的经典描述仿佛是其自身的行为，虽然表面上有着不同的背景。

在本文余下的部分，我将提及并拓展一些主要议题（涵盖了对政治、经济、宗教的杰出阐述），由于篇幅所限，对移民、性别、工业、劳工、当前的经济危机和环境挑战这些议题有所省略。但不管怎样，我都试图对这一地区的历史编纂学和机制性框架做一个简要的概述。

中亚的非西方叙述

Levi 和 Sela（2009）编纂的中亚历史文献集依次展现了 7 世纪以来这

一地区经由贸易、征服和关键事件，与阿拉伯人、穆斯林、突厥人以及蒙古人的碰撞。16、17 世纪的乌兹别克王朝——这一被巴布尔回忆录详细记录的政权，同样被由英国商人、叶卡捷琳娜二世资助的探险家记述，更被后来的第一次大博弈（great game）的参与者记载。Paksoy 认为，这些早期的尝试将突厥人的中亚与突厥语言学联系了起来。例如，巴托尔德（Barthold，1894-1936）在 20 世纪 30 年代翻译的《科尔库特之书》（成书于 16 世纪），由于与潜在的泛突厥主义有关，因此在 20 世纪 50 年代被斯大林封禁。中亚地区极为丰富的资源——土地、人口、植物和动物长期吸引着人们对其的细致勘测。瓦里汗诺夫（Shoqan Walikhanov，1835-1865）是这一地区最著名的哈萨克学者之一，由于他参加了沙俄军队，因而将其看成是哈萨克民族英雄之一显得有些不太自然。西方学者进入苏联受到严格限制，因此他们与中亚的接触非常少。Lubin（1985）在 1979 年对安集延工厂中劳工关系的叙述，不管是在民族志方面，还是在处于主导地位的宗教、政治、亲属关系研究领域，都是独一无二的。Piirainen（1996）的民族志作品对哈萨克斯坦一座工业城镇在 1991 年的破产历程做了独一无二且相当出色的叙述。此外，西方学者的中亚研究大都局限于基于政府统计和档案这些二手数据的宏观分析，当时正处于 20 世纪 90 年代初期，国家的形成是核心关注点（Smith et al.,1998）。

关于地区和议题的机制框架

对于人类学家来说，机构和国家的支持往往会使田野工作集中于一些国家和某些特定议题，但也有例外。因此，马克斯 - 普朗克人类学研究所的研究计划就已经涵盖中亚的产权变迁（Hann,2003）和公民宗教（Hann，2006）。1992 年在塔什干成立的法国中亚研究所，使法国专家能进入乌兹别克斯坦开展研究。其他途径的进入依然十分困难。塔吉克斯坦 1992 年到 1997 年的内战和随后持续的动荡已经吸引了一些人类学者（参见 Harris,2004），同样有几篇基于这一国家研究的博士论文问世，Marsden（2012）则提供了一个有关塔吉克斯坦国内阿富汗商人的精彩描述。土库曼斯坦是一个更加难以进入的禁地（可参见 Peyrouse,2012）。因此，无论多少人想争辩中亚的地理范围，然而，对于无论是来自东太平洋、美国还是欧洲的绝大部分西方人类学家来说，他们所关注的还是哈萨克斯坦、吉尔吉斯斯坦、乌兹别克斯坦。有趣的是，中国新疆日益吸引着中国、伊斯兰、后社会主义和突厥语民族、突厥语言问题研究的各类学者的关注。

产权制度变迁

大部分关于 20 世纪 90 年代经济变迁的叙述，可以说与遍布原苏联地区的，聚焦于国家解体之后紧随的经济困局以及医疗、教育、基本福利和国营企业的支持不复存在的更大范围的后社会主义叙述结合在一起。与此同时，在工厂、集体农庄、服务业私有化、重组或者干脆停工后，出现了大量失业现象。虽然，有时产权制度变迁被看成是国家财产和服务的私有化，但国家投资减少并不一定使财产完全转移到私人手中，诸如社会基础设施属于工厂和乡镇企业，通常会被简单地看成是资本外流。因此，所有权不明的一部分财产就和那些私有化的国有企业、土地和住房一同腐烂（Alexander,2004b）。在某种程度上，这些关注点已经被应用到其他后社会主义国家的研究当中。失业有着多种形式，从无薪休假到领取最低保障、推迟支付工资、实物支付工资，最终到完全失业。当无法变现时，城市和乡村企业会在名义上向员工转让股票，这常常会使企业迅速被一小撮人掌控，这些人通常是之前各类企业的领导，而为了尽快变现而交易的股票，通常导致企业迅速整合，被一小群人控制，通常是前董事会成员；通过小修小补后转让给个人或家庭的土地无法供给一个家庭的生存，特别是在那些种子、肥料、燃料和市场都不再供给的地方。Trevisani（2010）同样展示了乌兹别克斯坦的棉花农场是如何在改革后仍旧被同样一群人控制的。贪污腐败十分普遍（Khazanov,2012）。Nazpary（2001）提出了一个理论，认为系统性的混乱掩盖了 20 世纪 90 年代在阿拉木图对那些最终失败的人的刻意剥削。虽然关于对于系统究竟发生了什么变化的描述从主位角度看十分混乱，但这仍旧是对那些最终一无所有的人的强有力的描绘。对经济条件变化的解读通常与精英有关，Rasanyagam（2011）认为国家依旧是那些非正式经济中新兴精英操纵资源的源泉。

工厂、集体农场和基础设施突然中断工作的影响是多方面的。更多占据主要地位的男性工人最先受到影响，可以发现很多妇女的角色发生变化，她们进入集市（Yessenova,2006; Spector,2008），承担起养家糊口的职责。Kaiser（2005）追踪了那些拎着手提箱随处买卖的商人，最初通常是女性（Werner,2004）出现在新变动的乌兹别克斯坦和哈萨克斯坦边境，或者穿梭于中亚各国。这些商业贸易的变化暗含着道德含义的转变，那些曾经被看作非法的、外围的、不固定的贸易行为突然随处可见，并被精英阶层认可。最近的经济危机是否引起了广泛的道德疑虑，或者其他影响还没有被充分讨论。Pertic(2013）对最近吉尔吉斯斯坦家畜的长期影响的总结、Yessenova（2010, 2011）对所有制的固化以及 Bissenova（尚未出版的作品）对阿斯塔纳房地产繁荣与衰败的阐述是例外。

Okada（尚未出版的作品）提供了一个富于想象力的分析，让我们得以了解在塔什干劳动价值论如何与苏联美学中的性别观念相联系。因此，最具价值的画作都有着英雄式的尺寸和主体，用油画颜料绘制，挂在公共场合，并且由男性创作；少量水粉画则由女性保存，深藏闺中。随着国家运行体系的崩溃和国外市场定价体系的转变，水粉画和素描画的价值逐步提升，女性艺术家的经济地位迅速改善。

尤其是在近期，对作为去集体化、私有化和失业后果的农村贫困问题的研究相对较少。Shreeves（2002）和 Kandiyoti（2003, 2004）各自详细考察了哈萨克斯坦和乌兹别克斯坦的性别和农村家庭经济。正如城市中随处可见的被废弃的大楼，农村中许多私有化的农场因无力经营而被遗弃，男人们因无法供养家庭和依靠妇女而感到无力（Shreeves, 2002）。从某种意义上来说，城市和农村的私有化都展示了标准的新自由主义发展范式及其定义，以及其在理解实际的土地生产方式和解决新形式的贫困方面的失败。例如，用核心家庭来理解农村家庭和经济单位，并不会牵涉集体化时期、各个世代的劳动与产权制度（Kandiyoti, 1999）。Werner（1998, 1999）展示了在哈萨克农村家庭中，慷慨的赠礼和盛宴依旧是最主要的支出，是财政、社会稳定的源泉。在 Khazanov(1984) 对草原游牧的基础研究之上，Kerven（2003）特别是 Khazanov（2012）的研究对哈萨克斯坦和土库曼斯坦变迁中的产权制度做了深刻描绘。政府支持迅速减少以及政策持续忽视农村地区，使得如今单一依靠游牧业生产变得几乎不可能，联合经销商所定的价格使小型羊毛、乳制品和肉类生产者面临生存问题。Khazanov 指出，这种生存方式遭到不可逆转的破坏：农村地区的经济、社会差距持续扩大，游牧者的移动能力甚至比苏联时期还低。

随着对一开始的震荡导致的经济衰退变得习以为常，人类学研究已经从对财产和价值的关注转向表达、权力不平等、身份这一系列问题，通常通过竞争性的民族性观念、宗教多样性及其实际所需得以阐释。在这种意义上，这些趋势可以看作对西方左翼政治从“分配政治”（a politics of allocation）向“认知和身份政治”（a politics of recognition and identity）普遍转向的反映。

表演的政治：身份认同、部落和流动的民族性

人类学学者和地理学学者都对基于苏联边界创造和巩固的新民族国家产生了巨大兴趣。民族志增加了对这一地区民族流动性的描述，受到苏联对民族疆域性（ethnoterritoriality）强调的影响，使得在多民族地区或者民族聚居区，在不安情绪中，对作为合法性权力与身份的政治集装器的民族国家加以新的强调。

在宏观分析上，Roy（2000）和 Smith 等人（1998）提供了一些关于苏联边界固化的早期解读，同时他们认为，在假定一个民族国家模式对于各国民族构成或者各个命名民族的分布都存在可理解的显著实践方面，总会遇到一些困难。例如，对于哈萨克斯坦的命名民族（即哈萨克族）来说，在 1991 年的时候，他们在北部与俄罗斯族混居，人口比例低于 50%。一些乌兹别克斯坦城市的居民主要讲塔吉克语，但城市内部却是多民族混居。一些特性国家和城市（Liu,2012）以及边疆地区（Megoran，2007）内部族群的多元共生，强调了对历史背景认知的必要性，这种历史背景有助

于理解苏联之前、苏联时期以及苏联解体之后从这一地区迁入迁出的持续性移民的不同原因与影响。

因此，在20世纪30年代和40年代被大规模放逐到中亚的朝鲜人、梅斯赫特突厥人、德意志人、鞑靼人、德意志人和车臣人（这些仅是其中几例，参见Oka et al.,2012），在1991年后其命运有着不同的走向。例如，那些由于环境恶化和斯大林主义者的镇压活动而离开的哈萨克人，表面上被欢迎重返故乡，但在重新融入过程中面临着巨大的经济和官僚障碍；此外，他们不再对故乡怀有感情，这片土地和人名不再让他们易于形成自身的身份认同（Diener, 2009; Werner and Barcus,2009）。在哈萨克斯坦许多城市中，通行俄语的事实也加深了其疏远感（Davé,2007）。民族整合确实已经发生，但距离真正“回到故乡”还很远，这对于那些返回自己异国故乡的俄罗斯人（Flynn,2004）和那些留在中亚并成为失去重要地位的“新少数群体”的俄罗斯人（Laruelle and Peyrouse, 2004; Kaiser, 1998）来说，也是如此。与此形成对比的是，许多官方声明都声称那些命名的民族群体都再次来到了他们的国家，如此不同民族群体的广泛分布，与这些群体内部的众多代际关系一起，使对这些声明的反应和具体如何实施变得十分复杂。一个结果是，以新的经济和权力为基础的民族不平等，以及针对这些民众的极大的人为创造，使人们操控族群分类，确立他们被纳入或被排除的机制（Allès,2005; Finke,2006; Tishkov, 1995; Fi-nke and Sancak, 2012）。

关于这一地区权力关系的研究已经对权力如何转移以及向谁转移进行了广泛的分析。Alexander（2007a）和Jones luong编辑出版的作品（2003）讨论了从中央到地方的机制运行和城市层面的行政管理。有少数类似的针对体制和官僚机制改革的微观研究，这些改革使其可以上下其手地迅速控制资源（或者索性就是紧握不放），仅仅是因为这些资源难以获取。当然，讨论主要集中于在何种程度上，亲属关系、部落形成和国家权力是相叠合的。简而言之，Rasuly-Paleczak（2005）认为历史上的政权更替和当今国家和部落形式之间的叠合都是突厥政权的特征，这对于中亚研究有重要的启发价值。Schatz（2004）提供了一个详细的分析，叙述了这一过程如何在哈萨克斯坦运行的相关细节，表明在苏联时期转入地下的部落联盟只是以一种模糊的形式重新浮现，并同样被看作腐败的指控对象。Gullette（2010）对吉尔吉斯斯坦“郁金香革命”的描绘不仅注意到了部落政治频繁地被作为责难的对象，还揭示了部落政治如何掩盖政权轮替的形式。

Schatz 延续了另一个持续被关注的话题：当前的社会体制在何种程度上是新的？作为一种再传统化（Bazin,2008）的对苏联结构的再现、有效清除更早社会系统（Trevisani,2010）的苏联体制的持续性以及（或者）仰赖于活动者和事件（Kandiyoti,1999）的一定程度的混合形式，使中亚再一次拥有了复杂流动性的特征。三个例子很好地说明了这些讨论：国家的文化建构、Mahalle（邻里组织）以及被新兴独立国家接受并进一步强化的区域边界。

首先，要注意到的是，城市往往成为权力确立、争夺以及展现归属感的舞台，并且延续了苏联着重将城市建成发展引擎的做法（Alexander and Buchli,2007）。其次，这些讨论涵盖了从精英政策到日常生活遭遇的不同方面。具有典型性的是，国家的合法化通过精英举行盛大的庆典活动而被宣告，这使人回想起苏联时期的盛大仪式。例如，Adams（2010）对乌兹别克斯坦的描述，通过重塑建筑景观来表示和宣示特定的政治意识形态（Lasczkowski, 2011）。乌兹别克斯坦政府和哈萨克斯坦政府都各自用相似的民俗话语（Alwxander, 2004a）来小心地建构自己版本的本族史，这些都有效地表现了血缘对土地的拥有权，而这些在苏联时期只不过是一些被官方排斥的话语（参见 Grant 在 2011 年对莫斯科纪念碑的类似讨论）。哈萨克斯坦的精英一方面努力维持游牧民族的浪漫想象，另一方面则努力成为在全球或欧亚大陆拥有高科技的未来国家（Lasczkowski, 2011）。Liu 的观点（2011）十分重要，他认为，乌兹别克斯坦政府的对外政策往往有利于邻国但伤害本国人民，即便在其举办乌兹别克斯坦国家文化庆典时也是如此。

Mahalle 既指友邻关系，也指突厥城市中一种典型的社群组织形式。这一组织形式与乌兹别克斯坦尤其相关。它在城市政治中的复兴被看作新的市政管理者共同选择了传统的组织框架（Trevisani and Massicard, 2003;Rasanyagam, 2009）。另一个案例展示了在奥什被排除在吉尔吉斯斯坦和乌兹别克斯坦之外的乌兹别克人家园里，不同形式的社会组织如何继续共存（liu,2012）。

大量新兴独立国家对疆界（Reeves,2011; Megoran,2007）的保护和固守，不仅指出了国家对作为人造物的边界的配置与创造，而且指出了日常生活中与之相关的事务和想象，特别是在吉尔吉斯斯坦和乌兹别克斯坦接壤的费尔干纳盆地。其影响和效果是多方面的。

宗教

正如 Liu 所指出的，在对这一地区的研究中，伊斯兰已经具有特殊地位（Liu,2011:120）。部分原因在于，从苏联时期开始，整体角色通过更加细微的民族志得到梳理。因此，在 Massell（1974）对苏联早期有说服力的描述中，蒙面纱的妇女取代了消失的无产阶级，成为被压迫、家长制和中亚地区落后的整体象征，尽管蒙面仅仅出现在乌兹别克斯坦和塔吉克斯坦。20 世纪 90 年代对伊斯兰关注的增加至少有三个原因：（1）大量新建的清真寺（伴随着信教传教活动），大部分依靠外来资源；（2）对伊斯兰活动的开放，导致相关传统复兴的观念；（3）伊斯兰的明显增长和伊斯兰国家资金流动之间的关联，使北美将对共产主义的恐惧替换为对极端宗教势力的恐惧。对于这一点，Hetherington 和 Heathershaw 以及 Megoran（2011）强调了东方主义者周期性的危险话语和中亚的暴力，影响并歪曲了政策和诸多学者的理解。

对于历届苏联政府而言，因为错误的资本主义意识形态而拒绝接受弗洛伊德学说，有趣的是，伊斯兰活动总是先被看作有碍性别平等，之后被看作被压制的以及苏联时期那些同样被贬低或被取缔的传统活动的容器。这种与考古学或者说分层相关的问题总是向民族意识靠近，即使不是这样，也驱使人们这样行动，就像一个人只需要为某个特定的社会组织脱去自己表面的外衣。此外，有些关于中亚伊斯兰教当代和早期形式之间关系的观点，和其他遗失的传统一样，确实扩展了伊斯兰国家的形态。

Khalid（2007）认为苏联对宗教核心的破坏和掏空是十分见效的，在

1991 年以前，只有少数观点认为伊斯兰教是特定民族归属和宗教信条形成关联的密切纽带：要成为哈萨克族人，就必须是事实上的穆斯林，而不管具体实践、知识和信仰如何。践行伊斯兰教的不同方式形成了对正统与否或是被当作极端或不正确（McBrien,2009）的焦虑以及谁有权判定的争论（Waite,2006）。在可争论性方面（McBrien and Pelkmans,2008），有竞争力的新自由主义市场意识形态和新宗教相类似，这一点与 Ruthven（1991）的看法相呼应。同样，有一些被忽略的宗教圣地，因此依旧有一些地下宗教活动，而新的开放政策同样试图去控制和限定仪式的范围（Alexander, 2004a; Kehl-Bodrogi,2006）。可能类似的是，因为国内领域并没有立刻出现在公众视野之中，因而成为延续与传递宗教和其他习俗与传统的通道（Kandiyoti and Azimova,2004; Fathi,2006）。Clark（2009）注意到，在阿拉木图，亲友间的家庭和国内网络的联系很典型地通过新教得以加强。

国家对宗教的反应是矛盾的，一方面在名义上包容自由，另一方面则试图控制国家的意识形态。哈萨克斯坦总统可能在电视报道上被发现参加开斋节典礼，下一分钟就参加东正教弥撒。另外，乌兹别克斯坦对宗教讨论的封闭，再次表明缺少对一系列宗教日常舞台的观察，诸多宗教和疗愈实践有待发现。

结　语

一些议题依旧未被研究或是很少涉及。能源和水资源政策似乎是政治和国家关系领域的重要内容，但很少有人关注能源和水资源的地方性短缺或者农田上的巨大运输管道如何影响人们的日常生活。正如中亚在 1861 年农奴解放后迎来了大量饥饿的移民，以及随后政治犯、冒险家、被放逐者的大量涌入，苏联政府极端的农业、军事及其他活动，对环境造成了长期的破坏性后果。这里可以给出三个例子：塔吉克斯坦和乌兹别克斯坦的单一棉花种植经济需要大量水资源，致使咸海日渐干涸；中央草原贫瘠的土壤被破坏殆尽；哈萨克斯坦西北部被当作核武器试验场。这些行为的后果影响深远。然而，迄今为止，只有为数不多的几位人类学家有所关注

（Werner and Purvis-Roberts, 2006 年、2007 年是例外）。在城乡之间、贫瘠的乡野和西方之间，劳工移民仍在继续。Marat（2009）指出，对于经济危机的影响，只有很少的研究加以关注。对于那些（日渐受到冲击的）资源丰富国家中的劳资关系，以及其中出现的族群间的不平等关系，仍旧无人涉及。我们乐于看到的是，随着贫富之间的鸿沟日益加深，资源分配政策与绩效、代议制结合起来，使新自由主义政权得以稳固。的确，贫富间、城乡间日渐扩大的差异常常是跨越民族的。

在回到运动性、流动性和深远的想象力这些常常概括这一地区的特征的过程中，民族志是对抗来自外部及内部理解的刻板印象，不管是展现变革、传统还是混合、融合的生活模式的有力武器。如果说先前的叙述关注自上而下的民族国家建构的话，那么民族志就指出了民族国家概念在理解中亚的多样性生活方面的不适用性。依然需要对生活在离散环境下、在移动贸易关系中以及在有名无实的国家中以多种方式生活（常常是选择去生活）的族群的广泛网络加以全面探究。同样，转而将中亚作为 20 世纪后期和 21 世纪全球剥夺性积累进程的一部分，将能够获得一个强有力的视角，来了解如今不可逆转的全球化经济中的共性与差异。

责任编辑：康敏

参考文献

Adams, L., 2010. *The Spectacular State: Culture and National Identity in Uzbekistan*. Duke University Press, Durham.

Alexander, C., 2004a. The Cultures and Properties of Decaying Buildings. *Focaal: European Journal of Anthropology* 44, 48–60.

Alexander, C., 2004b. Values, Relations and Changing Bodies: Industrial Privatisation in Kazakhstan. In: Humphrey, C., Verdery, K. (Eds.), *Property in Question: Appropriation, Recognition and Value Transformation in the Global Economy*. Berghahn Books, Oxford.

Kaiser, M., 1998. Russians as minority in Central Asia. In: *Migration.A European Journal of International Migration and Ethnic Relations. Special Issue: The Former Soviet Union*, 31, pp. 83–117.

Kaiser, M., 2005. Cross-border Traders as Transformers. In: Kollmorgen, R. (Ed.), *Transformation als Typ Sozialen Wandel. Postsozialistische Lektionen, Historische und Interkulturelle Vergleiche*. LIT Verlag, Münster, Hamburg, London.

Kandiyoti, D., 1999. Poverty in Transition: An Ethnographic Critique of Household Surveys in Post-Soviet Central Asia. *Development and Change* 30, 499–524.

Kandiyoti, D., 2002a. Post-colonialism Compared: Potentials and Limitations in the Middle East and Central Asia. *International Journal of Middle East Studies* 34, 279–297.

Kandiyoti, D., 2002b. How Far Do Analyses of Postsocialism Travel? The Case of Central Asia. In: Hann, C.M. (Ed.), *Postsocialism. Ideals, Ideologies and Practices in Eurasia*. Routledge, London, pp. 238–257.

Kandiyoti, D., 2003. The Cry for Land: Agrarian Reform, Gender and Land Rights in Uzbekistan. *Journal of Agrarian Change* 3 (1–2), 225–256.

Kandiyoti, D., 2004. Post Soviet Institutional Design, NGO’s and Rural Livelihoods in Uzbekistan, *Civil Society and Social Movements Programme Paper* 11. UNRISD.

Kandiyoti, K., Azimova, N., 2004. The cCommunal and the Sacred: Women’s Worlds of Ritual in Uzbekistan. *Journal of the Royal Anthropological Institute* 10 (2), 327–349.

Kehl-Bodrogi, K., 2006. Islam Contested: Nation, Religion, and Tradition in Post-Soviet Turkmenistan. In: Hann, C., “Civil Religion” Group (Eds.), *The Postsocialist Religious Question: Faith and Power in Central Asia and East-Central Europe*. LIT, Münster, pp. 125–146.

Kerven, C., 2003. *Prospects for Pastoralism in Kazakhstan and Turkmenistan: From State Farms to Private Flocks*. Routledge, London.

Khalid, A., 2007. *The Politics of Muslim Cultural Reform: Religion and Politics in Central Asia*. University California Press, Berkeley.

Khazanov, A., 1984. *Nomads and the Outside World*. Cambridge University Press, Cambridge.

Khazanov, A., 2012. Pastoralism and Property Relations in contemporary Kazakhstan. In: Khazanov, A., Schlee, G. (Eds.), *Who Owns the Stock? Collective and Multiple Property Rights in Animals*. Berghahn Books, Oxford.

Lane, C., 1981. *Rites of Rulers: Ritual in Industrial Society: The Soviet Case*. Cambridge University Press, Cambridge.

Laruelle, M., Peyrouse, S., 2004. *Les Russes du Kazakhstan. Identités Nationales et Nouveaux Etats dans l'espace Post-Soviétique (Russians in Kazakhstan. National Identities and New States in the Post-Soviet Space)*. Maisonneuve & Larose/IFEAC, Paris.

Laszczkowski, M., 2011. Building the Future: Construction, Temporality, and Politics in Astana. *Focaal* 60, 77–92.

Levi, S., Sela, R., 2009. *Islamic Central Asia: An Anthology of Historical Sources*. Indiana University Press, Bloomington.

Liu, M., 2011. Central Asia in the post–Cold War world. *Annual Review of Anthropology* 40, 115–131.

Liu, M., 2012. *Under Solomon's Throne: Uzbek Visions of Renewal in Osh*. University of Pittsburgh Press, Pittsburgh.

Lubin, N., 1985. *Labour and Nationality in Soviet Central Asia*. Princeton University Press, Princeton.

Marat, E., 2009. Labor Migration in Central Asia: Implications of the Global Economic Crisis. *Anthropological Quarterly* 79 (3), 431–461.

Marsden, M., 2012. Fatal Embrace: Trading and Hospitality on the Frontiers of South and Central Asia. *Journal of the Royal Anthropological Institute* 18 (s1), 117–130.

Marsden, M., 2013. Southwest and Central Asia: Comparison, Integration or Beyond. In: Fardon, R. (Ed.), *The Sage Handbook of Social Anthropology*. Sage, Los Angeles.

Masanov, N.E., 1996. Kazakhstanskaya politicheskaya i intllektualnaya elita: klanovaya prinadlezhnost' i vnutrietnichskoe sopernichestvo (The Kazakhstan political and intellectual Elite: Clan belonging and interethnic rivalry). *Vestnik Evrazii* 1, 46–61.

Massell, G., 1974. *The Surrogate Proletariat: Moslem Women and Revolutionary Strategies in Soviet Central Asia, 1919–1929*. Princeton University Press, Princeton.

McBrien, J., 2009. Mukadas' s Dilemma: Veils and Modernity in Kyrgyzstan. *Journal of the Royal Anthropology Institute* 15 (1), S127–S144.

McBrien, J., Pelkmans, M., 2008. Turning Marx on His Head: Missionaries, 'Extremists' and Archaic Secularists in post-Soviet Kyrgyzstan. *Critique of Anthropology* 28, 87–103.

Megoran, N., 2007. On Researching Ethnic Conflict: Epistemology, Politics and A Central Asian Boundary Dispute. *Europe-Asia Studies* 59 (2), 253–277.

Mühlfried, F., Sokolovskiy, S. (Eds.), 2012. Exploring the Edge of Empire. Soviet Era Anthropology in the Caucasus and Central Asia. *Halle Studies in the Anthropology of Eurasia*, vol. 25. Lit-Verlag, Berlin.

Naumova, O.B., 1991. Sovremennye etnokul' turnye Protsessy Kazakhov v mnogonatsional' nykh Rayonakh Kazakhstana (Contemporary Ethnic and Cultural Processes in Multicultural Regions of Kazakhstan) (Ph.D. thesis), Institute of Ethnology and Anthropology of the Russian Academy of Sciences, Moscow.

Nazpary, J., 2001. *Post-Soviet Chaos: Violence and Dispossession in Kazakhstan*. Pluto Press, London.

Newton, S., 2001. Conflicting Interests: The "Great Game" Replayed? Conference Presentation, Royal Society of Asian Affairs Conference, SOAS.

Norris, S., 2012. Nomadic Nationhood: Cinema, Nationhood, and Remembrance in post-Soviet Kazakhstan. *Ab Imperio* 2, 378–402.

Oka, N., Masanov, N., Karin, E., Chebotarev, A., 2002. *The Nationalities Question in Post-Soviet Kazakhstan*. Institute of Developing Economies, Chiba.

Okada, K. Re-legitimising Painting in Tashkent Uzbekistan after Fall of the Soviet Union (1991–2004) (Ph.D. dissertation), University of London, Goldsmiths, unpub.

Petric, B., 2013. *On a Mange nos Moutons: le Kighizstan, du Berger au Biznesman*. Belin, Paris.

Peyrouse, S., 2012. *Turkmenistan: Strategies of Power, Dilemmas of Development*. M.E. Sharpe, Armonk, NY.

Piirainen, T., 1996. *The Death of the Iron Mother: Transition to Market Economy in an Industrial Town in Kazakhstan, EU-TACIS, Social Impacts of Privatisation and Economic*

Restructuring I Kazakhstan with a Focus on Aktyubinsk Oblast. TACIS Publications, Almaty. European Commission: Brussels.

Rasanayagam, J., 2009. Morality, Self and Power: The Idea of the Mahalla in Uzbekistan. In: Heintz,M. (Ed.), *The Anthropology of Moralities*. Berghahn Books, Oxford, pp. 102–117.

Rasanyagam, J., 2011. Informal Economy, Informal State: The Case of Uzbekistan. *International Journal of Sociology and Social Policy* 31 (11–12), 681–696.

Rasuly-Paleczak, G., 2005. Comparative Perspectives on Central Asia and the Middle East in Social Anthropology and the Social Sciences. *Central Eurasian Studies Review Publication of the Central Eurasian Studies Society* 4 (2), 2–17.

Reeves, M., 2011. Fixing the Border: on the Affective Life of the State in Southern Kyrgyzstan. *Environment and Planning D: Society and Space* 29 (5), 905–923.

Roy, O., 2000. *The New Central Asia: The Creation of Nations*. New York University Press, New York.

Ruthven, M., 1991. *The Divine Supermarket: Shopping for God in America*. Vintage, London.

Schatz, E., 2004. *Modern Clan Politics: The Power of "Blood" in Kazakhstan and Beyond*. University of Washington Press, Seattle, WA.

Shreeves, R., 2002. Gender and Development in Rural Kazakhstan. In: Mandel, R., Humphrey, C. (Eds.), *Markets and Moralities: Ethnographies of Postsocialism*. Berg, Oxford.

Smith, G., Law, V., Wilson, A., Bohr, A., Allworth, E., 1998. *Nation-Building in the Post-Soviet Borderlands*. Cambridge University Press, Cambridge.

Spector, R., 2008. Bazaar Politics: The Fate of the Market Place in Kazakhstan. *Problems of Post-communism* 55 (6), 42–53.

Stoler, A., 2009. *Along the Archival Grain: Epistemic Anxieties and Colonial Common Sense*. Princeton University Press, Princeton.

Tishkov, V., 1995. Don't Kill M, I'm A Kyrgyz! An Anthropological Analysis of Violence in the Osh Ethnic Conflict. *Journal of Peace Research* 32 (2), 133–149.

Trevisani, T., 2010. Land and Power in Khorezm: Farmers, Communities and the State in Uzbekistan's Decollectivisation, *Halle Studies in the Anthropology of Eurasia*, vol. 23. LIT

Verlag, Berlin.

Trevisani, T., Massicard, E., 2003. The Uzbek Mahalla: Between State and Society. In: Everett-Heath, T. (Ed.), *Central Asia. Aspects of Transition*. Routledge/Curzon, London, New York.

Waite, E., 2006. The Impact of the State on Islam amongst the Uyghurs: Religious Knowledge and Authority in the Kashgar Oasis. *Central Asian Survey* 25 (3), 251–265.

Werner, C., 1998. Household Networks and the Security of Mutual Indebtedness in Rural Kazakhstan. *Central Asian Survey* 17 (4), 597–612.

Werner, C., 1999. The Dynamics of Feasting and Gift Exchange in Rural Kazakhstan. In: Svanberg, I. (Ed.), *Contemporary Kazaks: Social and Cultural Perspectives*. Curzon Press, London, pp. 47–72.

Werner, C., 2004. Feminizing the New Silk Road: Women Traders in Rural Kazakhstan. In: Nechemias, C., Kuehnast, K. (Eds.), *Post-Soviet Women Encountering Transition: Nation-Building, Economic Survival, and Civic Activism*. Johns Hopkins University Press, Baltimore, pp. 105–126.

Werner, C.A., Purvis-Roberts, K.L., 2006. After the Cold War: International Politics, Domestic Policy, and the Nuclear Legacy in Kazakhstan. *Central Asian Survey* 25, 461.

Werner, C., Purvis-Roberts, K., 2007. Unravelling the Secrets of the Past: Contested Versions of Nuclear Testing in the Soviet Republic of Kazakhstan. In: Johnson, B. (Ed.), *Half-lives and Half Truths: Confronting the Radioactive Legacy of the Cold War*. School for Advanced Research Press, Santa Fe, New Mexico.

Yessenova, S., 2006. Hawkers and Containers in Źarya Vostoka: How "Bizarre" Is the Post-Soviet Bazaar? In: Dannhaeuser, N., Werner, C. (Eds.), *Markets and Market Liberalisation: Ethnographic Reflections, Research in Economic Anthropology*. Texas A&M University, pp. 37–59.

Yessenova, S., 2010. Borrowed Places: Eviction Wars and Property Rights Formalization in Kazakhstan. *Research in Economic Anthropology* 30, 11–45.

Yessenova, S., 2011. Nomad for Export, Not For Domestic Consumption: Kazakhstan' Sarrested Endeavour to 'Put the Country on the Map'. *Studies in Russian & Soviet Cinema* 5 (2), 181–203.

韩国近年来的韩国汉诗文学研究状况述评

——基于《韩国汉文学研究学位论文目录（1996~2015）》的分析

姚诗聪　〔韩〕宋秉烈*

摘　要： 韩国汉文学研究作为韩国学研究的重镇，在近年来中国日益升温的韩国学研究中是被关注最多、研究成果最多的领域之一，占有极为重要的地位，其中韩国汉诗研究是最重要的组成部分。通过基于《韩国汉文学研究学位论文目录（1996~2015）》的考察分析，可以清楚地看到，韩国汉文学的学科实力还很薄弱，学科分布格局呈现出极大的变动性、不稳定性、不均衡性，甚至严重畸形，普遍存在学术视野狭隘与思维过度僵化的严重问题，而这一切问题出现的根源无疑是韩国自朴正熙时代开始的过度去中国化运动，不能不说是自食恶果。

关键词： 韩国　韩国汉诗文学研究　韩国汉文学研究　学位论文目录

汉文学研究作为韩国文学研究的重镇，在中国近年来日益升温的韩国学研究中是被关注最多、研究成果最多的领域之一，占有极为重要的

* 姚诗聪，中国诗歌学会会员，陕西省作家协会会员，韩国岭南大学韩国汉文学专业科研助教、研究生，主要研究方向为韩国学研究；宋秉烈，文学博士，韩国岭南大学汉文教育科教授、博士生导师，主要研究方向为韩国汉文学研究。

地位，其中韩国汉诗研究是最重要的组成部分。韩国古代汉文学以汉诗为主，小说次之，散文再次之，戏剧最不发达，其中以汉诗成就最大，因此中国学界对韩国古代汉诗的研究成果最多。作为域外汉学研究的重要组成部分，中国学界对韩国的中国古代文学研究情况的整理和引介已有著作出版[①]，而对韩国学界古代汉诗以及古代汉文学研究情况的资料整理和引介却寥寥无几。目前所见具有一定参考价值的资料引介便是由延世大学古典文学科博士、南首尔大学教养学科助理教授刘婧整理的《韩国汉文学研究学位论文目录（1996.2~2006.2）》和《韩国汉文学硕博士学位论文目录（2007.2~2015.8）》[②]，这两部文献汇编[③]先后发表于《域外汉籍研究集刊》第四辑和第十三辑。通过基于《韩国汉文学研究学位论文目录（1996~2015）》的考察分析，可以清楚地看到，近年来韩国学界的汉诗研究以及汉文学研究固然取得了一定的成绩，呈现出不断改善的趋势，但就整体而言，学科实力还很薄弱，学科分布格局呈现出极大的变动性、不稳定性、不均衡性，已至严重畸形的境地，普遍存在学术视野狭隘与思维过度僵化的严重问题，也可看到韩国人文学术研究存在不完善之处。而这一切问题出现的根源无疑是韩国自朴正熙时代开始的过度去中国化运动，不能不说是自食恶果。

一　关于《韩国汉文学研究学位论文目录（1996~2015）》的说明

《韩国汉文学研究学位论文目录（1996~2015）》虽然具有一定的参考价值，但并不是说就不存在问题，相反，存在着较大的问题。首先，其题虽名为《韩国汉文学研究学位论文目录（1996~2015）》，却只收录了有关韩国汉诗、诗话（或燕行录、交流）、散文三部分研究的学位论文目录。作为

① 〔韩〕文大一编著《新世纪国外中国文学译介与研究文情报告（韩国卷）（2001-2005）》，中国社会科学出版社，2013。

② 张伯伟编《域外汉籍研究集刊》第 13 辑，中华书局，2016，第 545~568 页 .

③ 为方便起见，在后文中需要将此两篇文献汇编合称时则称为《韩国汉文学研究学位论文目录（1996~2015）》。

韩国古代汉文学第二大宗的汉文小说未能收入，显然极不合适，文不对题，难免片面。其次，由其学位论文目录中未能收入有关汉文小说研究的学位论文目录，不禁令人怀疑其所收入的有关汉诗、诗话（或燕行录、交流）、散文三部分研究的学位论文目录是否全面。以《韩国汉文学研究学位论文目录（1996.2~2006.2）》为例，经笔者统计，该目录收入的硕博士学位论文总计 324 篇，涉及的研究生培养单位总计 55 家。也就是说，1996~2006 年韩国的学术机构平均每年仅培养韩国汉文学方向的硕士研究生、博士研究生 32 人，明显与事实不符。韩国的韩国汉文学学科之于中国学科的地位与意义就好比是中国古代文学。以中国西部中国古代文学研究的学术重镇——陕西师范大学为例，检索中国知网可知，单是 2006 年一年，从陕西师范大学毕业的中国古代文学方向研究生就有 21 人，而 1996~2006 年十年间，从陕西师范大学毕业的中国古代文学方向研究生总计 175 人，占目录收入的同时期韩国培养的韩国汉文学方向研究生总数的一半以上。就算未收入目录的有关韩国汉文小说研究的学位论文有 100 篇之多（实则绝无可能达到），1996~2006 年韩国培养的韩国汉文学方向研究生只有 424 人，不过是同期陕西师范大学培养的中国古代文学方向研究生总人数的 2.4 倍。虽然韩国面积、人口仅为中国一省之规模，但作为新兴发达国家，韩国的高等教育高度发达。早在 2000 年，还是发展中国家的韩国的注册大学生人数就已多达 315.42 万人，高等教育毛入学率更是高达 78%，居世界第 8 位。韩国汉文学是韩国人文社科领域最为重要的学科领域之一，故若说在同时期韩国培养的韩国汉文学方向研究生人数最多仅为中国一所全国重点高校培养的中国古代文学方向研究生人数的 2.4 倍，实在叫人难以置信。也就是说，收录在该文献汇编中的 1996~2006 年韩国汉诗、诗话、散文三部分研究的学位论文并不全面。除此之外，该目录列出的硕博士学位论文的时间下限是 2006 年 8 月，而非题目中的 2006 年 2 月，无疑是低级错误，同样是文不对题。该目录还存在诸如研究生培养单位漏记、研究生培养单位名称错记、学位论文内容分类有误、学位论文重复收入、学位论文题目中人名错记、学位论文题目少字错字、繁体字简体字混用、学位论文时间混乱等诸多低级错误。上述低级错误在这两篇文献汇编中都普遍存在。

《韩国汉文学研究学位论文目录（1996~2015）》虽存在较大的问题，但毕竟是当下中国学界不多见的一份有关韩国近年来韩国汉文学研究情况的整理资料，故意义依然存在。虽然其中收入的学位论文极不全面，且存在较多纰漏，但还是瑕不掩瑜，在一定程度上可以做到管中窥豹，一窥近年来韩国汉文学尤其是汉诗文学研究概况，具有一定的参考价值，故本文以此目录作为参考，展开分析与述评。

二 韩国 1996~2006 年韩国汉诗文学研究状况述评

根据《韩国汉文学研究学位论文目录（1996.2~2006.2）》整理统计可知，该目录收入的硕博士学位论文总计 324 篇，分为韩国汉诗、诗话、散文三大研究方面，其中有关韩国汉诗研究的学位论文最多。即使是因为研究生培养单位漏记、研究生培养单位名错记、学位论文内容分类有误、学位论文重复收入等低级错误而不得不进行筛选，筛选后的有效学位论文也多达 173 篇，约占学位论文总数的 53%，可见韩国的韩国汉文学学界研究的重中之重是汉诗研究，这自然是与韩国汉诗在韩国汉文学史中的地位、成就之高密切相关。该目录收入的硕博士学位论文涉及研究生培养单位总计 55 家，其中 54 家研究生培养单位是韩国高校的大学院（研究生院），只有 1 家研究生培养单位是韩国学研究的专门科研机构——韩国学中央研究院，大致相当于中国的中国社会科学院。54 所韩国高校中有 23 所是 BK21 工程[①]高校，这 23 所 BK21 工程高校产出的韩国汉文学方向研究生学位论文多达 216 篇，约占目录收入的硕博士学位论文总数的 67%，足见韩国汉文学方向研究生的主要培养单位是这 23 所 BK21 工程高校。其余 31 所非 BK21 工程高校产出的韩国汉文学方向研究生学位论文数仅占目录收入的硕博士学位论文总数的 31%。在这 23 所 BK21 工程高校中，以高丽大学和成均馆大学表现最为突出，并列第一，各有 37 篇硕博士学位论文

① BK21，即 Brain Korea 21，通常译为“智慧韩国 21 工程”或“面向 21 世纪的智力韩国计划”，由韩国原教育部于 1999 年 4 月提出，是韩国建设世界一流大学的积极尝试和主要措施。

被收入目录，而且各自培养的硕士、博士的学位论文数完全一致。由此两大高校产出的韩国汉文学方向研究生学位论文数合占目录收入的硕博士学位论文总数的23%，足见韩国学界韩国汉文学研究最重要的学术重镇非高丽大学和成均馆大学莫属。324篇研究生学位论文涉及研究生培养单位55家，平均每家研究生培养单位约产出研究生学位论文6篇。55家研究生培养单位中有16家单位达到平均水平，除成均馆大学、高丽大学外，延世大学、首尔大学、釜山大学、梨花女子大学、东国大学、汉阳大学、全北大学、忠南大学、庆北大学、仁荷大学、西江大学、岭南大学、全南大学、建国大学无一例外，都是BK21工程高校，说明韩国汉文学方向研究生的最主要培养单位便是这16所BK21工程高校。韩国的韩国学研究学术重镇以高校为单位进行排名，依次为首尔大学奎章阁韩国学研究院、高丽大学民族文化研究院、成均馆大学东亚学术院、仁荷大学韩国学研究所、釜山大学韩民族文化研究所、汉阳大学东亚文化研究所、岭南大学民族文化研究所，这七所高校产出的韩国汉文学方向研究生学位论文数排名与其韩国学研究实力排名大体一致，也就意味着作为韩国学研究学术重镇的韩国高校同时也是韩国汉文学研究的学术重镇。

通过对《韩国汉文学研究学位论文目录（1996.2~2006.2）》收入的有关韩国汉诗研究的硕博士学位论文题目的考察，可以明显发现，该时期韩国汉诗研究以对单一作家作品的研究为重中之重。该类论文多达146篇，约占韩国汉诗研究相关学位论文总数的84%，无疑占据着压倒性的优势地位。从其余视角出发进行韩国汉诗研究的学位论文总数仅占韩国汉诗研究相关学位论文总数的16%，大致可分为题材汉诗研究、地域汉诗研究、阶段汉诗研究、汉诗对国语诗歌的影响研究、汉诗形象情感风格研究、汉诗受容研究、女性群体汉诗研究、汉诗与国语诗歌的比较研究、汉诗对现代诗的影响研究等诸多研究视角，其中有关题材汉诗研究（9篇）、汉诗形象情感风格研究（6篇）、地域汉诗研究（4篇）三大方面的学位论文最多，从其余研究视角出发进行研究的学位论文都各仅有一两篇，数量太少，可以忽略不计。题材汉诗研究涉及爱情汉诗研究、民谣风汉诗研究、梅花诗研究、别离诗研究、科体诗研究、神仙诗研究、纪俗诗研究、书画诗（题画诗）研究、战争体验汉诗研究等研究视角，比较活跃，但数量还不够多。汉诗形象情感风格研究涉及女性形象研究、女性情感研究、汉诗风格（品格）研究等研究视角。地域汉诗研究涉及济州（岛）汉诗研究、江原（道）汉诗研究、金刚山纪行文学研究、湖南[①]汉诗研究等，既有纯粹的地域文学，也有纪行文学。有关汉诗形象情感风格研究、地域汉诗研究的学位论文比有关题材汉诗研究的学位论文要少，但无疑拥有较为广阔的学术前景，尤其是地域汉诗研究。除了对韩国和朝鲜各地域的汉诗研究外，还可以进一步拓展到韩国地域汉诗与中国、日本、越南等东亚汉文化圈中诸国地域汉诗的比较研究，学术价值和意义极大。我们知道，在近年来的中国学界，有关地域、区域、流域（比如汉江）乃至道路（比如蜀道）的文学（史）研究早已成为地方文史及地域文化研究的重中之重，蔚为大观。不仅如此，地域、区域文学（史）研究更成为古代文学研究中的学术热点，可谓蔚然成风。不必说研究生学位论文的涉及，截至2006年，中国出版的有关地域、区域、流域乃至道路（比如蜀道）文学史研究的学术著作，随便试举一二，便有白少帆等主编的《现代台湾文学史》（1987）、刘登翰等主编的《台湾文学史》（1991）、马清福的《东北文学史》（1992）、王齐洲和王泽龙的《湖北文学史》（1995）、崔洪勋和傅如一主编的《山西文学史》（1998）、李春燕主编的《东北文学史论》（1998）、谭兴国的《蜀中文章冠天下——巴蜀文学史稿》（2001）、马宽厚的《陕西文学史稿》（2002）、古继堂主编的《简明台湾文学史》（2002）、杨世明的《巴蜀文学史》（2003）、吴海等主编的《江西文学史》（2005），以及夏冠洲、阿扎提·苏里坦、艾光辉主编的《新疆当代多民族文学史》（2006）等，不一而足，地域汉诗研究在这些地域文学史研究著作中无疑占有相当的比重。但与之相比，从目录收入的韩国地域汉诗研究学位论文之少，足见韩国汉文学学界的地域汉诗研究及地域文学研究明显过于薄弱，相关的论文仅占韩国汉诗研究相关学位论文总数的1%，可以忽略不计。除此之

① 韩国的湖南地区是指锦江（湖江）以南地区，即今天韩国的光州广域市、全罗北道、全罗南道、济州特别自治道四地。

外，还必须指出，最大的遗憾是目录收入的1996~2006年韩国汉诗研究学位论文中竟然没有一篇涉及家族文学研究。朝鲜时代是韩国古代历史上文化最为繁荣昌明的时期，文风鼎盛，人才辈出，汉化程度最高，就是置于东亚汉文化圈，与除中国之外任何时期的其他地域相比，皆是当之无愧的。在古代东亚汉文化圈中，韩国的汉文学成就仅次于中国，而韩国汉文学发展史上文风最鼎盛的时期便是朝鲜时代，名家辈出，无论汉诗、汉文散文等正统文学，还是作为新兴通俗文学的汉文小说，其发展都达到了韩国汉文学史上的巅峰，成就不凡。而且朝鲜时代宗族众多，谱学发达，韩国可以说是当今世界上宗族史研究的宝库与标本，因此朝鲜时代文学世家数不胜数，略举一二，仅文名显赫者就有高灵申氏、阳川许氏、德水李氏、昌宁成氏、宜宁南氏、安东权氏、安东金氏、丰山洪氏等，不一而足。朝鲜时代之前的传世文献不多，文学家族也不多，关注较少也还可以理解，但目录收入的1996~2006年韩国汉诗研究学位论文中竟然没有一篇涉及朝鲜时代的家族文学研究。而在家族文学研究已渐渐成为古代文学研究学术热点的中国学界，不必说研究生学位论文的涉及，仅仅是在其中的2003~2006年这四年间，仅是书名中包含家族文学研究相关字样的学术著作就有李浩的《唐代关中士族与文学》（增订本）（2003）、汤江浩的《北宋临川王氏家族及文学考论——以王安石为中心》（2005）、张剑的《宋代家族与文学——以澶州晁氏为中心》（2006）等，家族研究中涉及文学研究的学术著作以及研究生学位论文中涉及家族文学研究者无疑更多。而在此之后，有关家族文学研究的学术著作如雨后春笋般竞相涌现，每年都有数部问世。但在家族文学研究学术资源同样无比丰厚的韩国，前景广阔的韩国汉文学研究却无人问津，仍以一片处女地存在，不能不教人扼腕叹息，更不必指望能有关于韩国家族文学与中国家族文学比较研究的学术成果出现，由此足见该时期韩国汉文学学界过多关注的是对单一作家作品的研究，而忽视甚至是轻视家族文学研究。事实上，家族文学研究在中国学界早已做出表率，迁移起来并不困难，由此也可看出中韩两国之间的古典文学研究交流乃至人文学术交流严重不足。

1996~2006年韩国汉诗研究以对单一作家作品的研究为重中之重，该类论文多达146篇，约占韩国汉诗研究相关学位论文总数的84%。这146篇论文涉及100位作家，绝大多数都是朝鲜时代的汉文学家，统一新罗时代、高丽时代的汉文学家少到可以忽略，自是与朝鲜时代汉文学的高度繁荣密切相关，平均每人涉及学位论文约1.5篇。100位文学家中不乏韩国文学史上一流的卓然大家，对这些大家的作品进行研究的学位论文较多，约占单一作家作品研究学位论文总数的25%，有崔致远（2篇）、金时习（4篇）、郑澈（7篇）、林悌（3篇）、许兰雪轩（9篇）、许筠（4篇）、朴仁老（3篇）、尹善道（5篇）。其中，对许兰雪轩（9篇）、郑澈（7篇）、尹善道（5篇）作品进行研究的学位论文数占据单一作家作品研究学位论文数的前三名，而对在韩国文学史上地位类似中国文学史上李清照的许兰雪轩的作品进行研究的学位论文最多，占单一作家作品研究学位论文总数的6%左右。许兰雪轩是韩国古代女性诗人的杰出代表，郑澈、尹善道是韩国古代杰出国语文学家的代表，由此不难看出近年来包括韩国学界在内的整个韩国社会民族意识抬头与民族主义高度膨胀的鲜明时代性。但是，对同属韩国汉文学史上最一流大家行列的李奎报、李齐贤却没有一篇学位论文涉及，不免令人感到意外，但稍做思考，其实又尽在情理之中。除这八位之外，便是对次一流作家作品的研究，人数多于前者，约占单一作家作品研究学位论文总数的9%，有郑梦周（1篇）、金宗直（3篇）、徐居正（1篇）、黄真伊（2篇）、白光勋（2篇）、崔庆昌（1篇）、李达（1篇）、南九万（1篇）、丁若镛（1篇）。次一流作家之后便是对二流作家作品的研究，约占单一作家作品研究学位论文总数的16%，人数多于前者，有林椿（2篇）、李崇仁（2篇）、李穑（1篇）、卞季良（1篇）、南孝温（1篇）、徐敬德（2篇）、白光弘（1篇）、崔岦（1篇）、李玉峰（2篇）、高敬命（1篇）、申钦（1篇）、洪良浩（1篇）、李荇（1篇）、李彦迪（1篇）、李珥（1篇）、李睟光（3篇）、金春泽（1篇）、黄玹（1篇）。其余50%的研究学位论文都是关于三流及以下更一般作家作品的研究，分量最大，其中包含许多中国韩国学学界少有耳闻、更谈不上能有研究涉及的一般作家，比如白受绘、李济马、金寿增、杨应鼎、金道洙、李春英、李庭燮、李彝淳、赵冕镐等，不一而足。当然存在整理者刘婧将学位论文题目中的人名错记的可能性。可见1996~2006年的韩国汉诗研究是以对单一作家作品的研究为重中之重，而对单一作家作品的研究则是以对三流及三流以下作家和一流的卓然大家作品的研究为重中之重，学位论文所占比重高达75%，前者所占比重约为后者所占比重的2倍。

该时期韩国汉文学学界普遍存在学术视野狭隘与思维过度僵化的严重问题，这主要体现在学位论文的题目上。通过考察统计可以发现，这146篇有关单一作家作品研究的学位论文中竟有多达81篇学位论文的题目皆属于同一模式，即“作家字号＋作家名＋汉诗/诗文学研究”的固有模式，该类论文占单一作家作品研究的学位论文总数的比例高达55%，题目形式过于单调、教条甚至死板。由于学术视野不开阔以及学术思维定式，自然就会出现学位论文题目显得过于单一的严重问题。另外，以“作家字号＋作家名＋汉诗/诗文学研究”的固有模式命名硕士学位论文，如果该作家的现存汉诗作品较多（比如多于100首），就难免走入过于概括抽象、过于求大求全而研究视角及范围不够精细具体的误区，不如以该作家的某一类汉诗作品作为研究范围，这样更容易做到细致研究。还有不少学位论文的题目读罢只觉难以理解、不知所云甚至莫名其妙，比如建国大学申昌均的硕士学位论文《16世纪士大夫诗歌的女性话者和防御基剂研究：以女性话者所作时调和汉诗为中心》（2000.2）、安东大学林武和的硕士学位论文《林椿诗研究：以悲哀调的汉诗为中心》（2003.2）、庆熙大学安炫秀的硕士学位论文《汉诗和时调比较研究：以汉诗的时调化样相为中心》（2003.2）、高丽大学朴英敏的博士学位论文《士大夫汉诗中的女性情感史的展开和美的特质》（1998.8）、延世大学崔廷宣的博士学位论文《〈三国遗事〉的观音说话和诗的变容的有关研究：以与〈日本灵异记〉的比较为中心》（1998.8）、高丽大学朴钟雨的博士学位论文《16世纪湖南汉诗研究：以宋纯、林亿龄、高敬命、郑澈为中心[①]》（2005.8）等。这些学位论文题

① 朴钟雨论文收入《韩国汉文学研究学位论文目录（1996.2~2006.2）》时题目中本无“中心”二字，但题目明显缺字不全，又属整理者刘婧的低级错误，为求完整，故笔者举例时加上。

目除了体现出韩国学者与中国学者存在的包括思维方式、表达方式在内的文化差异之外，其实在某种程度上亦体现出韩国学者在人文学术研究中存在不完善之处。

令人不可思议的是，对同一作家作品的研究，竟然出现多篇学位论文题目雷同的情况。这在中国学界是力求避免、基本不会出现的学术常识问题，却在该时期韩国汉文学研究学位论文题目中普遍存在，体现出韩国汉文学学界的极度不严谨。比如，对许兰雪轩作品进行研究的学位论文，先后有庆元大学[①]金学周的硕士学位论文《许兰雪轩汉诗研究》（2001.8）、朝鲜大学崔承沃的硕士学位论文《许兰雪轩的汉诗研究》（2002.8）、朝鲜大学韩成今的硕士学位论文《许兰雪轩汉诗研究》（2003.2）。三篇硕士学位论文题目基本一致，尤其是崔承沃、韩成今先后毕业于朝鲜大学，硕士学位论文题目竟然如出一辙，难免给人以重复研究之感。对金宗直作品进行研究的学位论文，先后有延世大学金永峰的硕士学位论文《占毕斋金宗直诗文学研究》（1998.8）、延世大学金英峰的硕士学位论文《占毕笔斋金宗直的诗文学研究》（1999.2）。两篇硕士学位论文题目如出一辙，金永峰、金英峰先后毕业于延世大学，更巧合的是竟然连姓名都只差一字，而金宗直只有占毕斋一个号，并不存在“占毕笔斋”[②]，所以不由令人怀疑金英峰的学位论文是整理者刘婧对金永峰学位论文的重复误收，故金英峰的学位论文不计入统计范围。对郑澈作品进行研究的学位论文，先后有朝鲜大学朴圭万的硕士学位论文《松江郑澈汉诗研究》（2001.2）、朝鲜大学朴秉求的硕士学位论文《松江郑澈汉诗研究》（2005.2），两篇硕士学位论文题目如出一辙。对郑道传作品进行研究的学位论文，先后有延世大学柳是恒的硕士学位论文《郑道传汉诗研究》（1999.2）、世明大学柳海龙的硕士学位论文《郑道传汉诗研究》（2000.8），两篇硕士学位论文题目也如出一辙。

① 查阅韩国大学相关名录，并未见到有名为庆元大学的高校，明显是整理者刘婧将研究生培养单位名称错记，故金学周的该篇学位论文不计入统计范围。

② 赵季、张景昆:《〈箕雅〉五百诗人本事辑考》（上），人民文学出版社，2011，第270~277页。

三 2007~2015年韩国汉诗文学研究状况述评

根据《韩国汉文学硕博士学位论文目录（2007.2~2015.8）》整理统计可知，该目录收入的硕博士学位论文总计460篇。也就是说，2007~2015年韩国学术机构平均每年培养韩国汉文学方向硕士生、博士生总人数仅为46人，明显算不上众多。较前十年的硕博士学位论文324篇有明显增加，增幅高达42%，2007~2015年韩国汉文学研究状况有所改善固然可喜，但也要看到，无论是1996~2006年的324篇硕博士学位论文，还是2007~2015年的460篇硕博士学位论文，总数其实都不多。以中国国内中国古代文学新兴的研究生培养单位——陕西理工大学[①]为例，检索中国知网可知，2010 ~ 2015年六年间，从陕西理工大学毕业的中国古代文学方向研究生总计155人。地处陕南汉中的陕西理工大学只是中国一所普通的省属一般院校，由艾瑞深中国校友会网《2017中国大学评价研究报告》公布的最新2017中国大学排行榜700强可知，陕西理工大学在入选的715所大学中排第495名。而同时期韩国的研究生培养单位培养的韩国汉文学方向研究生总计329人。也就是说，2010~2015年韩国研究生培养单位培养的韩国汉文学方向研究生人数，仅为陕西理工大学培养的中国古代文学方向研究生人数的2.1倍。460篇研究生学位论文涉及研究生培养单位37家，37家研究生培养单位平均每年产出研究生学位论文58篇，每家研究生培养单位平均每年产出研究生学位论文1.6篇，而陕西理工大学平均每年就能产出研究生学位论文26篇，根本没有可比性。即使是以8年间产出研究生学位论文最多的成均馆大学为例，共产出研究生学位论文84篇，平均每年产出10.5篇，也不到陕西理工大学平均水平的1/2，再次说明了

① 2006年，经国务院学位委员会第二十二次会议审议，批准陕西理工大学（时为陕西理工学院）增列为硕士学位授予单位，批准中国古代文学为硕士学位授予学科专业，成为该校首批硕士学位点。2007年，中国古代文学专业首届14名硕士研究生入学。2011年，中国语言文学获批为一级学科硕士学位授权点。

2007~2015 年韩国汉文学研究状况不尽理想。

2007~2015 年韩国汉文学研究生学位论文不仅数量惨淡，质量更是堪忧，包括硕博士学位论文在内的涉及韩国汉文学研究的韩国学术著作在中国得以出版者寥寥，更不必说能出现具有一定影响力的学术著作。在2011 年至今的七年间，在中国出版的涉及韩国汉文学研究的韩国学术著作只有李家源的《韩国汉文学史》（2011）、崔官的《壬辰倭乱——四百年前的朝鲜战争》（2013）、陈在教的《李朝后期社会汉诗研究》（2013）、金大幸的《韩国的盘所哩文化》（2014），也就是说中国平均一年都不能出版一部涉及韩国汉文学研究的韩国学术著作，而 2011 年之前的出版情况更是惨淡不堪。中国每年翻译出版韩国的韩国学研究学术著作的情况也同样不尽如人意。中韩建交已走过 25 个年头，在中国出版的为数不多的涉及韩国汉文学研究的韩国学术著作中，比较有影响的其实只有赵润济的《韩国文学史》（1998）、赵东一等人的《韩国文学论纲》（2003）两部而已。即使是在中国有关韩国汉文学研究的学位论文的参考文献中，韩国学界的韩国汉文学研究相关学术著作也不多。以上情况固然说明了当下中韩两国之间的古典文学交流乃至人文学术交流严重不足，更直接说明了当下韩国学界的韩国汉文学研究的惨淡。而这无疑源于韩国自朴正熙时代开始的愈演愈烈的去中国化运动。

韩国 2007~2015 年韩国汉文学方向的 460 篇硕博士学位论文涉及研究生培养单位总计 37 家，其中 36 家研究生培养单位是韩国高校的大学院（研究生院），只有 1 家研究生培养单位依然是韩国学研究的专门科研机构——韩国学中央研究院。37 家研究生培养单位比 1996~2006 年韩国汉文学方向的研究生培养单位减少 18 家，降幅高达 33%。平均每家研究生培养单位产出研究生学位论文 12 篇，是前十年水平的两倍。37 家研究生培养单位中有 13 家达到平均水平，所占比例较前十年有所上升，除成均馆大学、高丽大学外，还有首尔大学、庆北大学、庆尚大学、釜山大学、延世大学、韩国学中央研究院、诚信女子大学、梨花女子大学、全南大学、汉阳大学、安东大学。名单较前十年变动较大，从前十年清一色的 BK21 工程高校（韩国汉文学方向研究生最主要的培养单位是 16 所 BK21 工程高校）到韩国学中央研究院、诚信女子大学、安东大学加入其中，表现不俗。安东大学作为地方非 BK21 工程高校也能加入，实属难能可贵。非 BK21 工程高校所占比例高达 23%，可见韩国的韩国汉文学研究为 BK21 工程高校垄断的局面已被打破，这是积极进步的一面，值得肯定。但是前十年 55 家研究生培养单位中有 23 家是 BK21 工程高校，占比达 42%；产出学位论文多达 216 篇，约占目录收入的硕博士学位论文总数的 67%。这八年里，37 家研究生培养单位中有 21 家是 BK21 工程高校，占比高达 57%；产出学位论文多达 401 篇，约占目录收入的硕博士学位论文总数的 87%。这足见韩国汉文学方向研究生的主要培养单位依然是 BK21 工程高校，且重要程度不减反增，也说明 BK21 工程高校韩国汉文学学科的综合实力在不断提高。这固然是可喜的，但反过来，这也导致非 BK21 工程高校韩国汉文学学科的生存空间被进一步压缩，对韩国学界韩国汉文学研究的均衡发展无疑是极其不利的。

37 家研究生培养单位相较前十年 55 家研究生培养单位有进有出，有升有降，可以说是重新大洗牌。出局的高校有西江大学、岭南大学、建国大学、东亚大学、亚洲大学、大邱大学、江原大学、弘益大学、公州大学、木浦大学、仁川大学、江陵原州大学、庆云大学、清州大学、首尔女子大学、西原大学、庆星大学、尚志大学、世明大学、牧园大学、大邱韩医大学、大田大学、又石大学、韩南大学，其中前 6 所为 BK21 工程高校，可见出局的高校以非 BK21 工程高校为主。新进入的高校有韩国外国语大学、首尔市立大学、蔚山大学、汉城大学、群山大学、大邱天主教大学，其中前 3 所为 BK21 工程高校。学位论文数的高校排名虽有升有降，但高校产出的研究生学位论文数普遍大幅增加。1996~2006 年韩国汉文学方向研究生学位论文数排名第一和倒数第一的高校的论文数分别为 37 篇、1 篇，第一名是最后一名的 37 倍，而 2007~2015 年韩国汉文学方向研究生学位论文数排名第一和倒数第一的高校的论文数分别为 84 篇、1 篇，第一名是最后一名的 84 倍，可见差距越来越大，实力越来越悬殊，也就意味着学科分布格局愈发不平衡，可以说是已经到了严重畸形的境地。2007~2015年韩国汉文学方向研究生学位论文数高校排名前两名分别为成均馆大学和高丽大学，虽由前十年的并列第一变为分列第一、第二，但差别不大，仍是韩国学界汉文学研究最重要的学术重镇。然而，需要注意的是，前十年这两所高校产出的韩国汉文学方向研究生学位论文数占目录收入的硕博士学位论文总数的23%，而2007~2015年的占比竟高达36%，说明两所高校的韩国汉文学学科实力显著提升，两所高校在韩国汉文学学科分布格局中的重要性更加突出，垄断性地位更加不可动摇。较大分量。西江大学、岭南大学、建国大学在1996~2006年年均产出研究生学位论文6篇，并列第9名，即使是排名并列第11名的东亚大学、亚洲大学，也各自产出研究生学位论文4篇，但在2007~2015年这五所高校均未产出一篇研究生学位论文，一起退出韩国汉文学方向研究生培养单位行列，不能不令人讶异。而在学位论文数高校排名中位次上升最多的非庆尚大学莫属。1996~2006年学位论文数高校排名中并列第一的高丽大学、成均馆大学在2007~2015年产出的研究生学位论文数分别是前十年的2.3倍、2.2倍，而排名变化不大，但庆尚大学在2007~2015年产出的研究生学位论文数竟是前十年的5.4倍，排名由第十上升至第五，无疑是这八年间排名上升最多的高校。庆尚大学虽是BK21工程高校，但由于位于庆尚南道的小城晋州，发展严重受限，其综合实力在BK21工程高校中不能算是中下游水平，却能在短短八年间就超过地域条件和综合实力远在自己之上的11所高校，一跃成为韩国的韩国汉文学研究的重镇之一，实属不易，期待今后能有更好的表现。在学位论文数高校排名中位次下降最多的是江原大学，从1996~2006年学位论文数高校排名中的第五名（9篇）跌落出2007~2015年韩国汉文学方向研究生培养单位行列，比西江大学、岭南大学、建国大学的没落更甚，同样令人意外。1996~2006年学位论文数高校排名中，排名前十的高校有18所，且多有并列排名，而2007~2015年学位论文数高校排名中，排名前十的高校只有11所，第10名有并列高校两所。另外，1996~2006年学位论文数高校排名中，排名前十的高校有 18 所，在 2007~2015 年学位论文数高校排名中，仍能位居前十的高校只有 8 所。凡此种种，都可看出 2007~2015 年学位论文数高校排名与 1996~2006 年学位论文数高校排名相比，变化极大。总体而言，近年来韩国的韩国汉文学学科分布格局呈现出极大的变动性、不稳定性、不均衡性，甚至严重畸形，而这无疑极不利于韩国汉文学研究的长远发展。

韩国 2007~2015 年韩国汉文学方向 460 篇硕博士学位论文集中分布于韩国汉诗、散文、燕行录交流三大研究方向，其中有关韩国汉诗研究的学位论文依然最多。即使因为学位论文内容分类有误等低级错误而不得不进行筛选，筛选后的有效学位论文也有 232 篇，约占学位论文总数的 50%，比例虽略有下降，但韩国汉文学学界研究的重中之重依然是韩国汉诗研究这一事实没有改变。2007~2015 年韩国汉诗研究也依然以对单一作家作品的研究为重中之重，该类论文多达 168 篇，约占韩国汉诗研究相关学位论文总数的 72%，比例有较大下降，但仍然占据压倒性的优势地位。从其余视角出发对韩国汉诗进行研究的学位论文总数仅占韩国汉诗研究相关学位论文总数的 29%，大致可分为汉诗比较研究、题材汉诗研究、地域汉诗研究、阶段汉诗研究、中国汉诗对韩国汉诗的影响研究、诗社文人群体流派汉诗研究、汉诗风格形象研究、体裁汉诗研究、汉诗文献研究等，其中有关中韩汉诗比较研究（14 篇）、诗社文人群体流派汉诗研究（10 篇）、题材汉诗研究（8 篇）的学位论文最多。有关地域汉诗研究的学位论文在 1996~2006 年韩国汉诗研究其他单一研究视角学位论文数排名中名列第三（4 篇），而在 2007~2015 年韩国汉诗研究其他单一研究视角学位论文数排名中跌出前三，名列第四（6 篇）。汉诗比较研究中中韩汉诗比较研究最多，14 篇中占 13 篇。中韩汉诗比较研究中研究最多的是唐代诗人，被研究最多的中国古代诗人是薛涛，有 5 篇学位论文都有涉及，超过了传统意义上被研究最多的杜甫、苏轼等诗人，也有对中国一般诗人的比较研究，比如曹唐、商景兰。韩国汉诗方面被比较研究最多的诗人是黄真伊、许筠，也有对一般诗人的研究，如朴竹西、徐令寿阁等。

诗社文人群体流派汉诗研究涉及对息影亭诗坛、三湖亭诗坛、燕山君时期文章四家、白岳诗坛、女性知识人、女性诗会、清流处士等诸多文人群体、文学流派的研究。题材汉诗研究涉及咏史诗、禅诗、茶诗、楼亭记、画像赞等多方面的研究。其中一个值得关注的现象是，2007~2015 年韩国汉诗研究学位论文中出现了多篇有关韩国茶诗的学位论文，而该现象在前十年的研究中并不存在，其中究竟，耐人寻味，如首尔大学金丽花的硕士学位论文《丽末鲜初有关茶文化和茶的汉诗研究》（2009）、圆光大学金美淑的硕士学位论文《梅月堂金时习茶道观研究：以茶诗为中心》（2009）、朝鲜大学崔惠敬的硕士学位论文《金时习茶诗研究》（2011）、庆北大学李民龙的硕士学位论文《徐居正茶诗研究》（2012）、圆光大学赵仁淑的博士学位论文《朝鲜前期茶诗研究：以徐居正和金时习为中心》（2009）等学位论文。地域汉诗研究的地位不升反降，未来也不大可能成为韩国学界韩国汉诗研究的主要研究领域。地域汉诗研究学位论文数仅占 2007~2015 年韩国汉诗研究相关学位论文总数的 2.7%，这一比例虽比前一阶段有所上升，但依然过于薄弱，可以忽略不计。6 篇学位论文涉及地域、流域、名胜古迹三大方面，地域涉及大地域（如西北地域），小地域（如全州、潭阳），流域涉及汉江流域，名胜古迹涉及双溪亭、景濂亭。而同期地域汉诗研究及地域文学研究在中国学界相较于前一阶段更为蓬勃发展，与之形成了鲜明的对比。不必说研究生学位论文的涉及，仅 2007~2015 年中国出版的有关地域、区域、流域乃至道路（比如蜀道）文学研究的学术著作，试举一二，便有陈书良的《湖南文学史》（2008），毕光明等著的《海南文学史》（2008），周晓风主编的《20 世纪重庆文学史》（2009），伍联群的《北宋文人入蜀诗研究》（2010），刘廷乾的《江苏明代作家研究》（2010），芦宇苗的《江苏明代作家诗论研究》（2010），傅秋爽主编的《北京文学史》（2010），李伯奇、王勇、徐文军的《山东文学史》（2011），王之望、闫立飞主编的《天津文学史》（2011），王卫华的《淮安文学史》（2011），胡德才主编的《三峡文学史》（2011），左玉堂编著的《云南民族民间文学史》（2013），徐光荣的《辽宁文学史》(2013)，唐先田、陈友冰主编的《安徽文学史》(2013)、崔洪勋、傅如一主编的《山西文学史》(2014)，夏冠洲、阿扎提·苏里坦、艾光辉主编的《新疆当代文学史》(2014)，周潇的《明代山东文学史》(2015)，不下数十部，研究生学位论文涉及者无疑只会更多。前文提到，韩国 1996~2006 年韩国汉诗研究的最大遗憾是学位论文中竟然没有一篇涉及家族文学研究。然而，这种学术遗憾在 2007~2015 年的韩国汉诗研究中仍然存在，这期间依然没有一篇学位论文涉及家族文学研究。同时期家族文学研究在中国学界形势一片大好，发展更为迅猛喜人，毫无疑问早已成为中国学界中国古代文学研究的学术热点和显学。仅 2007~2015 年中国出版的有关家族文学研究的学术著作就有朱萸的《明清文学群落：吴江叶氏午梦堂》(2008)，蔡静平的《明清之际汾湖叶氏文学世家研究》(2009)，郝丽霞的《吴江沈氏文学世家研究》(2009)，张剑、吕肖奂、周扬波的《宋代家族与文学》(2009)，张明华等著的《曹氏文学家族研究》(2009)，张兴武的《两宋望族与文学》(2009)，杜志强的《兰陵萧氏家族及其文学研究》(2011)，孟祥娟的《隋唐京兆韦氏家族及文学研究》(2011)，阮娟的《三山叶氏家族及其文学研究：以叶观国、叶申芗为核心》(2011)、孙海洋《湖南近代文学家族研究》(2011)、宋豪飞的《明清桐城桂林方氏家族及其诗歌研究》(2012)，胡传淮主编的《张问陶家族诗歌选析》(2012)，朱丽霞的《明代江南家族与文学：以上海顾、陆家族为个案》(2012)，徐侠的《清代松江府文学世家述考》(2013)、李朝军的《家族文学史的建构：宋代晁氏家族文学研究》(2013)，王德明的《清代粤西文学家族研究》(2013)，李真瑜的《明清吴江沈氏世家百位诗人考略》(2014)、王向东的《明清昭阳李氏家族文化文学研究》(2014)，丁福林的《东晋南朝谢氏文学集团研究》(2014)，梁尔涛的《唐代家族与文学研究》(2014)，梅新林、陈玉兰编的《明清常州恽氏文学世家研究》(2014)，王伟的《唐代京兆韦氏家族与文学研究》(2015)，苏克勤的《天下文章出桐城——桐城方氏家族文化评传》(2015)，邢蕊杰的《清代阳羡联姻家族文学活动研究》

（2015），姚金笛的《清代曲阜孔氏家族诗文研究》（2015）等，数量极其可观。家族研究中涉及文学研究的学术著作以及研究生学位论文中涉及家族文学研究者更是多如牛毛。涉及家族文学研究的学术著作数量远远超过同期出版的有关地域、区域、流域乃至道路文学研究的学术著作，然而，即便如此，亟待大力发掘研究的文学家族及其家族文学尚有许多，前景十分广阔。就以姚氏为例，中国学界对吴兴姚氏（姚察、姚思廉、姚崇、姚合）、高安姚氏（姚勉、姚云文、僧圆至）、柳城姚氏（姚枢、姚燧、姚守中）、桐城姚氏（姚孙棐、姚文然、姚文燮、姚范、姚鼐、姚莹、姚元之、姚柬之、姚永概、姚永朴、姚倚云）等历史上学术研究价值不凡的最主要文学世家望族的关注明显是不充分的，尤其是对享有"天下第一文学家族"盛誉的桐城麻溪姚氏①的整体研究，其实也才不过刚刚起步而已。

韩国 2007~2015 年韩国汉诗研究依然以对单一作家作品的研究为重中之重，该类论文多达 168 篇。168 篇论文涉及作家 136 位，相比于前十年的 100 位文学家，增加了 36 位。绝大多数依然是朝鲜时代的汉文学家，统一新罗时代、高丽时代的汉文学家少到可以忽略不计，平均每人涉及学位论文约 1.2 篇，比前十年有所下降。2007~2015 年，这 136 位文学家中同样不乏韩国文学史上一流的卓然大家，有崔致远（2 篇）、李奎报（1 篇）、李齐贤（2 篇）、金时习（7 篇）、许筠（1 篇），约占单一作家作品研究学位论文总数的 7%，不及前十年水平的 1/3。一流大家人数减少三人，被关注最多的文学家是金时习，相关学

① 自第四世至第二十世（14~20 世纪），桐城姚氏可考有著述的作家共 139 位，其中女性作家 13 位。清人乔损庵云："国朝自康雍以来，父子、祖孙踵为大儒，著书之多，赓续二世三世者，或有其人。如桐城姚氏，代有著述，历三百年而未有已，则未之前闻。求之史籍，亦罕其匹。"（李大防:《蜕私轩续集序》）桐城姚氏有 14 人被《桐城文学渊源考》收入，是该书收入桐城派作家最多的一个家族。5 人载入中国文学史，是载入中国文学史文学家最多的家族之一，在唐代之后可谓最多。除姚范、姚鼐创建中国文学史乃至世界文学史上最具影响力的散文流派——桐城派厥功至伟外，其他家族成员姚莹、姚永概、姚永朴等人也与桐城派的兴衰嬗变紧密相关，而姚鼐本人又是唐宋八大家之后最杰出的散文家，姚莹、姚永概、姚永朴都是中国文学史上杰出的文学家，桐城姚氏中的著名诗人更是比比皆是。参见汪孔丰《桐城麻溪姚氏家族与桐城派兴衰嬗变研究》，博士学位论文，上海大学，2012。

位论文多达 7 篇，多于前十年研究金氏的学位论文数（4 篇），更多于研究其他四人的学位论文数之和。前十年备受关注的郑澈、林悌、许兰雪轩、朴仁老、尹善道在 2007~2015 年竟然没有一篇学位论文从单一作家作品的视角进行研究，相反，前十年没有得到关注的李奎报、李齐贤在这八年里为人所关注，研究金时习的学位论文明显增多，排名从第四一跃上升为第一，研究许筠的学位论文则明显减少，由第四名沦为最后一名，足见单一作家作品研究中对一流大家作品的研究呈现出极大的变动性、不稳定性，但总体而言，意义还算积极。至于为何是金时习成为这八年间一流大家作品研究中的翘楚以及其他变动，应与这八年间韩国学界乃至韩国社会的时代性有关。接着依然是对次一流作家作品的研究，人数和前者一样，有郑梦周（2 篇）、金宗直（1 篇）、徐居正（1 篇）、丁若镛（3 篇）、金笠（1 篇），仅占单一作家作品研究学位论文总数的 5%，比前十年下降明显，比一流大家所占比例还低。次一流作家人数减少 4 人，有出有进，变动也较大。单一作家作品研究中对次一流作家作品的研究也呈现出极大的变动性、不稳定性，但意义同样是积极的。金宗直从前十年的被研究最多变为这八年的被研究最少，丁若镛情况则刚好相反。接下来还是对二流作家作品的研究，约占单一作家作品研究学位论文总数的 15%，比前二者之和还多，略低于前十年的水平，但人数一样。有林椿（1 篇）、李穑（3 篇）、柳得恭（1 篇）、李德馨（1 篇）、柳梦寅（2 篇）、李植（1 篇）、李安讷（1 篇）、李荇（1 篇）、李滉（1 篇）、李珥（1 篇）、张维（1 篇）、李廷龟（2 篇）、申光汉（1 篇）、申光洙（1 篇）、卢守慎（1 篇）、郑斗卿（1 篇）、金泽荣（1 篇）、黄玹（4 篇），有出有进，变动也较大。单一研究次一流作家或二流作家的学位论文均在 1~3 篇，无论是在 1996~2006 年还是在 2007~2015 年都是如此，但是在 2007~2015 年研究黄玹的学位论文多达 4 篇，有些出人意料。其余 73% 的学位论文都是对三流及以下更一般作家作品的研究，分量最重，其中包含许多中国韩国学学界少有耳闻、更谈不上能有研究涉及的一般作家，但是比重明显高出前十年水平 50 个百分点，人数多达 108 人，人数、比例均高于前十年，足见2007~2015年单一作家作品研究的重中之重是对三流及以下更一般作家作品的研究，而不再包括对一流大家作品的研究，这无疑具有莫大的积极意义。

韩国2007~2015年韩国汉文学学界依然存在学术视野狭隘与思维过度僵化的问题，这体现在学位论文的题目上，但程度要比单一作家作品研究学位论文数占韩国汉诗研究学位论文总数的比例体现出的问题的程度要轻得多。通过考察统计可以发现，这168篇有关单一作家作品研究的学位论文中，有多达46篇学位论文的题目皆属于同一模式，即“作家字号+作家名+汉诗/诗文学/诗世界研究”的固有模式，该类论文占单一作家作品研究学位论文总数的27%。但值得庆幸的是，情况已经在改善。

此外，还存在不少学位论文的题目读罢难以理解、不知所云甚至莫名其妙的问题，比如梨花女子大学李恩松的硕士学位论文《通过脉络活用的汉诗情调体验的教育方案》（2014.8）、高丽大学黄吉子的硕士学位论文《高丽汉诗和苏轼诗比较考察》（2014.8）、高丽大学金俸南的博士学位论文《茶山诗蕴含的内面意识变化样相》（2007.2）、成均馆大学赵东燮的博士学位论文《正祖诗文学的考察》（2009.2）、成均馆大学郑恩周的博士学位论文《洛下生李学逵文学的变貌样相研究》（2011.8）、成均馆大学赵东燮的博士学位论文《朝鲜后期女性知识人的主题认识样相：以女性的视觉为中心》（2012.2）、成均馆大学李恩英的博士学位论文《20世纪初儒教知识人的亡命及汉文学：以西间岛亡命为中心》（2012.8）、启明大学严美景的博士学位论文《朝鲜后期洪显周一家文集的茶诗研究》（2014.8）等。总体来看，论文题目依然过于掉书袋，堆砌过多专有名词，保守、教条、死板甚至艰涩、怪异。这些学位论文题目除了体现出韩国学者与中国学者存在的包括思维方式、表达方式在内的文化差异之外，依然在某种程度上体现出韩国学者在人文学术研究中的不成熟、不完善，当然亦完全存在整理者刘婧将学位论文题目错记的可能性。

通过基于《韩国汉文学研究学位论文目录（1996~2015）》的考察分析，可以清楚地看到，近年来韩国学界的韩国汉诗研究以及韩国汉文学研究固然取得了一定的成绩，呈不断发展的趋势，但就整体而言，学科实力还很薄弱，学科分布格局呈现出极大的变动性、不稳定性、不均衡性，甚至严重畸形，普遍存在学术视野狭隘与思维过度僵化的严重问题，从中也可看到韩国人文学术研究存在不完善之处。而这一切问题出现的根源无疑是韩国自朴正熙时代开始的过度去中国化运动，不能不说是自食恶果。

责任编辑：康敏

A Review of Korea's Research on Han Poetry and Literature in Recent Years

——An Analysis Based on Korean Han Literature Research Dissertation Contents (1996-2015)

Yao Shicong　Song Binglie

Abstract: As an important part of Korean studies, the study of Korean Chinese literature is one of the most concerned and fruitful fields of Korean studies in the mainland, and occupies an extremely important position, in which the study of Korean Chinese poetry is the most important part. Based on the investigation and analysis of Korean Chinese Literature Research Dissertation Catalogue (1996-2015), we can clearly see that the academic strength of Korean Chinese Literature is still very weak, and the distribution pattern of Korean Chinese Literature shows great variability, instability and imbalance, which has become a serious deformity. There is a widespread narrow academic perspective and thinking. The serious problem of over-rigidity of stereotypes is undoubtedly the root cause of all these problems, which is undoubtedly the excessive de-sinicization movement in South Korea since the Park Chung-hee era, and can not but be said to be the consequence of self-sufficiency.

Keywords: Korea; Korean Chinese Poetry and Literature Research; Korean Han Literature Research; Dissertations Catalogue

《亚非研究》稿约

《亚非研究》（*Journal of Asian and African Studies*）创刊于 2007 年，是由北京外国语大学亚非学院主办的学术性、专业性集刊。经过多年发展，在国内外专家、学者的支持帮助下，其专业性、权威性已获得国内同行的认可和好评，也为国家亚非问题决策提供了智力支持。

根据发展的需要，《亚非研究》从 2015 年起改版，由每年 1 期改为每年 2 期，上、下半年各出 1 期。辟有“语言文学”、“历史文化”、“社会政治”、“跨学科研究”、“域外视点”、“研究动态”（包含书评、综述）等分类栏目和其他专题栏目。现面向国内外亚非问题专家、学者征稿，欢迎惠赐论文、译作和学术书评，并请注意以下事项。

（1）来稿应注重学术性和理论性，并且要选题新颖、内容充实、论证严谨、条理清晰、文字简练。来稿字数以 8000 字左右为宜，特殊稿件不超过 1.5 万字。

（2）本刊接受译文投稿。译稿请译者先行获取版权，如因版权问题产生纠纷，责任由译者承担。译作应选择重要、权威、经典的亚非研究相关文献。为确保翻译质量，译文需经过校对，投稿时请注明校译者信息，并附原文。

（3）论文及译文均需增写提要（200~300 字）、关键词（3~5 个）和作者简介。为便于联系，作者务必提供以下信息：姓名、性别、工作单位、最高学历、职称、研究方向、电子邮箱、联系电话、通信地址。

（4）凡涉及引文或引证的观点等资料来源请注明出处。注释采用页脚注，每页重新编号，请按著（作者）、著作（论文）题名、出版社（期刊名称）、出版年（刊期）、页码的顺序依次标注。

（5）本刊有权对录用稿件做技术性删改，作者如不同意删改，请在来稿时说明。

（6）本刊已加入“中国知网”“皮书数据库”等专业数据库，如作者不同意将文章收入该数据库，请在稿件上注明。

（7）本刊恪守学术道德和规范，严格杜绝抄袭、剽窃等学术不端行为。来稿请勿一稿多投。

（8）本刊实行专家匿名审稿制度。作者如在投稿后三个月内未收到录用通知，可自行处理稿件。请通过电子邮箱 yfyj@bfsu.edu.cn 投稿或寄送纸质稿件。邮寄地址：北京市海淀区西三环北路 2 号北京外国语大学亚非学院《亚非研究》编辑部，邮编：100089，联系电话：010-88818350。

（9）《亚非研究》秉承公益性原则，不收取审稿费、版面费等费用，来稿一经刊用，将获赠该期刊物两本。

《亚非研究》编辑部

北京外国语大学亚非学院

图书在版编目(CIP)数据

亚非研究. 2018年. 第二辑：总第14辑 / 孙晓萌主编. -- 北京：社会科学文献出版社，2018.12
ISBN 978-7-5097-6540-1

Ⅰ. ①亚… Ⅱ. ①孙… Ⅲ. ①亚洲-研究-丛刊②非洲-研究-丛刊 Ⅳ. ①D73-55②D74-55

中国版本图书馆CIP数据核字（2018）第295201号

亚非研究（2018年第二辑）总第14辑

主　　编 / 孙晓萌

出 版 人 / 谢寿光
项目统筹 / 高明秀
责任编辑 / 王晓卿　肖世伟

出　　版 / 社会科学文献出版社 · 当代世界出版分社（010）59367004
地址：北京市北三环中路甲29号院华龙大厦　邮编：100029
网址：www.ssap.com.cn
发　　行 / 市场营销中心（010）59367081　59367083
印　　装 / 三河市尚艺印装有限公司

规　　格 / 开　本：787mm×1092mm 1/16
印　张：14.25　字　数：212千字
版　　次 / 2018年12月第1版　2018年12月第1次印刷
书　　号 / ISBN 978-7-5097-6540-1
定　　价 / 89.00元